Les
âmes sœurs

Thomas Moore

Les
âmes sœurs

Honorez

les mystères

de l'amour

et de

la relation

*Traduit de l'américain
par Marie-Luce Constant*

ÉDITION DU CLUB QUÉBEC LOISIRS INC.
© Avec l'autorisation de Le Jour Éditeur
© Le Jour Éditeur, 1995
Titre original: SoulMates
© 1994, Thomas Moore
© 1995, Le Jour Éditeur
Traduit de l'américain par Marie-Luce Constant
Dépôt légal — Bibliothèque nationale du Québec, 1995
ISBN 2-89430-166-9
(publié précédemment sous ISBN 2-8904-4542-9)

Avant-propos

Il n'est rien d'aussi exigeant que de se laisser emmêler dans l'écheveau d'une relation, si ce n'est d'essayer de l'analyser par écrit. Mon expérience personnelle, bonne ou mauvaise, ne peut qu'influer sur mon opinion, tandis que je m'efforce d'écrire pour les autres. C'est pourquoi j'écris en toute bonne foi, en tâchant d'insister sur le rôle de l'âme, sans porter beaucoup de jugements et sans offrir de recettes à succès. Dans ce livre, je ne présente pas la relation comme un problème ou un sujet d'ordre psychologique, mais comme un mystère, au sens religieux ou théologique du terme, en sachant malgré tout à quel point il est erroné de vouloir faire autorité sur les mystères.

En outre, je sais bien que lorsque j'écris, c'est en tant qu'homme blanc, hétérosexuel, de nationalité américaine, produit d'études classiques à l'européenne. Je me rends parfaitement compte que nombreux sont ceux qui, parmi mes lecteurs, ne partagent pas ces caractéristiques. J'ai donc essayé de garder à l'esprit ces différences. Mais si je m'étais laissé guider par elles, ma pensée serait devenue si artificielle, si déformée, que j'aurais perdu contact avec mon vécu propre qui, en fin de compte, se trouve être une importante source de réflexion. C'est pourquoi le lecteur me permettra de m'exprimer à partir de mon expérience. J'espère que cela pourra s'appliquer, avec quelques réserves et moyennant parfois d'importants changements, à divers autres types de relations et à des personnes issues de milieux culturels différents, qui ont reçu une éducation différente.

Peut-être devrais-je donner ici un léger avertissement à propos de mes méthodes et de mes objectifs. Je suis convaincu que de petits ajustements de notre imagination ont plus d'influence sur notre vie que des efforts acharnés en faveur du changement. Je vais m'efforcer de présenter quelques ajustements clés dans la manière dont nous envisageons une relation, mais je n'offrirai pas de suggestions concrètes, directes, à propos de la marche à suivre, car je suis persuadé que les changements profonds sont le corollaire des frissons de notre imagination. L'idée même de l'âme illustre l'importance de notre unicité et chaque relation suscite une réponse unique. Ce livre a pour but de nous aider à rompre le carcan des vieilles idées tenaces et des images préconçues de l'amour, du mariage, de l'amitié ou de la vie en communauté.

Je parle également de la religion et de la spiritualité. Pour taire le doute, je préciserai qu'il n'est pas dans mes intentions de faire du prosélytisme en faveur d'une Église, d'une tradition, d'une méthode ou d'un enseignement particulier. Les théologiens de la Renaissance, qui furent mes principaux mentors, étaient en faveur de la «religion naturelle», non dans le sens d'une religion rationalisée, comme celle qui séduira les philosophes du XVIIe siècle, mais comme une sensibilité à tout ce qui est sacré dans notre vie quotidienne. Les relations, je crois, sont véritablement sacrées. Je ne donne pas à cet adjectif son sens superficiel, à savoir extrêmement précieux, mais ce que j'entends par là, c'est que les relations font appel à des profondeurs infinies et mystérieuses de nous-mêmes, de notre communauté et de la nature même des choses.

Ce livre fait suite à mon ouvrage *Le soin de l'âme*. J'y développe des idées que j'ai exprimées à plusieurs reprises dans l'ouvrage précédent, soit que l'âme appelle l'intimité car elle en a grand besoin, qu'elle aime la vie vernaculaire, le lieu où nous habitons, la famille, les amis, le voisinage qui font partie de notre quotidien. L'âme ne s'épanouit pas dans les desseins grandioses de salut, pas plus que lorsqu'on l'abreuve de principes nets, bien tranchés. Elle ne se nourrit guère de théories ou de croyances. C'est pourquoi mon intention n'est pas d'offrir un moyen de s'extirper des désordres que les relations entraînent inévitablement dans leur cortège, pas plus que d'énoncer une théorie sur la manière dont les relations fonctionnent ou devraient fonctionner. En revanche, l'âme se nourrit d'imagination et c'est pourquoi j'insisterai sur la nécessité d'approfondir et d'enrichir notre imagination.

En dépit de son titre, ce livre s'intéresse à l'âme dans le contexte de toutes les relations possibles, qu'il s'agisse de la famille, du travail, du voisinage, des collègues ou des amis, de connaissances de longue date ou de rencontres passagères, d'accouplements ratifiés par la société ou de rendez-vous illicites. La notion d'«âme sœur» est ici élargie pour englober le rôle de l'âme dans n'importe quelle relation et je rends hommage aux liens si rares, mais si profondément satisfaisants que nous entretenons avec certaines personnes, nos véritables «âmes sœurs», dans le sens le plus strict du terme.

J'aimerais remercier de leur aide quelques personnes qui m'ont enseigné la valeur de l'âme dans une relation et qui ont apporté une contribution particulière à cet ouvrage: à Dallas, Pat Toomay, dans le Berkshire, Christopher Bamford et Laura Chester, à Florence, Carmelo Mezzasalma et ses étudiants, à Bruxelles, Léonard Appel et Marie Milis, à Londres, Noel Cobb et Eva Loewe, à Chicago, Ben Sells, dans le Michigan, la multitude d'oncles, de tantes, de cousins et cousines qui forment un cercle familial chaleureux et toujours coopératif, mon frère Jim et sa famille, ainsi que mes parents. J'ai la chance d'avoir comme agent Michael Katz, doté d'une intuition et d'une perspicacité exceptionnelle, capable d'apparier les âmes tout en guidant les livres vers la lumière du jour. Quant à ma correctrice, Jane Hirschfield, c'est une excellente poétesse, qui sait extraire la poésie et la clarté de mes pensées parfois brumeuses. Enfin, je demande à ma véritable âme sœur, Joan Hanley, de donner sa bénédiction à ce livre. C'est à elle, ainsi qu'à Abraham et à Siobhán, que je le dédie.

Introduction

Le cœur a ses raisons. Lorsque nous essayons de comprendre pourquoi des relations naissent puis meurent, pourquoi certaines familles s'épanouissent tandis que d'autres se déchirent, pourquoi certaines amitiés survivent à de longues absences et à d'amères querelles tandis que d'autres s'éteignent, nous devons faire face au noyau inconnu du cœur humain. Naturellement, nous consacrons beaucoup de temps à concocter toutes sortes d'explications, à tenter d'élucider des changements subits de sentiments, mais ces «raisons» tiennent davantage des tentatives de rationalisation et de simplification que de la compréhension. Il ne nous reste plus que l'explication de Platon, soit qu'une relation repose sur une forme de folie, la folie érotique. Plutôt qu'essayer de trouver des solutions pour comprendre et maîtriser ce cœur, nous ne pouvons plus qu'honorer ses mystères.

Le cœur est un mystère. Pas un casse-tête impossible à résoudre, mais un mystère au sens religieux du terme: insondable, impossible à manipuler, manifestation du doigt de Dieu à l'œuvre. À l'instar de la résurrection de Jésus ou de la mission de Moïse, de la visitation de Mahomet ou de l'illumination de Bouddha, le cœur renferme ses propres mystères, tout aussi impénétrables que ceux qui abondent dans les religions du monde entier. Nous ne pouvons comprendre et apprécier ce qui touche le cœur — relation, émotion, passion — qu'à l'aide des outils que nous fournissent la religion et la poésie.

Pourtant, nous avons tous essayé un jour ou l'autre d'appliquer au cœur le même genre de pensée mécanique et structurée qui nous a permis de créer un monde imbibé d'une époustouflante technologie. Nous considérons le mariage et la famille comme un «système», nous analysons des sociétés entières à l'aide de tableaux et de graphiques, nous essayons d'aider les gens à nouer des relations en organisant des rencontres de groupe et en fabriquant des exercices de communication qui, nous l'espérons, nous conduiront à l'intimité.

Toutefois, si nous prenons la peine de regarder l'*âme* d'une relation, au lieu de nous concentrer sur ses rouages interpersonnels, nous voyons apparaître un ensemble de valeurs entièrement différent. Nous pénétrons maintenant dans le royaume du phantasme et de l'imagination. Nous commençons à considérer les relations comme un lieu dans lequel l'âme façonne sa destinée. Ce n'est plus tant le moyen de faire «marcher» la relation qui nous intéresse, car la perspective qui amène l'âme sur le devant de la scène ne démontre pas véritablement cette ambition. Elle ne fait pas de l'amour le labeur d'une vie. En revanche, elle reconnaît la vérité dans un vers de John Donne, ce grand poète de l'âme et des relations humaines: «C'est dans notre âme que croissent les mystères de l'amour.»

Lorsque c'est l'âme qui nous intéresse, nous ne nous demandons plus *pourquoi* tel ou tel événement s'est produit dans une relation, mais plutôt *comment* faire pour enrichir cette relation. Nous préférons nous interroger sur les desseins de notre âme: «Que se passe-t-il dans l'âme lorsque nous tombons follement amoureux? Que désire l'âme lorsqu'elle suscite des phantasmes de séparation? Quel est ce désir lancinant d'un amour plus profond et pourquoi ne semble-t-il jamais devoir être satisfait?» En mettant l'accent sur l'âme, nous nous libérons du fardeau impossible qui consiste à «faire marcher» une relation, comme si nous maîtrisions entièrement l'intimité qui naît entre les gens. Par conséquent, cela nous évite de plonger dans le découragement qui accompagne habituellement nos dilemmes émotifs. Nous pourrons vivre les mystères de la rupture, des crises, et des tournants de l'amour, du mariage, de l'amitié et des relations familiales tout en saluant la vie qui germe toujours en eux.

Dans le monde moderne, nous avons également tendance à tout considérer comme des machines, y compris nos relations les plus précieuses. Remarquez à quel point les métaphores du langage de l'informatique se sont infiltrées dans notre discours quotidien. Remarquez avec quelle désinvolture les gens vous affirmeront qu'ils ont été «programmés» pour agir comme ils le font. Cette mécanisation de notre pensée nous a fait perdre la capacité d'apprécier les facteurs mystérieux qui lient les gens ou les séparent. Nous essayons de résoudre par des remèdes minute les difficultés qui ont des racines profondes. Nous tenons pour acquis que tous les échecs doivent être rattrapés. Mais lorsque nous ne voyons que les aspects superficiels de la vie, nous recherchons des causes mécaniques à nos problèmes, que nous essayons ensuite de résoudre à l'aide de solutions tout aussi mécaniques. Pourtant, si nous concentrions notre attention sur l'âme, nous explorerions plutôt ses rêves et ses phantasmes, ses intentions totalement imprévisibles.

Jung constate que même lorsque nous considérons l'âme comme le siège de l'intimité, elle garde une certaine qualité objective. Nous pouvons la regarder sans nous identifier à elle. Lorsque je me pose la question suivante: «Qu'est-ce qui ne va pas chez moi et m'empêche de nouer une relation durable?», je frise le narcissisme, puisque c'est «moi» que je juge responsable de la situation. Pour plonger au plus profond de l'âme, il serait préférable d'orienter nos questions vers l'extérieur: «Qu'est-ce que le destin exige donc de moi? Quel est le sens de mon échec perpétuel lorsque j'essaie de trouver l'amour? De quoi suis-je fait pour que mon cœur emprunte une direction différente de celle que je souhaiterais lui voir emprunter?» Modifier des questions introverties, narcissiques afin de les doter d'une perspective plus ouverte et plus objective est déjà en soi un mouvement fondamental en direction de l'âme.

L'âme est un domaine spacieux dans lequel le destin joue un rôle crucial et sur lequel la famille, la société et l'histoire — personnelle et collective — exercent des influences prépondérantes. Ces phénomènes échappent pour une large part à l'emprise humaine, qu'il s'agisse de les orienter ou de les inventer. Comme l'a enseigné Héraclite, philosophe grec de l'école mystique: «L'âme est sa propre source d'épanouissement.» Elle a ses raisons, qui parfois ne font qu'effleurer la conscience. Pour mettre l'âme à nu dans une relation, nous devons regarder au-delà de nos intentions et de nos espoirs.

En examinant nos relations du point de vue de l'âme, nous y gagnons sur un autre plan. En effet, cette perspective nous permet d'adopter une attitude plus tolérante envers les déboires, les ombres et les ornières qui se présenteront inéluctablement un jour ou l'autre. En temps ordinaire, nous estimons qu'une relation devrait se poursuivre sans heurts, dans l'épanouissement général. Par conséquent, lorsque les ennuis arrivent, nous sommes tentés de tout remettre en question. Mais tout ce qui est du ressort de l'âme se situe bien au-delà des jugements simplistes du bien et du mal, du facile ou du difficile. Dans le monde entier, les rites d'initiation exigent du néophyte qu'il apprenne à supporter une douleur quelconque, qu'il s'agisse de celle qui est causée par une incision rituelle, par l'insomnie ou par le jeûne. C'est de cette expérience que naîtra un nouveau degré de conscience. La religion considère la douleur et l'échec comme des ingrédients importants de l'approfondissement et de l'enrichissement de l'âme. Cela peut s'appliquer également aux relations, car de la douleur et des déboires naît parfois une nouvelle intimité. Ils ne signifient pas obligatoirement que quelque chose est brisé dans la relation. Au contraire, les écueils auxquels se heurte une relation apparaîtront peut-être comme une palpitante initiation à l'intimité.

Rien ne nous dit qu'en examinant l'âme d'une relation, nous ne verrons pas les aspects positifs des échecs, des ruptures, des complexités, des doutes, de l'éloignement, du désir de se séparer et de recouvrer sa liberté, ainsi que d'autres caractéristiques troublantes. En effet, il est possible de les considérer comme des occasions d'initiation plutôt que comme des menaces. L'âme se dissimule souvent dans les recoins les plus sombres, ceux que nous désirions justement éviter, et dans les problèmes mêmes qui nous entraînent sur la voie de la désillusion. C'est pourquoi nous devons faire preuve de bravoure lorsque nous partons en quête de notre âme.

Pourtant, l'âme possède une qualité particulière. En effet, elle s'exprime par images énigmatiques. Elle vit dans le royaume de l'imagination et influence l'orientation et la qualité de notre vie à l'aide d'un langage poétique, fait d'images et de symboles. Lorsqu'un couple vient me consulter, je demande généralement à l'un des deux partenaires d'écouter tranquillement l'autre nous parler de ses souvenirs, de ses rêves, de ses phantasmes et des images de sa vie, du mariage et de l'intimité, de la sexualité et de la tendresse. Cela nous permet d'entrevoir l'âme, qui se trouve être le siège de la relation et qui, pourtant, demeurerait ignorée si nous mettions plutôt l'accent sur les rouages de la communication et de l'interaction.

Bien que je recommande toujours de prendre le temps d'observer tout simplement une relation, d'attendre dans la tolérance et la tranquillité d'esprit que les couches les plus profondes de l'âme se dévoilent peu à peu, cela ne veut pas dire que nous sommes libres d'abandonner la relation à elle-même, sans y «travailler». En effet, ce travail a son utilité, surtout si nous l'interprétons au sens alchimique plutôt qu'héroïque. Tout comme l'alchimiste observe les processus de la nature afin de pouvoir y apporter son écot personnel, nous pouvons pénétrer dans les recoins les plus profonds d'une relation en observant de près ses réactions chimiques. Ce travail est composé de 90 p. 100 d'observation et de seulement 10 p. 100 d'action. À force d'observer le jeu de l'âme, sans interventions héroïques, notre attitude finit par évoluer. Nous laissons les transformations alchimiques se dérouler d'elles-mêmes, modifiant notre humeur, déplaçant nos pensées, changeant la texture de nos sentiments.

Le travail de l'âme présente un autre avantage qui le distingue des méthodes recommandées par les écoles modernes, plus familières, qui nous enseignent l'amour et l'intimité. En effet, l'âme ne recherche pas forcément la perfection. Le travail de l'âme n'est pas destiné à nous permettre de vivre une relation sans tache, sans accroc. Au contraire, l'âme apprécie nos limites et comprend notre folie humaine. La perspective alchimiste de la progression de l'âme fait une place à la putréfaction, à la pourriture, à la mélanose — noircissement, en grec — d'une relation, soit de sombres processus extrêmement précieux en alchimie traditionnelle. Les relations humaines ont le don d'exposer au grand jour les aspects fangeux de l'existence. C'est une expérience dont nous nous passerions bien, certes, mais qui a son importance, car elle nous permet de plonger notre regard dans les tréfonds de notre âme.

Ce livre se propose entre autres de fournir au lecteur quelques idées qui lui permettront d'enchâsser dans son âme ses relations les plus ordinaires et les plus précieuses. Il est possible que cette conception inhabituelle de l'intimité vienne parfois contredire les convictions et les valeurs transmises par la sociologie ou la psychologie. Mais il en va ainsi de l'âme. À certains moments, elle nous paraît hostile aux désirs et aux règles de la vie superficielle. Quiconque désire se consacrer à son âme devra peut-être dénouer d'autres liens. En laissant libre cours à l'âme, nous risquons de nous détacher des valeurs et des espoirs qui sont imbriqués depuis longtemps dans notre vie.

L'âme est un tissu de paradoxes. Un jour, nous sommes attristés à l'idée d'avoir perdu notre emploi, le lendemain nous avons l'impression que c'est en fait ce qui aurait pu nous arriver de mieux. Nous aurions aimé vivre un mariage plus confortable et pourtant, des années plus tard, nous comprenons que c'est ce malaise même qui nous a poussés vers une situation beaucoup plus satisfaisante.

Pour observer l'âme avec respect, nous devrons peut-être changer d'opinion sur diverses questions cruciales, y compris notre conception de la moralité. Car il est évident que la moralité joue un rôle dans nos relations et doit être à la fois subtilement et profondément enracinée pour se montrer à la hauteur des paradoxes exigeants de notre âme. Nous devrons peut-être aussi modifier notre idée de la raison d'être d'une relation. Pour l'âme, il ne suffit pas d'endurer pour le plaisir d'endurer. Chacun sait qu'une relation peut se poursuivre encore des années après que son âme a disparu. Pour prendre soin de l'âme, nous devrons peut-être honorer des ruptures ou des changements radicaux. Notre conception de l'union et de la séparation risque également de se modifier avec les années.

Le travail de l'âme exige, en sus d'une observation subtile, la connaissance de certaines «techniques» d'intimité. Dans ce livre, j'aimerais examiner en particulier les moyens que nous utilisons pour établir le contact intime et entretenir les liens. Les techniques que je propose ici peuvent paraître d'une simplicité extrême, mais elles sont aussi très fragiles. Par exemple, les lettres et la conversation sont des méthodes bien connues pour entretenir une relation. Pourtant, elles exigent des soins et une grande réflexion pour être efficaces. Heureusement, le travail de l'âme n'est pas une idée nouvelle. Nous avons des siècles d'expérience et de développement derrière nous, nous pouvons puiser à bien des sources. À certaines époques, la correspondance et la conversation étaient considérées comme des arts qu'il fallait soigneusement étudier. Bien qu'il soit évidemment aisé de sombrer dans la banalité et le snobisme à cet égard, je crois que nous devrions examiner des moyens de nous parler et de nous écrire susceptibles de favoriser l'épanouissement de notre âme, à la lumière des idées que nous ont laissées ceux qui sont passés maîtres dans ces arts. Cet examen est d'autant plus important aujourd'hui que grâce à des techniques complexes, la communication est devenue plus rapide, mais pas forcément plus réfléchie.

Les techniques de l'âme sont généralement simples, charnelles, lentes et elles font autant appel au cœur qu'à l'esprit. Le monde technologique qui nous entoure encourage l'expression électronique, complexe, rapide et informatisée, aux antipodes de l'expression des vertus de l'âme. Rien d'étonnant qu'à l'ère des télécommunications — terme qui, au demeurant, signifie «relations à distance» — nous ressentions les symptômes de la disparition de l'âme. De tous bords tous côtés, on nous exhorte à délaisser l'intimité au profit de l'efficacité.

Une âme sœur est une personne avec laquelle nous entretenons des liens étroits, comme si la communication et la communion entre nous n'étaient pas le fruit d'efforts conscients, mais plutôt celui d'une grâce divine. Ce genre de relation est si important pour l'âme que beaucoup estiment qu'il n'existe rien de plus précieux. Avec une âme sœur, nous pouvons nouer bien des relations différentes, en amitié, dans le mariage, au travail, dans nos loisirs ou en famille. C'est une forme d'intimité très rare, mais qui se limite ni à une seule personne, ni à un seul type de relation.

Par ce livre, je souhaite vous encourager à nouer toutes sortes de relations dont le point commun est qu'elles sont enracinées dans l'âme. Tout d'abord, vous prendrez conscience de la nature de l'âme et notamment de son rôle dans la naissance de l'intimité, puis vous découvrirez des moyens concrets de nourrir ces relations. Toutes nos relations peuvent avoir une âme, pas seulement celles que nous entretenons avec une âme sœur.

S'il vous paraît étrange de parler de l'âme dans le contexte d'une discussion sur l'intimité, sachez que c'est là un signe des temps, tout simplement. Jadis, les spécialistes de l'âme avaient coutume d'explorer minutieusement la nature de ces relations. C'est peut-être parce que nous avons tendance à négliger cet aspect que nous éprouvons aujourd'hui tant de difficultés à vivre nos relations. Nous nous attendons à découvrir l'intimité naturellement, sans éducation ni initiation. Lorsque nous échouons, nous en concluons immédiatement que nous souffrons d'une lacune innée. Mais en réalité, nous ne pourrons jamais rien réussir dans la vie, pas plus notre intimité que le reste, si nous n'éduquons pas notre imagination.

Lorsque j'emploie le terme «manuel», en parlant de ce livre, c'est dans son sens littéral. Il est destiné à montrer au lecteur comment «manipuler» son imagination. On peut également le considérer comme un guide de stylistique, un petit volume conçu pour apprendre comment rédiger, comment écrire de manière expressive. Il suggère comment s'exprimer dans l'intimité, comment nourrir des amitiés, comment approfondir la relation conjugale, comment écrire des lettres qui éveillent l'âme et comment prendre soin de quelqu'un d'autre de manière à susciter l'affection de l'âme.

Je ne prétends pas savoir tout cela, pas plus que je ne prétends être plus compétent qu'un autre dans ce genre d'activités. En réalité, certains aspects des relations humaines me sont connus parce qu'ils illustrent mes propres folies et mes échecs les plus cuisants. Je connais bien nos traditions, grâce auxquelles nos connaissances et attitudes ont pu évoluer au cours de plusieurs siècles de discussions et d'expérimentation. Je désire surtout me faire le traducteur de ces coutumes immémoriales, reformuler ces écrits antiques sur l'épanouissement de l'âme afin qu'ils s'adressent directement à nous aujourd'hui.

En lisant, pensez à toutes vos relations, passées et présentes. Pensez aux liens familiaux et aux ruptures que vous avez vécues. Pensez à vos anciennes amours et à vos affections du moment. Pensez aux espoirs et aux rêves, n'oubliez ni les désastres ni les tragédies. Pensez à tout cela à la lumière de votre âme. Essayez d'éviter les jugements familiers. Par-dessus tout, tâchez de vous libérer des tendances narcissiques qui vous font penser davantage à vos propres succès et échecs plutôt qu'aux vastes mystères contenus dans vos récits et vos souvenirs.

Considérez ce livre non comme un recueil de suggestions précises, mais comme un guide de méditation. Tout ce qui vous empêche de vivre des relations profondes, satisfaisantes, dotées d'une âme, ce sont les lacunes de votre imagination. Est-elle assez féconde? Est-elle trop pragmatique, trop moderne, trop terne? Laissez votre lecture doter vos relations de rameaux, de pousses et de bourgeons. Plus votre imagination gagnera en fertilité, plus vite vous serez en mesure de découvrir cet or alchimique que contient votre cœur.

L'âme et l'amour

L'âme choisit sa propre société...
Puis... ferme la porte...
À sa divine majorité...
L'absence l'emporte...

Impavide... elle voit les chariots s'arrêter
Devant son perron...
Impavide... elle voit un empereur s'agenouiller...
Sur son paillasson...

Je l'ai connue... dans une vaste nation...
Elle se choisit une sœur...
Puis... ferme les valves de son attention...
Comme la pierre sans cœur...

Emily Dickinson (trad. Janice de Quercy, *Emily
Dickinson, le cœur sur les lèvres*, Éd. Couleur vive, 1951)

CHAPITRE PREMIER

Attachement et envol

L orsque nous cherchons à étudier l'âme d'une relation, certains facteurs imprévus surgissent. De par sa nature la plus profonde, par exemple, l'âme a tendance à s'imbriquer dans tout ce qui représente notre univers, tant les êtres que les choses. Elle adore s'attacher à tout, aux lieux, aux idées, aux époques, aux personnages et périodes historiques, aux objets, aux mots, aux sons et aux décors. Par conséquent, pour examiner l'âme d'une relation nous devons prendre en considération le large éventail de ses amours et de ses inclinations. Pourtant, même lorsque l'âme s'immerge voluptueusement dans ses affections, quelque chose en elle l'entraîne dans la direction opposée. Quelque chose de valide et de nécessaire prend la fuite lorsque l'âme est sur le point de s'attacher profondément. Cet instinct de la fuite est si profondément enraciné qu'on doit forcément le considérer comme une expression sincère de l'âme. Notre objectif suprême consiste donc à découvrir comment embrasser à la fois l'attachement et la résistance à l'attachement. Le seul moyen de réconcilier ces tendances opposées consiste à les fouiller profondément l'une et l'autre. Comme c'est le cas de tout ce qui touche à l'âme, c'est en obéissant à ses impulsions que nous parviendrons à nous frayer un chemin vers ses mystères.

L'attachement

L'âme manifeste sa tendance innée envers l'attachement de diverses manières. En particulier, elle incline vers le passé et résiste volontiers au changement. Une personne particulièrement encline à écouter son âme rejettera une offre d'emploi intéressante parce qu'elle ne désire pas quitter sa ville natale. L'origine de cette décision est très claire: les liens qui rattachent la personne à ses amis, à sa famille, à la ville même et à un paysage familier sont issus de son cœur. Il lui paraît plus important de les respecter que de se laisser guider par des possibilités plus exaltantes qui trouvent peut-être leur source dans une autre partie d'elle-même.

L'attachement inné peut inciter quelqu'un à mener une vie casanière, à rarement sortir de chez lui. Peut-être décidera-t-il de ne pas acheter d'automobile pour cette raison. Bien des écrivains et artistes manifestent cette introversion qui les incite à se détacher des activités du monde extérieur. Emily Dickinson, par exemple, passa toute sa vie adulte dans la propriété familiale d'Amherst, au Massachusetts. Dans une lettre qu'elle écrivit en 1851 à son frère Austin, elle déclare: «La maison est une chose sacrée... ni doute ni méfiance ne peuvent pénétrer par ses portes bénies... Il semble véritablement y avoir ici une petite partie de cet Éden que le péché, quel qu'il soit, n'a jamais pu détruire complètement[1].» Samuel Beckett était célèbre pour l'affection qu'il portait à son appartement dénudé et par sa résistance aux intrusions du monde extérieur. «Tout ce que je désire», déclara-t-il au début de sa carrière, «c'est m'asseoir sur mon derrière et péter en pensant à Dante[2].»

C. G. Jung est d'avis que l'âme est fondamentalement tournée vers la vie. L'âme, dit-il, est l'archétype de la vie, alors que la recherche du sens ou la quête d'un degré de conscience supérieure a d'autres origines. L'âme se loge dans les détails triviaux de la vie quotidienne et ne ressent pas le besoin urgent de comprendre ou d'accomplir. James Hillman, disciple non orthodoxe de Jung, remarque la distinction effectuée par Jung entre l'âme et l'esprit. Il déclare que l'âme réside dans les vallées de la vie et non sur les sommets des efforts intellectuels, spirituels ou technologiques. Dans l'essai qu'il écrivit à ce sujet, *Peaks and Vales*, Hillman affirme que l'âme est la vie réelle de la psyché, y compris «le désordre dans lequel elle vit, son mécontentement, ses malhonnêtetés et ses palpitantes illusions[3].» Quelque chose en nous, auquel la tradition donne le nom d'«esprit[4]», s'efforce de transcender le fouillis de notre vie réelle pour nous faire connaître un bonheur sans nuages ou, tout au moins, des conditions plus sereines. Ou encore, de donner à notre vie un sens qui l'éloignera, sur le plan intellectuel, du bourbier qu'est devenue notre existence réelle. Lorsque l'âme s'élève au-delà des conditions de la vie de tous les jours vers la signification et la guérison de soi, elle survole toutefois de près notre existence, elle flotte tranquillement au-dessus; elle ne s'envole pas. Son mode de réflexion est plutôt celui de la rêverie que de l'analyse intellectuelle et sa guérison se produit dans le contexte de nos sautes d'humeur quotidiennes, des hauts et des bas de nos émotions et de la certitude qu'il n'existe pas de guérison suprême, car la mort est pour l'âme une présence éternelle.

Par définition, l'âme s'attache à la vie dans toutes ses incarnations. Elle préfère les liens à l'éloignement. Pour l'âme, le sens et la valeur de la vie naissent directement de l'expérience ou des images et souvenirs que la vie quotidienne engendre modestement, mais sur-le-champ. L'âme n'acquiert pas son intelligence grâce à une analyse rationnelle, mais plutôt à la suite d'une longue période de rumination. Loin de viser à tout prix la compréhension éclatante ou la vérité incontestable, elle préfère l'intuition profonde et la sagesse docile.

Ce penchant de l'âme pour les arcanes de la vie quotidienne exerce une influence sur les relations personnelles, thème central de cet ouvrage. Nouer des liens signifie demeurer en vie, même si ces liens s'embrouillent, si le sens et la clarté semblent nous échapper. Cela signifie que nous devons vivre avec chacun des êtres qui entrent dans notre vie et pas uniquement avec nos idées et nos images du partenaire parfait ou de la famille idéale. En revanche, pour respecter la particularité de notre vie, nous devrons peut-être procéder à une séparation, à un divorce, à toutes les ruptures que l'âme réclame. Car l'âme demeure attachée à ce qui se produit réellement et pas forcément à ce qui pourrait être ou sera.

Les rêves, qui ont beaucoup à nous apprendre sur la nature de l'âme, dépeignent souvent les mille et un liens qui nous rattachent à notre passé. Ils nous font retourner dans des endroits que nous avons autrefois visités ou dans lesquels nous avons vécu il y a longtemps. Par exemple, nous pourrions commencer par raconter un rêve en ces termes: «Je me trouvais dans ma chambre, dans la maison où j'ai grandi, et je voyais quelques-unes de mes poupées favorites rassemblées près de moi.» Ou alors: «J'ai pourtant bien l'impression d'avoir fait une croix sur mon passé, mais, malgré moi, il m'arrive de rêver à mon ex-mari.» En effet, l'âme se penche vers le passé plutôt que vers l'avenir, vers l'attachement que nous éprouvons à l'égard des personnes, des lieux et des événements, plutôt que vers l'éloignement. Par conséquent, elle n'évolue pas vite. Même après que nous avons quitté une personne ou un lieu, notre âme peut très bien y demeurer attachée, par le souvenir et par les rêves.

Pour prendre soin de l'âme, nous devons respecter ces tendances apparemment naturelles, bien que paradoxales. Si nos rêves nous lient encore à des gens dont vous voudrions bien être débarrassés, peut-être pourrions-nous les écouter, adoucir la volonté intellectualisée qui nous pousse vers le changement, faire une place à des souvenirs parfois douloureux et inquiétants. Car si nous décidons une bonne fois pour toutes d'annihiler ces attachements, nous courons le danger de perdre une partie de notre âme. La liberté acquise au prix du désir de l'âme risque de se révéler quelque peu amère.

Plutôt qu'essayer de fournir de nouvelles interprétations et de façonner de nouveaux moyens, l'âme préfère suivre son petit bonhomme de chemin, se nourrissant de ce qui existe déjà. Tout comme une vache rumine ses légumineuses, comme le raisin fermente peu à peu pour devenir du vin, comme le tabac acquiert son parfum en mûrissant, le passé offre à l'âme son fourrage, sa nourriture, la source de son type particulier d'interprétation et de progrès. L'intuition et le changement s'épanouissent dans l'âme comme une fleur après une longue période d'incubation. La fertilisation de l'âme est un long processus de nature organique, surtout lorsqu'on la compare aux méthodes intellectualisées que nous employons pour trouver la connaissance et vivre la transformation. Ralph Waldo Emerson affirme que l'âme n'avance pas en ligne droite, mais en une «ascension par étapes», semblable à la transformation «de l'œuf en chenille et de la chenille en papillon».

Le travail de l'âme exige par conséquent de la patience et de la loyauté, deux qualités qui ne sont guère en vogue à notre époque de mutations accélérées. L'âme nous demande de *vivre* nos attachements, plutôt que d'essayer de procéder à des ruptures nettes et rapides. Peut-être semble-t-il sage, après un divorce ou lorsque nous perdons notre emploi, de «laisser le passé derrière nous» et de «prendre un nouveau départ». Mais l'âme a besoin de réfléchir au passé douloureux, qui contient d'ailleurs peut-être des éléments intacts et féconds. L'âme nous raccroche parfois aux événements traumatisants d'hier au moyen de souvenirs tenaces et de rêves fréquents.

Depuis une quinzaine d'années, je fais régulièrement un rêve qui, je crois, illustre bien ce thème. Je me trouve habituellement dans un avion, parfois un gros avion à réaction, parfois un petit biplace. L'avion a quelques difficultés à décoller ou à prendre de l'altitude. Je me souviens qu'à une occasion, il se trouvait dans la rue State à Chicago, en plein milieu de la circulation, incapable de prendre son élan pour décoller. À une autre occasion, il était rempli de passagers et survolait une grande ville. Ou plus exactement, il traversait la ville, se frayant un chemin entre les gratte-ciel, car il ne parvenait pas à s'élever au-dessus. Dans la version la plus récente de mon rêve, j'étais dans un petit monoplan, seul avec le pilote, et nous survolions la plus grande partie du pays. Toutefois, nous avons franchi les quinze derniers kilomètres en roulant sur une autoroute, car l'avion était incapable de rester en l'air. J'étais en colère contre le pilote qui se débrouillait si mal.

Ces rêves peuvent être interprétés négativement, comme le symbole d'un échec de l'esprit, de l'aventure ou de l'imagination, comme l'incapacité de décoller et de s'élever dans les airs. En revanche, surtout dans le cas d'une personne aussi libre, aussi détachée du sol que moi, ils peuvent être interprétés comme une tentative de rattacher mon esprit volant à la terre. Nous sommes souvent guéris par une intervention qui semble porter préjudice à nos points forts et à nos compétences établies. Ma colère à l'égard du pilote, dans la dernière version de mon rêve, prouve que consciemment, je ne comprends pas pourquoi il est obligé de garder l'appareil au sol. Il est même possible que je considère la rédaction de ce livre sur la découverte de l'âme dans les relations comme un reflet de mon rêve, comme le moyen de me rattacher à la terre en méditant sur les leçons douloureuses que nous enseigne l'attachement.

Lorsque nous nous sentons coincés, lorsque nous avons l'impression que nous ne parviendrons jamais à laisser en arrière des événements traumatisants, nous pouvons considérer cela comme l'œuvre de l'âme. Car elle nous lie à l'existence qui nous est échue. Nous souffrons des mouvements de l'âme et nous ressentons son infériorité. Elle ne nous propulse pas, comme l'esprit. Au contraire, elle accuse le coup des événements. Elle est facilement blessée et perturbée. Notre esprit, quant à lui, se délecte du pouvoir, de la force, du bien-être et de la supériorité. L'âme, lorsqu'elle s'adonne aux plaisirs de l'existence terrestre, pâtit de son intimité, au point que nous finissons par considérer l'attachement comme un esclavage. Les parents apprécient certainement les liens étroits qui les rattachent à leurs enfants, mais il est possible que par moments, ils aient l'impression exaspérante d'être coincés. Nous aurons beau accomplir des efforts surhumains pour vivre une liaison solide, cela ne nous empêchera pas de nous sentir prisonniers d'un lien affectif et d'éprouver un désir paradoxal de liberté.

Ici aussi, parce que nous vivons dans un monde qui accorde une grande valeur à la liberté, un sentiment inconfortable d'esclavage pourrait être considéré comme une invitation à s'attacher encore plus profondément. Tout symptôme psychologique nous montre à la fois la direction de ce dont l'âme a besoin et ce contre quoi elle se défend[5]. Notre inconfort provient peut-être en partie de notre résistance. Si nous sommes mal à l'aise dans notre attachement, si nous craignons les liens qui nous raccordent au passé, à notre vie, à notre propre destinée, il est possible que nous n'ayons pas encore fait la distinction entre les divers attachements. Peut-être nos sentiments ont-ils besoin d'être instruits et raffinés afin de pouvoir faire preuve d'une plus grande subtilité, de mieux s'exprimer et de se réaliser.

L'émotion de la mélancolie vient parfois se joindre à l'attachement. Pendant des siècles, la mélancolie a été considérée comme une humeur caractéristique de l'âme. Là aussi, en raison de la dévotion que nous ressentons à l'égard des sentiments plus dynamiques, tels que la joie ou l'exultation, nous risquons de sous-estimer la mélancolie, voire d'essayer de la bannir entièrement. Ou peut-être au contraire, jugerons-nous son appel vers le bas comme propre à l'âme qui réside dans les vallées de l'expérience. La mélancolie est une forme atténuée de l'émotion ascendante et c'est pourquoi elle risque de nous paraître inconfortable, voire maladive. Pourtant, du point de vue de l'âme, c'est uniquement le mouvement qui nous permet de nous installer dans les replis de la vie réelle. Le passé, lui aussi, demeure souvent enveloppé dans un nuage de mélancolie. Cette émotion convient aussi bien aux souvenirs que l'odeur poussiéreuse aux vieilles maisons et aux meubles vermoulus. Peut-être ne sommes-nous pas attirés par l'odeur et la patine d'un mobilier antique. Pourtant, en leur absence, ce vieil objet si précieux semblerait incomplet, bien peu authentique. Il en va de même de la mélancolie. Nous pouvons apprendre à la reconnaître comme la moisissure émotive qui révèle la présence de l'âme.

Bien entendu, l'attachement ne présente pas toujours un problème. Il peut nous arriver d'éprouver un plaisir profond à évoquer le passé et à plonger dans les souvenirs. Lorsque l'âme frémit en nous, peut-être cela nous incite-t-il à rendre visite à des amis d'une autre époque, à vagabonder dans notre ancien quartier. Dans un film plein d'âme réalisé en 1985 par l'écrivain Horton Foote, *The Trip to Bountiful*, les émotions de l'attachement sont peintes en merveilleuses couleurs impressionnistes. Mme Watts, vieille dame sensible qui habite en ville avec son fils et sa belle-fille, éprouve soudain le désir profond d'aller revoir son village natal, aujourd'hui abandonné, de Bountiful, au Texas. Sa belle-fille est persuadée qu'il s'agit d'une manifestation de sénilité sentimentale et convainc son époux d'empêcher la vieille dame de prendre le train ou l'autocar

pour retourner dans sa ferme désaffectée. Mme Watts exprime très clairement la nature élémentaire de son désir: «Je n'ai pas plongé les mains
dans la terre depuis vingt ans. Mes mains ont besoin de sentir la terre.»

Elle finit par avoir gain de cause, après avoir rencontré un ami com-
patissant et perdu son sac à main, qui contenait le chèque de prestations
de retraite qu'elle comptait utiliser pour recommencer à zéro chez elle.
Aux yeux de la belle-fille, le chèque représente de l'argent dont elle a
besoin pour payer le loyer en ville. Pour Mme Watts, la perte du chèque lui
ouvre les portes de la liberté. Un shérif l'accompagne finalement chez
elle, où tout est envahi par les mauvaises herbes et tous les gens qu'elle a
connus dans sa jeunesse sont décédés. Pourtant, après cette brève visite,
elle se sent satisfaite. Elle comprend que sa terre natale est véritablement
une terre d'abondance. Lorsqu'elle réfléchit à son mariage sans amour et
aux problèmes de ses amis, elle conclut: «Je ne pense plus tellement à ces
choses-là, mais en fin de compte, elles font partie de Bountiful.» Pour
nous tous, le passé auquel l'âme est rattachée est une terre d'abondance,
de richesse et de plénitude, même si nous souhaitons nous en libérer,
même s'il est jonché d'échecs. Et, à sa façon, il est nécessaire.

Horton Foote avait l'intention d'écrire un scénario dépourvu de sentimentalisme. Mais pourtant, son histoire est imprégnée d'un certain type
de sentimentalisme qui convient fort bien à l'âme. Le désir lancinant de
retrouver la terre natale de l'abondance est un archétype, un état d'esprit
et un phantasme qui peuvent nous saisir à tout moment de notre vie, mais
surtout lorsque nous vieillissons. Il y a également en chacun de nous une
«belle-fille» pragmatique, prévoyante, qui considère ce vague à l'âme
comme néfaste et perturbateur. Mais si nous cédons à la «vieille dame»,
peut-être le sentimentalisme se révélera-t-il un important élément nutritif
de l'âme.

Le désir nostalgique de retrouver un lieu ou un objet familier, le
besoin irrépressible de rendre visite à de vieux amis ou à des endroits que
nous avons bien connus naissent tous deux de l'âme. Car elle désire
farouchement tout cela, comme si son bien-être en dépendait, même si les
exigences de la vie quotidienne ont tendance à reléguer ces besoins à
l'arrière-plan parce qu'ils semblent difficiles à satisfaire. À l'instar de la
vieille dame qui voulait se rendre une dernière fois à Bountiful, nous risquons de trouver notre voyage semé d'embûches, mais le jeu en vaut la
chandelle, ne serait-ce que pour nous procurer un instant de souvenirs.

Il arrive que nous ressentions notre attachement à l'égard des gens,
des objets et des lieux comme un fardeau. Quel besoin avons-nous de traîner

des boulets à nos chevilles alors que nous sommes obligés de déménager d'une maison à l'autre, d'une région à l'autre! Il faut du temps, de l'attention et des soins pour écrire des lettres et donner les coups de téléphone qui entretiennent l'attachement. L'âme est exigeante. Nous constatons que ses besoins sont aussi importants que les décisions orientées vers l'avenir qui réclament déjà toute notre attention.

Chaque jour, nous ressentons un mal à l'âme, plus ou moins léger, plus ou moins profond, mais nous avons l'habitude d'ignorer ces avertissements. Nous oublions de répondre. Tout comme certaines personnes sont incapables de percevoir les couleurs ou les notes de musique, nous sommes aveugles et sourds aux besoins de notre âme. Les supplications de l'âme ne parviennent tout simplement pas à percer la surface de notre conscience. Ou, si elles y réussissent, nous nous efforçons de nous anesthésier à l'aide de remèdes tels qu'une activité frénétique ou autres palliatifs. Lorsqu'on la compare au caractère plus élevé, transcendant et tourné vers le progrès de nos objectifs et de nos désirs, l'âme paraît sans doute régressive. Mais l'aliénation de notre cœur même a pour corollaire une solitude mélancolique particulièrement douloureuse.

Par conséquent, la première étape du traitement de notre âme consiste à comprendre et à respecter les caractéristiques de son être propre. Peut-être trouverions-nous utile de comprendre, comme l'a enseigné la tradition pendant des siècles, qu'en nous deux désirs s'affrontent: l'un nous pousse vers le haut, vers la transcendance, l'ambition, le succès, le progrès, la clarté intellectuelle et la conscience cosmique, tandis que l'autre nous entraîne vers le bas, vers la vie individuelle et vernaculaire. La première de ces impulsions est évidemment de nature à nous inspirer; elle présente un attrait magnétique. La seconde est tout aussi satisfaisante, mais de manière beaucoup plus tranquille, plus subtile; ses gageures sont triviales et les horizons qu'elle nous ouvre ne nous inspirent guère. Pourtant, l'âme se nourrit de cette féconde banalité. Elle demeure étroitement, intimement attachée à la vie, contrairement à l'impulsion transcendante qui vise à nous tracer une voie claire, dépourvue d'obstacles vers un objectif imaginaire.

Lorsque nous vivons des relations familiales épineuses, lorsque nous nous débattons dans les exigences du mariage, lorsque nous concentrons nos efforts sur notre travail, lorsque nous nous installons dans la région que le destin a choisie pour nous, lorsque nous traversons des crises de personnalité qui ne semblent jamais devoir s'estomper, nous recueillons de la nourriture pour notre âme. L'âme veut être attachée, liée, voire coincée, car c'est cette intimité qui la nourrit, l'initie et parvient à l'approfondir.

Le refus de l'attachement

L'âme est un tissu complexe de paradoxes et de contradictions. C'est pourquoi nous devons maintenant examiner le revers de la médaille. Il serait erroné de penser que dans une relation, l'âme ne souhaite rien d'autre que l'attachement. Aussi puissant le désir d'attachement soit-il, il y a indubitablement quelque chose en nous qui appelle la solitude, la liberté et le détachement. Notre examen de la relation doit donc prendre en considération les deux aspects et embrasser la tension susceptible de naître lorsque nous essayons de les satisfaire tous les deux.

L'un des plus beaux mythes classiques, l'histoire de Daphné et d'Apollon, s'articule autour de ce thème. J'aimerais utiliser ce conte captivant comme la première source de nos réflexions sur un aspect inattendu d'une relation: le désir de prendre nos distances.

Dans le mythe, Daphné est une charmante jeune femme qui se plaît à courir les bois et à chasser. Ovide nous la décrit comme une véritable fille de Diane (Artémis en grec). Elle n'a aucun désir de s'attacher en nouant une relation. Mais elle attire l'attention du dieu Apollon qui ne tarde guère à tomber amoureux d'elle. Il la poursuit, elle s'enfuit. Toute l'histoire tourne autour de la fuite de la jeune nymphe, qui nous aide ainsi à comprendre nos propres désirs et rêves de fuite, à des moments de notre vie où nous sommes anxieux d'éviter tout attachement.

Apollon essaie de séduire Daphné, de ralentir sa fuite en l'assurant qu'il n'est pas son ennemi, qu'il a accompli de grandes choses et qu'il n'est pas le premier venu: il donne des oracles, il a inventé la musique et il est l'archétype du médecin. En vain, Daphné continue de fuir. Curieusement, Apollon est de plus en plus séduit. Car la fuite a quelque chose d'attrayant, non seulement aux yeux de la personne qui fuit, mais encore aux yeux du poursuivant.

Alors qu'Apollon est sur le point de rattraper la jeune fille, qu'il peut pratiquement la toucher, elle supplie son père, le dieu fluvial Pénée, de l'aider. Sa prière est entendue car la nymphe se transforme peu à peu en laurier. Voici comment Ovide décrit en termes si poétiques la métamorphose: «... une lourde torpeur s'empare de ses membres, sa douce poitrine s'enveloppe d'écorce, sa chevelure devient un feuillage, ses bras se tendent comme des branches, son pied si rapide est désormais une racine inerte, son visage disparaît dans la cime d'un arbre.»

Maints artistes ont décrit cette image extraordinaire, celle d'une jeune fille métamorphosée en arbre. Bernini fait délicatement surgir des feuilles à partir des bras et des mains. Dans le *Combat allégorique entre la chasteté et la volupté*, Daphné a un corps de femme, mais sa tête est un arbre entouré de branches. Dans un tableau moderne de Jan Balet, peint dans le style de Magritte, Apollon porte un costume noir et un chapeau melon, tandis que Daphné, nue, les cheveux d'un roux flamboyant, les bras transformés en luisantes branches vertes, court entre les arbres, avec seulement quelques longueurs d'avance sur lui.

Daphné, nous l'avons dit, est l'un des nombreux visages de Diane, que l'on identifie généralement avec la déesse vierge Artémis qui vit au plus profond des bois, loin de la civilisation. Dans un hymne à la déesse, le poète grec Callimaque a écrit: «Il est bien rare qu'Artémis se rende à la ville.» Daphné partage la mobilité de la grande déesse, son esprit aventureux, son goût de la solitude, sa féminité exclusive et sa virginité, sa beauté chaste et sa tendance à éviter les contacts humains. D'ailleurs, nous pourrions considérer Daphné comme l'un des aspects particuliers du caractère si distant d'Artémis, le désir de fuir la domination apollinienne de l'âme.

Cette histoire est évocatrice de maintes dimensions de la vie humaine. Par exemple, nous pouvons interpréter la fuite de Daphné comme celle de l'âme vierge qui refuse l'apport culturel d'Apollon, l'intellect, l'art, voire la médecine. Il est fréquent que quelque chose en nous refuse d'être compris ou guéri. Nous ne voulons pas aller voir le médecin. Nous décidons de ne pas suivre tel ou tel cours. Nous sommes las de l'ami qui s'efforce perpétuellement de nous changer, de nous gratifier de ses conseils, de nous comprendre. Ces sentiments, que nous rejetons parfois car nous les interprétons comme une résistance ou un moyen de défense, pourraient en réalité être le fruit d'une sensibilité identique à celle de Daphné, d'émotions sincères, destinées à préserver l'intégrité de notre âme.

Dans un sens plus général, Daphné est aussi la vierge qui fuit le mariage. Elle est l'âme solitaire qui refuse toute relation. Elle est la nature qui se protège contre la culture. Elle est intacte et préfère être métamorphosée en un élément de la nature, plutôt que progresser vers la culture humaine.

Plusieurs écrivains modernes offrent des interprétations différentes du mythe de Daphné. Norman O. Brown voit dans sa métamorphose la résurrection de la vie ordinaire sous forme de poésie[6]. Il la compare à Orphée, que l'on considère traditionnellement comme le porte-parole de la nature ou de l'art du poète. Daphné, explique Brown, représente une sublimation de la nature. Lorsque Apollon la rattrape, il continue d'aimer sa peau d'écorce et ses membres feuillus. C'est pourquoi il décide d'adopter la feuille de laurier comme le symbole de l'exploit. Cette attitude apollinienne, la décision du dieu de considérer la branche de laurier comme l'emblème de la purification et de la célébration après une lutte se trouve être, selon Brown, l'image cruciale du mythe. À la fin d'une vie de lutte, peut-être finirons-nous par comprendre le sens de ce qui nous entoure, peut-être réussirons-nous à créer un poème, à écrire une lettre ou à peindre un tableau qui résumeront l'initiation que nous avons vécue.

L'interprétation de Brown est plutôt axée vers Apollon et fait de Daphné un symbole spirituel. Il est vrai que toutes les manifestations d'Artémis sont imprégnées d'une grande spiritualité. Daphné, en fin de compte, favorise l'œuvre d'Apollon — purifier la vie, lui donner un sens et lui apporter la poésie — en le conduisant au fond des bois intacts et en l'inspirant afin qu'il transforme la nature en art. Dans les mythes grecs, Apollon et Artémis sont jumeaux. La légende contient, ainsi que le fait remarquer Brown, une allusion à la sublimation au sens freudien: la métamorphose du désir sexuel en un instinct artistique. Le désir d'Apollon est assouvi de manière symbolique plutôt que charnelle. Il est possible que nos désirs d'un vécu littéral se trouvent un jour étonnamment satisfaits à un niveau plus raffiné.

Dans un autre ordre d'idées, la résistance de Daphné peut être interprétée comme une fuite devant l'âme. C'est justement la beauté de sa condition spirituelle qui rend si peu attrayantes à ses yeux les turbulences de l'attachement. Certaines personnes adhèrent à des groupes qui encouragent la croissance personnelle, espérant ainsi s'extirper de relations complexes, au lieu de s'y enfoncer davantage. Il reste toujours en nous quelque chose de virginal, qui rappelle la fuite de Daphné devant l'engagement et qui nous supplie de l'en préserver. Peut-être sommes-nous prisonniers du mythe de Daphné. Nous supplions un personnage paternel de nous maintenir dans notre état régressif, de nous transformer en arbre plutôt que de nous laisser nous débattre dans notre condition humaine. Nous aspirons à être isolés de tout danger par notre écorce, de nous libérer du monde qui voit notre beauté et notre potentiel, qui nous désire et qui, tout naturellement, s'efforce de nouer avec nous des relations intimes.

Notre résistance à l'attachement provient peut-être d'une volonté, au plus profond de nous-mêmes, de mener une vie claire et désencombrée, moralement propre et sans entraves. Nos pensées, telles les branches intactes du laurier, nous entraînent peut-être vers les cieux, révélant notre désir d'éviter l'enchevêtrement des relations humaines. La métamorphose de Daphné en un arbre dont les branches se tendent vers le ciel révèle sa spiritualité intrinsèque qui, dans le cas d'Artémis, est symbolisée par sa haute stature. Les branches de Daphné s'élèvent exactement comme le clocher d'une église, bien que ce dernier forme une pointe plutôt qu'une branche. La différence est significative. Le personnage de Daphné est un mélange particulièrement subtil d'esprit et d'âme. Ses arbres s'étirent vers la pureté et la transcendance, tandis que la multiplicité des branches et des feuilles suggère la multiplicité des perspectives de l'âme, adoucissant et détournant son esprit transcendé.

Les branches qui s'élèvent vers le ciel pur symbolisent une douce résistance à l'âme et à ses attachements. Mais elles n'en représentent pas moins une défense efficace contre la nature dédaléenne de l'âme. La vie gâte notre innocence, souille notre virginité psychologique. La relation et l'attachement retiennent prisonnier l'esprit qui aimerait vagabonder de par les bois de ce monde en s'amusant à chasser. Assumant le rôle d'Apollon, bien des gens affirment préférer la conquête à la relation même tandis que d'autres, à l'exemple de Daphné, semblent passer leur vie à fuir.

Le mythe de Daphné révèle aussi qu'une relation est peut-être plus que l'effort de deux personnes pour mêler leurs vies. À un niveau beaucoup plus profond, c'est aussi la lutte éternelle pour réconcilier rien de moins que le ciel et la terre, allier le désir poignant de simplicité, d'ordre, de sens et de liberté au besoin de complexité, de changement, de mélancolie, d'enracinement et d'attachement. Daphné a peut-être échappé à Apollon, mais elle a tout de même abandonné sa liberté pour devenir une créature enracinée dans la terre, assujettie à son climat.

Il n'est pas nécessaire de prendre parti dans ce combat perpétuel entre la vie matérielle et l'instinct de conservation. Pourtant, lorsque nous nous exprimons, c'est toujours en faveur de l'un ou de l'autre. Ainsi, les paradoxes et contradictions qui surgissent lorsque nous essayons d'harmoniser les deux dimensions nous permettent justement de faire remonter en surface les interprétations les plus profondes du mythe. Notre thème se charge alors d'une complexité nécessaire. Cela s'applique également à nos relations les plus concrètes. En effet, nous constatons toujours la présence d'une tension, d'une argumentation qui se déplace comme un balancier entre la vie matérielle et notre travail mental, entre le fait de vivre nos amours et celui de les comprendre, entre le désir d'intimité et celui de solitude, entre l'âme de l'attachement et l'esprit du détachement.

La spiritualité et le détachement

Il n'est guère surprenant que la littérature de la spiritualité nous entraîne généralement vers le détachement. Thérèse d'Avila, mystique chrétienne, donnait des conseils à ses religieuses qui avaient «abandonné toutes les possessions matérielles» afin de mener une vie contemplative: «Il est hors de doute qu'un être qui persiste à vivre dénué de tout et détaché de toutes les choses matérielles atteindra son but[7].» Le détachement semble logique, si l'on se place sur le plan spirituel. Il est important de se débarrasser du superflu, de se libérer des contraintes matérielles afin d'explorer à fond le royaume de l'esprit. Le monde extérieur est une source de distractions. Mais l'âme a également une tâche à remplir, un engagement à respecter, tout aussi importants. Elle doit découvrir les trésors et explorer les coins et recoins de la vie en s'attachant. Tout comme la recherche spirituelle nous permet de réaliser notre potentiel humain, dans ses retranchements les plus raffinés, la recherche de l'âme nous lance à la conquête des sucs et des éléments nutritifs que recèlent les relations humaines.

Lorsqu'on néglige l'exercice pourtant si nécessaire de l'âme, elle réagit parfois en créant des problèmes complexes, reliés à l'aspect qu'on a justement négligé. Par exemple, lorsque quelqu'un décide de se détacher de la vie sexuelle ordinaire pour se consacrer à la vie de l'esprit, peut-être la sexualité deviendra-t-elle une source de préoccupations et trouvera-t-elle des moyens d'expression compulsifs, voire déformés. J'ai autrefois animé une retraite destinée à des prêtres. Dès le départ, je leur ai expliqué que j'aimerais consacrer deux heures, le troisième jour, à une discussion de la sexualité. Nous avions maintes autres questions à débattre, y compris le rituel et la profondeur accrue de la notion même de sacerdoce, qui me paraissaient cruciales. À ma grande surprise, lors d'une pause le premier jour, plusieurs prêtres vinrent me trouver pour m'expliquer qu'ils souhaitaient que nous consacrions une journée à discuter de la sexualité. Certains suggéraient même d'y consacrer toute la retraite, étant donné la gravité du problème.

Pendant mes années de séminaire, j'avais également eu l'occasion de constater que la sexualité pouvait effectivement revêtir d'étranges incarnations dans la vie de ceux qui, pour des raisons spirituelles, avaient décidé de renoncer à toute vie charnelle. Dans un ordre religieux auquel je rendis visite un jour, un homme qui devait être ordonné prêtre sous peu s'était créé une suite parmi un groupe de religieuses. Il était leur «berger», elles étaient ses «moutons». Il avait conçu plusieurs

rituels à cet effet. Par exemple, une fois par jour à heure fixe, les religieuses devaient penser à leur «berger» et s'agenouiller dans la direction
où elles estimaient qu'il se trouvait à ce moment-là, prier pour lui, l'imaginer et s'offrir à lui. La dimension sexuelle de ce cérémonial, évidente
bien que déguisée sous une apparence de spiritualité, donnait à toute
l'affaire une étrange saveur.

J'ai également connu un ministre du culte qui s'enorgueillissait de sa
collection de photos prises lors d'accidents automobiles. Il possédait une
boîte pleine de photos de scènes sanglantes, rassemblées à l'époque où il
était aumônier de la police. Il les considérait comme des images pornographiques qu'il aimait montrer à ses amis.

Le premier de ces exemples pourrait être interprété comme une
reprise du mythe de Daphné: la fuite devant la sexualité, l'ascension vers
le ciel, un Apollon tout-puissant. Mais en «jouant» un mythe, on essaie
aussi de l'éviter, de ne pas le concrétiser. C'est une forme de défense et,
dans ce cas, nous constatons généralement que le mythe est déformé. Le
jeu subtil entre l'aspect virginal et la dimension apollinienne a complètement disparu, supplanté par des représentations littérales totalement
absurdes des personnages et des situations. Fuyant les relations sexuelles,
les religieuses se sont retrouvées prises au piège d'une étrange communauté spirituelle. Dans le second exemple, renoncer à la sexualité a suscité, chez le prêtre, une fascination morbide pour le corps.

Pourtant, une solide vie spirituelle, même accompagnée du détachement, peut se révéler extrêmement féconde pour l'âme. La fuite de
Daphné devient alors très logique et peut être considérée comme le
moyen de réaliser pleinement le potentiel de la vie. Bien des gens trouvent l'épanouissement dans le célibat et certains sont attirés vers l'engagement dans des causes particulières, l'action sociale ou la vision spirituelle. Certaines vocations exigent un degré de détachement, soit parce
qu'il s'agit d'un travail itinérant, d'un emploi dont les horaires sont particuliers ou qui, par nécessité, est solitaire.

J'ai parfois songé à la sagesse de Daphné lorsque je me suis retrouvé
face à un groupe de jeunes étudiants dans une salle de classe. J'avais
l'impression de jouer le rôle d'Apollon tandis que je m'efforçais d'aiguiser
leur esprit, de leur faire part des connaissances traditionnelles que je pos-
sédais. Quant à eux, ils se tortillaient sur leur chaise et s'évertuaient à
demeurer impavides. Ils préféraient leurs habitudes de vie et de pensée
naïves et mal dégrossies aux honorables traditions des institutions établies. Il est évident qu'en fuyant la conquête intellectuelle, nous démontrons

une certaine sagesse, un instinct sûr de conservation et une honnêteté indiscutable. Dans l'arène qu'est l'éducation, le mythe de Daphné et d'Apollon se joue chaque jour.

Proximité et distance dans une relation

Nous pouvons appliquer ces principes d'attachement et de liberté à nos relations. Nous découvrirons alors que c'est au cœur de la tension entre ces deux inclinations que nous vivrons le plus pleinement chaque relation. Si nous désirons ardemment fonder une famille, vivre avec quelqu'un ou nous joindre à une communauté, mais si nous constatons, après avoir satisfait ces désirs, que nous sommes dorénavant en proie à des désirs contraires, peut-être ferions-nous bien de nous souvenir que cette complexité est simplement une manifestation de l'âme. Il nous faudra sans doute trouver des moyens concrets de donner vie aux deux extrémités du spectre, de goûter à la fois notre intimité et notre solitude.

Parfois, nous semblons remettre en question notre nature même: suis-je fait pour le mariage ou pour la solitude? Devrais-je chercher un emploi dans une grande entreprise ou serais-je plus heureux si je travaillais à mon compte? Devrais-je m'attacher à une école de pensée ou serait-il préférable que je trouve ma propre voie intellectuelle?

Tant sur le plan intellectuel que sur le plan émotif, la réponse la plus judicieuse à ces questions consiste à faire la part des choses. La tension peut donner naissance à une solution unique, un moyen de vivre attaché et séparé en même temps. Tout comme il est difficile, lorsque nous lisons le mythe de Daphné et d'Apollon, de ne pas prendre parti pour l'un ou pour l'autre, il n'est guère facile dans la vie de tous les jours de céder aux plaisirs de l'intimité et à ceux de la solitude. Le poète Rainer Maria Rilke donne une solution désormais célèbre au problème de la relation: il propose que chacun de nous protège la solitude de l'autre. Rilke lui-même est plutôt porté vers la solitude, mais il est tout à fait possible de protéger le désir d'intimité de son partenaire.

La vie de tous les jours nous offre d'innombrables occasions de respecter à la fois le désir de se rapprocher et celui de prendre ses distances. Il est fréquent que l'un des deux partenaires penche d'un côté ou de l'autre. Dans son essai sur le mariage, Jung décrit l'un des partenaires comme le «contenu» et l'autre comme le «contenant». Peut-être la solution la plus sage consiste-t-elle à déterminer chez qui se trouve l'anxiété. Lorsque la santé de l'âme est en jeu, il faut absolument éviter de compenser ou de fuir mais, au contraire, il faut essayer de soigner l'aspect de la relation qui présente un problème. Si l'un des membres d'un couple pleure sa liberté passée, s'il trouve le mariage trop limitatif et trop contraignant, il devrait renoncer à la tentation de fuir et, au contraire, s'efforcer de recréer son mariage et sa relation. Sa notion du mariage est probablement trop limitée et, par conséquent, douloureuse à concrétiser.

Bien des gens semblent vivre cette douleur et rêver aux joies de la liberté. Ou inversement, ils mènent une existence solitaire et remplissent leur esprit d'images alléchantes d'intimité. Faire la navette entre ces deux désirs tout à fait légitimes peut être épuisant. C'est un conflit sans fin, totalement stérile et jamais résolu. En fin de compte, la seule solution, chaque fois qu'il est question de l'âme, est de nature polythéiste. Honorez les deux divinités, Daphné et Apollon. Poursuivez et fuyez. Soyez libidineux et chaste. Associez-vous de tout votre cœur à quelqu'un d'autre, mais n'hésitez pas à forger tout aussi passionnément votre propre chemin. Il est regrettable que notre langage ne possède pas davantage de mots tels qu'«aigre-doux», qui incarnent les antinomies et les contradictions non seulement de la langue, mais de la vie même. Nous avons besoin d'aide pour imaginer les complexités qui habitent l'âme tout en nous offrant la possibilité de résoudre les divisions et les dualités qui imprègnent notre existence d'anxiété tout en la déstabilisant.

Mais attention, je ne suggère pas ici un *équilibre* entre l'individualisme et l'intimité. L'équilibre est un idéal perfectionniste que la vie réelle n'atteindra jamais. Par conséquent, ce n'est pas une image propice à garder à l'esprit. Je crois plutôt que la complexité de l'âme est le fruit d'un long processus, jonché d'erreurs et d'attitudes extrêmes. C'est uniquement à quelques moments très rares, qui s'effacent d'ailleurs rapidement, que l'amalgame tant désiré semble être à notre portée. Mais la plupart du temps, nous sommes déchirés dans un sens ou dans l'autre. Et je crois que c'est ainsi que cela doit être. Nous sommes guidés par nos émotions, par la douleur, par le sentiment d'emprunter la mauvaise voie. Notre but consiste à pénétrer dans la complexité mystérieuse des rayons polythéistes de l'âme et non à parvenir à un équilibre parfait, certes, mais statique.

Une autre possibilité serait de suivre le conseil de Marsilio Ficino, mage de la Renaissance, qui jugeait essentiel que nous trouvions notre propre «daïmon», notre «autre» à l'intérieur de nous-mêmes et dans notre destinée, l'*alter ego* qui porte en lui le germe de notre nature en gestation, de notre unicité. Ne contredisons pas ce daimôn, qui semble parfois nous guider de manière négative, qui nous avertit au moyen de notre intuition, qui nous envoie d'autres signaux subtils pour nous dissuader d'emprunter telle ou telle direction, qui, à d'autres moments, joue le rôle d'ange gardien ou qui pourrait occasionnellement nous montrer la voie. W. B. Yeats, qui a écrit des vers passionnés sur les daimôns, rappelle la lutte qui caractérise parfois le contact entre l'individu et son daïmon: «Le Daïmon ne se rapproche pas de son semblable, mais plutôt de son contraire, car l'homme et le Daïmon comblent chacun la faim du cœur de l'autre[8].»

Pour certaines personnes, Daphné n'est pas simplement une présence dont il faut tenir compte. Elle est une définition en soi, elle façonne une vie et une personnalité. Quiconque vit une existence dominée par le modèle de Daphné, ce qui est à la fois un bonheur et un défi, devra sans doute lutter avec maints Apollons, intérieurs et extérieurs, pour découvrir un jour que la fuite est un mode de vie. Pour cette personne, la lutte contre l'attachement et la civilisation est peut-être le seul moyen de demeurer en communication avec son âme, de satisfaire les exigences profondes et contradictoires du cœur. Fuir le monde, la civilisation ou le mariage peut être considéré, au premier degré, comme un échec, une anomalie. Mais en imprégnant de sensibilité notre interprétation du mythe, nous pourrions comprendre que cette fuite, cette lutte sont des manifestations d'une âme passionnée, qui s'efforce de vivre sa nature et sa destinée. La même lutte peut avoir lieu chez une personne qui essaie de se lier intimement à une autre tout en protégeant son intégrité et son individualité.

Pour le reste d'entre nous, une forte dose d'individualité est souvent le meilleur ingrédient d'une relation. La nymphe qui, en vous, fuit dès le premier signe avant-coureur l'amour, la sexualité et l'engagement, rend peut-être un important service à l'âme. Car l'âme a besoin de fuite, tout autant que d'étreintes. En revanche, l'esprit fier qui se plonge dans une relation dès les premiers balbutiements d'Éros, est également un aspect important de l'âme. En l'absence du désir impétueux d'Apollon, il n'y aurait pas d'intimité. Dans une relation, tout ce que nous pouvons faire, c'est suivre nos émotions et nos images là où elles nous entraînent. Toute interprétation globale, abstraite, est à la fois impossible et indésirable. Nous n'avons pas d'autre choix que de laisser agir les autres forces et facteurs par-delà nos intentions. Abandonnons-leur les débats, les incongruités et les contradictions, tandis que nous apportons l'espoir et le désir à l'amour et à l'affection.

CHAPITRE DEUX

Le mystère de l'intimité

L e mot «intime» signifie «profondément intérieur». Il vient du latin *intimus*, soit la forme superlative de *interior*. On pourrait traduire *intimus* par «encore plus à l'intérieur», «le plus à l'intérieur». Dans nos relations intimes, nous faisons appel aux dimensions «les plus à l'intérieur» de nous-mêmes.

«À l'intérieur» ne signifie pas nécessairement introspectif, égocentrique, confidentiel, passif, inhibé ou narcissique. Deux personnes peuvent entretenir une relation intime en jouant au tennis ou aux cartes, en bavardant, en faisant un voyage ensemble, en discutant avec animation ou en lisant tranquillement dans la même pièce. La profonde intériorité d'un être peut se révéler dans une vie transparente: en laissant ses émotions remonter à la surface, en extériorisant ses pensées, en se familiarisant avec son âme la plus profonde. Ce sont les personnes dotées d'une grande maîtrise d'elles-mêmes, dont les émotions sont toujours contenues, qui éprouvent des difficultés à vivre l'intimité, car elles sont coupées de leur intériorité, laquelle n'a évidemment aucune place au sein d'une relation. Un être incapable d'intimité flotte nerveusement dans le vide, séparé à la fois de sa propre profondeur et de l'âme d'autrui.

Tout commence par l'intimité avec soi-même. Il ne sert à rien d'essayer de nous rapprocher d'amis, d'amants ou de parents si, dès le départ, nous sommes aliénés de nous-mêmes. Je ne suggère pas que toutes les expériences psychologiques soient intériorisées, mais il est évident que la dynamique, les drames et les rôles de l'âme se jouent dans le monde extérieur. C'est pourquoi une relation représente toujours une dialectique entre l'intérieur et l'extérieur, une chorégraphie dans laquelle interviennent à la fois des personnes réelles et les personnages qui n'existent qu'au plus profond de notre âme.

En ignorant notre propre relation avec notre âme, nous risquons un jour ou l'autre de confondre intérieur et extérieur. L'idée qu'il faut commencer par nous aimer nous-mêmes n'est ni une simple métaphore ni une notion purement sentimentale. Elle est à la base de toute relation, car elle reconnaît l'importance fondamentale de l'âme. Si nous ressentons une tension dans notre vie, peut-être l'attribuerons-nous aux problèmes que pose l'une de nos relations alors qu'en réalité il est possible que cette tension externe soit l'écho d'un conflit interne.

Par exemple, nous pensons que nous sommes solitaires parce que nous n'avons pas d'amis. Mais la réalité est peut-être tout autre. Nous n'entretenons aucune relation avec nous-mêmes et c'est pour cette raison que nous nous sentons seuls et sans amis. Il y a toujours quelque chose qui frissonne dans notre âme et se répercute sur nos relations. Mais l'inverse peut également être vrai: une turbulence émotive peut avoir ses racines dans les profondeurs de l'âme et exercer une influence sur ce qui se produit dans le monde. Certaines personnes, certains types de relations, certains événements peuvent évoquer des modèles familiers, depuis longtemps enracinés dans l'âme. C'est pourquoi bien que la relation soit, dans un certain sens, la «cause» de la turbulence, elle n'en est pas la source originelle.

«Intimité avec soi-même» est une expression étrange. Elle tient pour acquis que «je» et «soi» peuvent être différenciés. Mais comme l'ont abondamment démontré Jung et la psychologie archétypale, la relation est encore plus complexe. L'âme est constituée d'une multitude de personnalités secondaires, que Jung appelait «les petites gens» de la psyché, les complexes qui possèdent une conscience et une volonté propres. Si nous considérons les personnages qui apparaissent dans nos rêves comme des représentations de ces «petites gens» de l'âme, nous constatons qu'eux aussi nouent des relations entre eux. La mère de mon âme entretient une relation avec les enfants de mon âme, par exemple. Un voleur me dérobe quelque chose et se trouve ensuite poursuivi par la police de mon âme.

Si je ne me rends pas compte que je suis constitué d'un amalgame de multiples personnalités ou si je suis persuadé que ce que nous appelons l'*ego* constitue mon tout, je risque de transformer ma vie en une arène dans laquelle ces relations se débattront à l'aveuglette. Je demeurerai ignorant de la richesse de ma vie intérieure, de la richesse de la vie intérieure des personnes que je côtoie. J'adopterai ainsi une vision simpliste de la relation, je tomberai dans le piège du narcissisme, étant donné que mon attention se fixera sur une conception étroite du Soi et non sur l'âme.

Dans son *Essai sur la psychologie du mariage*, Jung explore ces notions d'une manière intéressante. Il cerne les limites d'une approche narcissique des relations humaines. Il constate que l'un des problèmes fondamentaux des relations est posé par l'«inconscience» des personnes en question. Par exemple, deux êtres qui entretiennent une relation intime peuvent ignorer totalement l'existence des fils qui tissent leur vie commune, qui lui donnent son sens et sont à l'origine de ses tensions. Les gens dont le mariage court le risque d'éclater apportent souvent une réflexion superficielle à leurs problèmes. Par crainte de troubler dangereusement la surface, ils réaffirment des vérités d'évidence qui n'ont que peu de rapport avec leur situation personnelle. Ou ils émettent des observations si générales et si vagues que malgré leur évidente sincérité, elles ne jettent aucune lumière sur la situation, ne suscitent aucune action.

Jung décrit aussi un autre problème posé par le narcissisme. Il s'agit de notre tendance à penser que la vie psychologique est simple. Lorsque deux personnes entretiennent une relation, l'une ne se rend pas toujours compte à quel point l'autre est complexe et tient pour acquis qu'elle est aussi transparente qu'elle semble être. Par exemple, l'un des partenaires peut être psychologiquement naïf et s'attendre que l'autre lui ressemble. Comme l'explique Jung, «une personne présuppose l'existence chez l'autre d'une structure psychologique semblable à la sienne[1]». En revanche, dans une relation qui tient compte de l'âme, les partenaires savent que nous sommes tous uniques, que nous possédons tous notre propre richesse intérieure même si elle n'est pas clairement et pleinement révélée par la vie de tous les jours, et qu'une relation intime exige la reconnaissance franche et courageuse des différences.

Une relation inconsciente naît chez les individus inconscients. Il est bien évident que nul être, nulle relation ne sont totalement dépourvus d'une certaine dose d'inconscience. L'état de conscience totale, du moins s'il pouvait exister, ne serait d'ailleurs pas souhaitable, car l'«inconscience» est un mot privatif — donc négatif — que l'on attribue à un état qui pourrait être décrit de manière plus positive comme la richesse sous-jacente de la conscience. Les mécanismes d'une relation, de ce qui procure plaisir et récompense, se situent pour une large part au plan de l'inconscient. Pourtant, les conflits et les difficultés naissent parfois d'un raccordement défectueux à cette richesse d'âme et de personnalité.

Pour «devenir conscient», il n'est pas nécessaire de posséder une compréhension analytique des rouages de la relation. Il suffit d'adopter une attitude réfléchie envers les gens en général et les relations en particulier, de tenir compte de leur complexité et de ne pas les juger au premier degré. Quiconque connaît bien le cheminement de l'âme sait qu'il est extrêmement compliqué et se conforme rarement aux normes et aux attentes de la pensée rationnelle. Un individu psychologiquement conscient est versé dans les dimensions multiples de l'âme et, par conséquent, capable de lire dans les sentiments ou le vécu d'un ami intime, d'un parent ou d'un conjoint, en sachant qu'il ne faut pas toujours se fier aux apparences.

Je me souviens d'un couple qui est venu me consulter et dont l'attitude face au mariage illustrait parfaitement les deux pôles psychologiques, celui de la conscience et celui de son rejet. Les conjoints souffraient d'une maladie fort courante qu'en jargon plurisyllabique j'appellerai «revitalisation asymétrique». L'épouse traversait une remarquable période de renouveau personnel. Pour la première fois, elle s'éveillait à son propre potentiel. Malheureusement son mari stagnait, incapable de sortir de la routine du travail et du mariage. Il avait coutume de blâmer le monde extérieur chaque fois qu'il subissait un déboire. Sa femme, sa belle-mère, son patron, la ville dans laquelle ils vivaient... tous étaient responsables. Il ne s'ouvrait jamais à ses propres pensées, ses propres sentiments ou à ses propres expériences. Selon toute apparence, il n'entretenait aucune relation avec son âme.

L'une des manifestations de l'âme est la réflexion. Car l'âme n'a nul besoin de savoir ce qui se passe dans notre vie. Elle se moque des interprétations, des explications et des conclusions. En revanche, elle se nourrit de songes, de rêveries, de réflexion, d'émerveillement et d'exploration. L'épouse était incapable de décrire avec exactitude ce qui se passait dans sa vie à ce moment précis, elle ne savait ni quand ni pourquoi ce renouveau était apparu, mais elle se demandait ce qu'il signifiait et où il la conduirait. Le mari, quant à lui, faisait tout son possible pour ignorer les bouleversements de la vie de son épouse et pour gommer entièrement ses propres réactions.

Peut-être espérait-il ainsi éviter de faire éclater au grand jour des conflits qui, il le savait, seraient douloureux et risquaient de révéler l'état désastreux de son mariage, de menacer le *statu quo*, voire d'aboutir à une séparation ou à un divorce. Mais il semblait également souffrir d'une autre maladie courante, celle de l'indifférence à l'égard de la vie de l'âme. Bien des gens s'imaginent qu'une relation consiste simplement à être ensemble. Ils ne songent jamais que tout un monde de pensées, d'images et de souvenirs évolue juste au-dessous de la surface, dotant de puissantes connotations émotives les interactions les plus ordinaires.

Dans notre exemple, l'épouse finit par décider de se séparer de son mari. Elle avait l'impression qu'il ne serait jamais un véritable compagnon, qu'il ne pourrait jamais apprécier les expériences intenses qu'elle-même vivait, qu'il ne se comporterait jamais comme un individu débordant de pensées et de réflexions toutes neuves. Au demeurant, même le départ de sa femme ne put, selon toute apparence, l'extraire de sa léthargie pour l'inciter à considérer sa propre existence d'un regard neuf.

Il est bien rare qu'une relation ait une âme si les partenaires ne se demandent jamais ce qui leur arrive, surtout lors de moments d'effervescence. Je ne parle pas ici d'analyse et d'introspection sans fin, du désir compulsif de comprendre qui peut finir par stériliser une relation. L'émerveillement, la discussion ouverte sont beaucoup plus féconds. Ils permettent aux partenaires de vivre au plus près de leurs expériences, tout en laissant une place à l'imagination, ingrédient indispensable de toute relation intime.

Pour qu'une relation ait une âme, les partenaires doivent franchir deux obstacles de taille. D'une part, ils doivent se connaître eux-mêmes — l'un des conseils de l'ancien oracle d'Apollon —, d'autre part chacun doit apprendre à discerner la richesse profonde, souvent subtile de l'âme de l'autre. En effet, lorsque nous apprenons à connaître l'autre dans toute sa profondeur, nous découvrons beaucoup au sujet de nous-mêmes. Au cœur même des conflits, voire dans les moments de désespoir, si nous connaissons d'ores et déjà les exigences de notre relation, nous disposerons d'une occasion extraordinaire d'apprendre quelque chose sur nous-mêmes. Nous pouvons ainsi jeter un regard au fond de notre âme, distinguer ses désirs et ses craintes. En apprenant à nous connaître, nous acceptons plus facilement la profondeur de l'âme de l'autre.

Par exemple, si je sais qu'il m'arrive de traverser des moments illusoires de paranoïa profonde, je serai sans doute mieux disposé à accepter des moments d'irrationalité chez ma compagne et chez le reste de l'humanité. J'ai d'ailleurs vécu une expérience de ce genre, tout récemment. Un matin, j'ai reçu par la poste l'article d'un critique qui démolissait l'un de mes livres. Il n'avait aucune sympathie pour mon travail. Son article, auquel le magazine avait consacré un grand nombre de pages, m'attaquait personnellement, jetait le doute sur mon honnêteté et ma franchise. Je n'ignorais pas que ces attaques provenaient d'une personne dont la position idéologique était contraire à la mienne. Pourtant, la haine et la colère qui s'exhalaient de l'article me piquèrent au vif.

Le même jour, le directeur d'un organisme qui m'avait invité à donner une communication lors de l'assemblée générale me téléphona pour m'annoncer que l'invitation ne tenait plus. Immédiatement, des idées paranoïaques se mirent à tourbillonner dans ma tête: «Avaient-ils lu la critique négative? Les gens commençaient-ils à s'organiser pour lancer une offensive contre moi? Cette personne représentait-elle une faction en lutte avec d'autres membres de l'organisme qui appréciaient mon point de vue?» Plus tard, j'appris qu'il s'agissait simplement d'un problème d'horaire qui fut d'ailleurs vite résolu. C'est alors que je compris à quel point je m'étais laissé plonger dans la paranoïa. Je constatai à quel point une puissante expérience émotive pouvait se répercuter sur une autre.

Il arrive cependant que notre paranoïa repose sur une réalité solide. Peut-être ne saurai-je jamais ce qui s'est vraiment passé dans les coulisses de l'organisme qui m'avait invité. Mais ce jour-là, mon imagination avait été plus enflammée par les critiques négatives que je voulais bien l'admettre et mon âme, encore en état de choc, était prête à interpréter tout ce qui pouvait désormais m'arriver à travers le filtre déformant de la paranoïa.

Ce genre de phénomène peut également se produire dans une relation. Nous pouvons être profondément touchés par quelque chose qui se produit dans notre vie sans pour autant nous rendre compte de la gravité du choc. À ce moment-là, nous interprétons une interaction quelconque à l'aide d'une âme mise à mal par des événements antérieurs. Toute notre perception s'en trouve déformée. C'est uniquement en comprenant la complexité des rouages de l'âme que nous parviendrons à éviter ces pensées et sentiments irrationnels.

Il arrive que la psychologie populaire applique des règles et fixe des objectifs peu réalistes à une relation. On nous exhorte d'exprimer nos sentiments de manière claire et directe. Nous sommes censés *communiquer* avec notre partenaire. Nous devons écouter patiemment ses doléances, faire preuve de patience et d'empathie. On nous donne l'illusion que nous pouvons nous comprendre nous-mêmes et comprendre les autres. Mais je crois que ces objectifs ne prennent pas l'âme en considération. Car l'âme est toujours complexe. Une large part de ses pensées et de ses émotions ne peut être exprimée en langage clair et direct. Même une patience digne de Job ne suffit pas toujours à nous permettre de comprendre notre partenaire, car l'âme ne se prête pas naturellement à la compréhension, pas plus qu'à la clarté d'expression.

Par conséquent, nous devons abandonner ces attentes qui ne laissent aucune place à l'âme. Nous serons peut-être contraints de pénétrer dans la confusion de l'âme de notre partenaire, sans espoir de jamais trouver la lumière, sans exiger de l'autre qu'il exprime clairement ses sentiments, sans nous dire qu'un jour cette personne finira bien par mûrir, par s'améliorer ou par s'exprimer plus directement.

Bien des aspects de l'âme sont presque immuables. Ils demeurent cachés au cœur d'un écheveau embrouillé de souvenirs, de craintes, de confusions et de complexités. L'intimité de l'âme exige que nous pénétrions dans ce chaos, ce kaléidoscope multicolore de la personnalité, en sachant apprécier sa richesse et sans être aveuglés par des espoirs moralisateurs totalement dépourvus de réalisme. Peut-être estimons-nous «convenable» qu'une personne change d'attitude et que son âme se métamorphose d'une manière ou d'une autre, mais ce type de pensée nous éloigne de la véritable nature de cette personne. Il arrive que le domaine de la psychologie nous paraisse bien plus grevé de moralisme que celui de la religion.

Il n'est toutefois pas facile de dénuder notre âme devant quelqu'un d'autre, de courir le risque de nous montrer vulnérables en espérant que l'autre tolérera notre propre irrationalité. Il peut être aussi très difficile, en dépit de notre ouverture d'esprit, de nous montrer réceptifs lorsque l'autre se révèle à nous. Pourtant, cette vulnérabilité mutuelle est l'un des principaux dons de l'amour. Nous offrons à l'autre suffisamment d'espace émotif pour lui permettre d'y vivre à l'aise et d'exprimer les sentiments, raisonnables ou non, de son âme, tout en courant le risque de nous dévoiler, avec nos propres absurdités.

L'idée d'une relation enracinée dans l'âme n'est pas sentimentale, pas plus qu'elle n'est aisée à mettre en pratique. Le courage nécessaire pour ouvrir notre âme à quelqu'un d'autre ou pour recevoir l'expression de l'âme de l'autre est infiniment plus exigeant que les efforts accomplis pour éviter l'intimité. L'étirement de l'âme rappelle un peu le déchirement douloureux du corps d'une femme pendant un accouchement. Au point que nous faisons notre possible pour l'éviter, même si de cette ouverture surgiront en fin de compte le plaisir et la récompense.

Ce que je suggère ici à propos de l'intimité n'est qu'un aspect particulier du besoin plus général de respecter le large éventail des humeurs, des phantasmes, des émotions et des comportements de l'âme. Dans l'ensemble, nous parvenons assez bien à nous maîtriser, mais un jour ou l'autre, un type quelconque d'irrationalité risque de sourdre à la surface.

Nous avons tous quelque chose à cacher. C'est presque une vérité universelle que d'affirmer que la personne qui exhibe de la manière la plus flagrante sa santé mentale et sa moralité est probablement celle qui a le plus de difficultés à vivre ce qu'elle prêche.

L'idée d'une relation intime peut nous effrayer parce qu'elle exige que nous mettions notre âme à nu, avec ses craintes et ses folies. Dans son *Éloge de la folie*, Érasme, humaniste de la Renaissance, déclare que c'est précisément dans leur folie que les gens parviennent à devenir amis intimes. «Au demeurant, la plus grande partie de l'humanité est constituée de fous... et l'amitié, vous le savez, est rarement possible sinon entre égaux.» L'âme, comme nos rêves nous le révèlent, n'a pas d'aspirations particulièrement nobles. Peut-être présentons-nous au monde l'image d'une personne intellectuellement au-dessus des banalités de la vie quotidienne, mais notre âme se délecte d'irrationalités. Peut-être est-ce l'une des raisons pour lesquelles les grands artistes paraissent parfois fous ou, tout au moins, excentriques ou pourquoi, en des moments chargés d'émotion ou lorsque nous faisons face à une décision difficile, nous donnons l'impression d'agir de manière irrationnelle. Plus d'un patient de psychothérapie m'a confié que l'aspect le plus insupportable de la jalousie était la crainte de se ridiculiser aux yeux de son partenaire. À mon avis, cela révèle que l'âme s'efforce d'entrer à tout prix dans leur vie, sous le déguisement du fou.

Il est toutefois curieux que ce soient les relations les plus intimes qui paraissent les plus irrationnelles. On dit des membres d'un couple qu'ils sont «follement» amoureux. Les accouplements les plus imprévisibles font parfois les meilleurs mariages. Une personne qui fait preuve d'ordre et de méthode au travail peut s'adonner à un comportement incroyablement irrationnel dès qu'elle rentre à la maison. Certaines des familles les plus liées ne dissimulent pas leurs conflits et leurs jalousies. En bref, lorsqu'une relation est véritablement intime, l'irrationalité de l'âme est révélée au grand jour.

L'intimité exige aussi que nous aimions et que nous acceptions les bizarreries et excentricités de notre âme. Il ne s'agit pas tant de nous connaître et de nous comprendre, que d'être conscients de l'amour et de la haine que contient notre cœur. L'«inconscient», que nous ne connaissons pas, est trop souvent le «mal-aimé», que nous n'acceptons pas. Toutefois, en définissant la thérapie comme le mécanisme qui nous permet de «devenir conscients», nous la traitons comme une opération purement intellectuelle. L'état d'inconscience, dans le sens négatif, est également un état de détachement. Nous devons non seulement en apprendre davantage à notre sujet, mais encore nous aimer plus sincèrement, d'un amour dépourvu de sentimentalisme. Nous devons nous rapprocher des frémissements de l'âme qui, aussi profonds soient-ils, se répercutent sur nos actes et nos sentiments.

L'amour de l'âme, qui peut se résumer en fin de compte par la tolérance de ses exigences déraisonnables, est le fondement de l'intimité. En honorant l'aspect irrationnel et extrême de l'âme, nous élaguons une partie des espoirs perfectionnistes que nous fondons en nous-mêmes et en les autres et qui sont l'un des aspects les plus corrosifs d'une relation, quelle qu'elle soit. Cette forme d'amour-propre se traduit aussi par un amour tolérant d'autrui, un amour qui sait que l'âme est portée à se frayer un chemin vers des territoires vierges en adoptant un comportement étrange, apparemment négatif. Lorsque nous sommes véritablement en contact avec notre âme, nous pouvons être surpris, certes, mais pas totalement déconcertés par les manifestations inattendues du comportement de l'être que nous aimons.

Notre mythologie personnelle de l'intimité

Nous nous faisons tous des idées à propos de l'intimité. Peut-être sommes-nous influencés par des récits et des convictions. En analysant certaines de ces valeurs et croyances, certains de ces principes et règlements, nous pourrions peu à peu découvrir notre propre mythologie de l'amour. «Qu'est-ce qui permet à une relation de réussir, selon moi? Quels sont mes modèles de succès ou d'échec? Qui sont mes mentors?»

Cette mythologie personnelle a des sources multiples, subtiles ou évidentes. Les films, les livres, les articles, un sermon, une chanson populaire, l'expérience vécue par un ami, un cours... Tous contribuent à nourrir notre imagination, à créer une mythologie complexe de l'amour et de l'intimité qui pourrait être largement responsable de la voie qu'empruntent nos relations. Peut-être sommes-nous totalement ignorants de ces influences, mais cela ne les empêche pas d'orienter notre comportement.

Prenons par exemple les mythes que nous avons recueillis auprès de nos parents. En effet, lorsque nous parlons de nos relations, nous avons tendance à mentionner nos parents: «Ma mère était très émotive et je tiens cela d'elle.» Nous les considérons comme responsables de ce que nous sommes. Pourtant, d'un point de vue plus fouillé, il ressort que ce sont les *images* que nous avons de nos parents qui se reflètent sur notre comportement, bien plus que toute influence directe qu'ils aient pu exercer sur nous. Les parents de notre imagination sont des personnages capables, tout comme des parents réels, de nourrir, de guider ou d'inhiber notre âme. Ce que nous racontons, au sujet de nos parents, ne repose pas toujours sur des souvenirs réels, mais parfois sur des mythes auxquels nous croyons et qui expliquent notre comportement.

En songeant à la manière dont nos parents s'aimaient, nous pouvons analyser notre propre mythologie de l'amour. C'est un peu comme si nous pensions à Adam et Ève, car nos parents font en général figure de géants dans notre vie, pour le meilleur ou pour le pire. Ils existent dans notre imagination moins comme souvenirs que comme mythes. Par conséquent, en pensant à eux, nous entrons dans notre propre mythologie de l'amour.

Je me souviens d'un homme qui se plaignait de ne pas pouvoir nouer de relation durable, satisfaisante. Il expliquait cela par le fait que son père n'était pas un être affectueux, mais plutôt distant. Je ressentais très bien la froideur intrinsèque de cet homme et j'avais l'impression que ses antécédents familiaux lui permettaient justement de se montrer distant. C'était une excuse et non une réflexion approfondie sur ses propres sentiments. Tout en lui parlant, j'essayais de lui soutirer une histoire plus complète, y compris une description des sentiments, très complexes, qu'il éprouvait envers son père. Il lui en voulait de ne pas lui avoir donné assez d'amour, mais tant qu'il dirigerait sa colère contre son père, il demeurerait en colère contre l'amour même. Lorsque je lui révélai que j'avais l'impression qu'il était lui-même quelqu'un de froid, sa colère jaillit immédiatement, brûlante et agressive. Au cours des semaines suivantes, nous essayâmes d'imprégner nos conversations de ces deux aspects, la froideur et la chaleur, afin de faire fondre peu à peu l'obstacle qui les séparait. Avec le temps, la chaleur de sa colère lui permit de remédier à sa froideur.

Notre conception de la vie se trouve également à l'origine de notre mythologie personnelle de l'amour. Il n'est pas nécessaire que cette conception soit très complexe ni très formaliste. Peut-être même demeurera-t-elle largement inconsciente. Néanmoins, il est utile de réfléchir à notre perception des choses, à la manière dont nous ordonnons nos expériences et à la base de notre échelle de valeurs. Nous sommes tous des philosophes, pas des philosophes professionnels, bien sûr, mais lorsque nous imaginons ce qu'est la vie, ce que devrait être notre comportement et les raisons pour lesquelles les événements empruntent telle ou telle voie.

Une personne qui désespère de sa relation aura tendance à émettre des généralisations philosophiques à propos de l'amour. «L'amour est voué à l'échec», m'a dit un jour quelqu'un. «Les hommes et les femmes ne sont pas faits pour vivre ensemble», m'a déclaré un jeune homme, «c'est pourquoi il n'est pas raisonnable d'attendre grand-chose d'une relation.» «L'amour, c'est pour les jeunes», me répétait en soupirant un homme âgé.

Ces produits d'une philosophie personnelle, vernaculaire, exercent une influence considérable sur nos relations. Notre conception de la vie façonne leur structure et, parce qu'elle est généralement trop simpliste, nous devrions y réfléchir. Les déclarations que j'ai citées plus haut sentent le pessimisme, la paranoïa et la dépression, mais toutes ces émotions se réduisent à des règles simplistes de vie. Tout comme une large portion de la mythologie demeure cachée derrière une philosophie professionnelle et académique, bien des récits et expériences, chargés d'émotions complexes, se dissimulent derrière ces aphorismes réduits à leur plus simple expression.

Ce genre de déclaration trahit également la peur. Ce sont des barrières que l'on élève pour se défendre contre l'amour. La première des déclarations ci-dessus reflète la peur de l'échec et la certitude qu'il est impossible de trouver l'amour sans le perdre aussitôt. Le deuxième personnage craint de s'ouvrir à quelqu'un d'autre et se sent vulnérable; pourtant, comment peut-on aimer sans ouvrir son cœur et courir de considérables risques émotifs? La troisième de ces déclarations trahit la crainte d'un amour mortel, la conviction que même si l'amour est éternel, les gens qui s'aiment doivent un jour ou l'autre être séparés par la mort. Au demeurant, la mort est un facteur non négligeable de l'amour, car celui-ci est toujours mêlé à la mort qui joue un rôle bien plus significatif dans notre vie sentimentale que nous pourrions l'imaginer.

Nos philosophies simplistes peuvent se transformer en réflexions plus subtiles lorsque nous décidons de respecter la complexité de l'âme. À ce moment-là, nous constatons à quel point des émotions puissantes ainsi que des pensées et phantasmes bruts, irréfléchis se dissimulent derrière nos idées. Nous nous surprenons lorsque nous entendons des jugements aussi simplistes que catégoriques sortir de notre bouche. Le moment est alors venu de réfléchir plus profondément, de gratter sous la surface et d'émettre des idées plus subtiles que de simples adages ou axiomes.

En principe, pour prendre soin de notre âme, nous devrions laisser libre cours à notre imagination sans limite. Car des affirmations péremptoires telles que celles que j'ai citées plus haut bloquent immédiatement le flux de l'imagination. Elles ont pour objet d'empêcher le déclenchement de la douleur qui accompagne une imagination libérée. En effet, l'imagination n'est pas seulement créative, elle est aussi iconoclaste. Elle fait éclater nos idéologies simplistes, nos principes protecteurs et le carcan de nos peurs. Elle s'ouvre à une vie d'abondance et, par conséquent, bien qu'elle soit libératrice, elle nous effraie et nous met au défi.

L'expérience personnelle est une autre source de mythologie de l'amour. Au plan culturel, le passé forme souvent le fondement d'un mythe. Christophe Colomb, par exemple, fait voile vers un nouveau monde et, très vite, ses tribulations revêtent des proportions mythiques. Au niveau personnel, nos expériences peuvent aussi se transformer en mythes vivants et, de là, en convictions. Parce que jusqu'à présent les choses se sont toujours passées ainsi, je suis persuadé qu'il est impossible de nouer une relation fructueuse. Je suis d'avis qu'aucune femme n'est digne de confiance ou que tous les hommes cherchent seulement à dominer les femmes. Mon expérience personnelle m'a convaincu que les relations familiales sont immanquablement douloureuses ou, au contraire, qu'elles ne peuvent être qu'heureuses.

C'est ainsi que notre histoire personnelle se métamorphose en philosophie. En empilant les faits, nous faisons de nos souvenirs des phantasmes importants et à partir de là, nous fabriquons la mythologie qui guidera nos choix et notre vie. Peut-être n'aimons-nous pas entendre un ami ou un parent offrir une interprétation différente de l'une de nos expériences, car cela risque d'ébranler notre mythologie. On nous montre que notre point de vue ne représente que l'une des options possibles et que la perception seule peut être menaçante.

C'est pourquoi il est utile de se confier à un ami ou à un conseiller. Cette personne ne manquera pas de souligner la peur et la rigidité qui caractérisent peut-être nos grandes conclusions à propos de la vie et des relations. Elle nous offrira une perspective différente ou, tout simplement, la possibilité d'une conversation au cours de laquelle nos convictions défensives seront analysées et, peut-être, affaiblies. Une large part des soins de l'âme consiste à élaguer le bois mort afin que la vie continue. Peut-être nous raccrochons-nous farouchement à nos propres interprétations, à nos propres programmes, comme si nous étions certains de détenir la seule vérité. Pour soigner notre âme, nous devrions plutôt écouter et suivre, sans pour autant abdiquer notre capacité de choix et notre responsabilité, mais en nous familiarisant avec les racines profondes de nos propres pensées et émotions. Nous sommes tous un amalgame de vieilles histoires, de voix qui nous guident, d'émotions brutes et de natures insondables, amalgame qui rend notre vie inexplicable, certes, mais d'une richesse qui dépasse toute imagination.

À l'affût des manifestations de l'âme

Chaque être humain est infiniment plus complexe qu'il le paraît à l'œil nu. Par conséquent, pour apprendre à nous connaître et à connaître notre conjoint, nous devons utiliser un autre instrument que l'œil nu, un télescope pénétrant qui, tout comme le radar, capte des images qui risquent de passer inaperçues. Nous avons besoin d'un instrument capable de détecter le monde invisible qui influence le visible, les phantasmes verrouillés dans le passé, les valeurs enfouies au plus profond des traditions familiales, les idées reçues et la perception du monde qui émanent de la culture dont nous sommes issus.

Privés d'une relation subtile avec ce monde de l'invisible, nous risquons de plonger dans l'autodivision et l'auto-aliénation, deux maux endémiques de la vie moderne. Cette aliénation ne consiste pas seulement en une fragmentation de l'*ego*, mais aussi en une séparation entre les éléments de notre nature avec lesquels nous nous sommes paisiblement familiarisés et ceux qui demeurent étrangers.

Il est fréquent qu'une personne qui entretient une relation intime avec une autre, qu'il s'agisse d'un conjoint, d'un parent ou d'un ami, soit un jour éberluée de découvrir un aspect important, jusque-là inconnu, de la personnalité de l'autre. Une femme pourrait dire par exemple: «Je ne m'étais jamais rendu compte à quel point mon mari était en colère, jusqu'au jour où il a donné un coup de poing dans le mur de la salle de séjour.» Plusieurs personnes m'ont affirmé s'être retrouvées en état de choc lorsque leur conjoint leur a annoncé qu'il voulait divorcer. Un homme, en particulier, était occupé à se préparer pour aller dîner au restaurant avec son épouse lorsque celle-ci descendit l'escalier, munie de deux valises. Il affirma avoir été pris totalement au dépourvu.

Comment un couple qui a passé vingt ou trente ans ensemble peut-il être encore à la merci d'une telle surprise? La réponse superficielle serait «manque de communication». En réalité, le problème a des racines plus profondes. Il peut arriver que l'un des conjoints évite d'extérioriser ses sentiments. L'autre est peut-être aveugle aux signaux qu'on lui envoie. Certaines personnes ne semblent pas avoir de vie intérieure et n'accordent d'importance qu'aux échanges les plus superficiels. L'homme qui affirmait être tombé des nues en apprenant la décision de sa femme mentionna ensuite sur un ton désinvolte qu'ils n'avaient pas eu de relations sexuelles depuis cinq ans car ils étaient en colère l'un contre l'autre.

Ce genre de relation ne pèche pas uniquement par manque de communication. En réalité, on a l'impression que pour les conjoints, l'expérience n'est pas véritablement vécue. Il semble y avoir une attitude fort répandue dans la société moderne qui consiste à observer passivement le déroulement des événements. Nous portons une gaze devant les yeux, comme l'«étranger» de Camus dont la passivité et le détachement proviennent d'un nivellement total des valeurs. Rien n'est choquant, il n'existe aucun problème, les événements se produisent, il n'y a rien à faire, rien à dire, rien à penser. Pourtant, certaines situations méritent que nous nous y attardions, par exemple lorsqu'un couple qui, en apparence semblait satisfait de son sort, vient de passer cinq furieuses années sans faire l'amour.

L'intimité signifie vivre au plus profond de notre relation, regarder au-dessus et au-dessous de la surface. Sans nous montrer froidement analytiques, nous pouvons apprendre avec le temps à découvrir notre intériorité, à lire entre les lignes des gestes et des paroles de quelqu'un d'autre. L'intimité exige que nous fassions preuve d'une certaine perspicacité, vis-à-vis de nous-mêmes et de l'autre. Si, après avoir vécu plusieurs années avec notre conjoint, nous demeurons incapables de lire en lui, nous ne savons sans doute pas grand-chose des idées qui se dissimulent dans sa vie et ses émotions. Inversement, une personne à l'écoute des mystères de son âme saura comment réagir aux mystères de son partenaire.

Jung avait l'impression que nous n'avons pas réellement envie de savoir qui nous sommes. Dans une lettre de 1951, il écrit à un homme qui, semble-t-il, avait essayé en vain de comprendre son épouse: «En fin de compte, les gens ne veulent pas savoir quels secrets se promènent au fond de leur âme. Si vous bataillez trop pour pénétrer dans l'âme de quelqu'un d'autre, vous risquez de l'inciter à adopter une position défensive[2].»

Comme nous l'avons vu dans le mythe de Daphné et d'Apollon, cette résistance est peut-être archétypale, à savoir qu'elle remplit parfois un rôle nécessaire et précieux, qu'elle ne vise pas une personne en particulier et qu'elle n'est pas réellement défensive. Nous devons accepter à la fois la quête de la connaissance et la résistance qu'elle rencontre. Après des années d'expérience professionnelle, j'ai fini par conclure que lorsqu'une personne décide de suivre une thérapie, c'est parce que quelque chose en elle l'incite sincèrement à mieux se connaître. Mais il y a d'autres facteurs, parfois beaucoup plus puissants, qui s'efforcent de faire échouer ce travail. La thérapie doit faire face à une force contraire, pavée de bonnes intentions au point qu'elle est difficile à détecter. Son œuvre de sabotage s'accomplit sans bruit.

Lorsque dans notre intimité personnelle nous nous efforçons d'acquérir une certaine connaissance de nous-mêmes, nous devrions également détecter les forces contraires qui engendrent une résistance. Comme dirait Jung, il s'agit du côté sombre de notre âme, de cet aspect du soi qui, pour une raison bien précise, ne souhaite pas nous laisser aller vers la lumière de la conscience et de la connaissance. Si nous ignorons cette volonté contraire qui s'agite en nous, nous risquons de ne jamais voir nos efforts aboutir, car l'ombre travaille silencieusement à l'arrière-plan, défaisant tout ce que nous croyons avoir fait. Même lorsque nous essayons de lire dans notre âme, nous devons prendre garde aux phantasmes que nous vivons ainsi qu'aux raisons profondes qui gisent sous nos intentions avouées.

Il n'est que trop facile de se livrer à l'étude de l'âme sans y mettre d'âme. Par exemple, certaines personnes semblent rechercher désespérément des explications aux événements qui traversent leur vie et il se trouve toujours un livre ou un individu pour leur expliquer, en une phrase ou une idée clé, ou encore une théorie supplémentaire, pourquoi elles souffrent autant. Il est toutefois possible que la recherche des raisons soit une sorte de défense contre le changement de perception. Prenons le cas évident de quelqu'un qui s'efforcera d'assortir son comportement d'une explication convaincante, pour découvrir ensuite une autre raison tout aussi convaincante, pour laquelle l'explication ne convient pas. Beaucoup de gens ont également tendance à s'appuyer sur une théorie extraordinaire qui leur explique avec élégance pourquoi ils sont qui ils sont, sans les inciter à aller plus loin dans la réflexion. Un nombre incalculable de gens traînent derrière eux tout un cortège de complexes, des cris primaires aux mauvais traitements qu'ils ont subis pendant leur enfance en passant par des archétypes jungiens afin d'expliquer ce qu'ils sont. Malheureusement, ces interprétations toutes faites, prêtes-à-porter, risquent surtout d'inhiber plutôt que d'encourager une longue analyse réfléchie.

Je connais une femme qui découvre constamment de nouvelles raisons à son comportement. Elle est passée maîtresse en l'art de concocter des arguments complexes pour expliquer les conflits qu'elle vit, mais elle ne prend jamais le temps de laisser ses pensées s'enraciner en elle afin de susciter une véritable prise de conscience ou intuition. Chacune de ses raisons existe dans l'absolu et non comme un moyen d'atteindre une connaissance personnelle plus approfondie. En définitive, ses explications font obstacle à sa connaissance d'elle-même. Peut-être se déguisent-elles en réflexions, afin que la personne paraisse très occupée à essayer de comprendre, mais en fin de compte, ces efforts représentent un autre type de défense. Freud affirme que le fait d'afficher un sentiment quelconque traduit souvent l'absence de ce sentiment. Les explications translucides que nous avançons bruyamment peuvent dissimuler le refus d'un auto-examen réfléchi.

Cette autodéfense peut revêtir une autre forme, celle de la lecture d'ouvrages de psychologie. Lecteurs et lectrices, prenez garde! Pour certaines personnes, le soin de l'âme se résume à dévorer une pléthore de livres de psychologie qui, chacun, brossent un tableau différent de l'existence et des déboires du lecteur. En fait, quelqu'un devrait avoir l'idée d'écrire un livre sur la psychologie des livres de psychologie, puisque la lecture exacerbée de ce genre d'ouvrage est un trouble psychologique moderne. Je suggère fréquemment aux personnes qui suivent une thérapie de bannir les livres pendant un an. La lecture sert en fait de distraction, car ce sont les idées de l'auteur qui viennent prendre la place de la réflexion personnelle. Il serait préférable que chaque individu possède son propre lexique psychologique. Cela serait bien plus bénéfique qu'emprunter des phrases toutes faites à une montagne de manuels de psychologie.

Pour engendrer l'intimité, avec nous-mêmes ou avec quelqu'un d'autre, il n'est pas nécessaire de découvrir de nouvelles informations ou d'emprunter de nouveaux mots pour décrire notre condition ou notre personnalité. Il ne s'agit pas non plus d'appliquer ces mots et ces idées à notre expérience. Les nouveautés en matière de psychologie nous incitent souvent à entamer les programmes suggérés de croissance personnelle. Malheureusement, ces programmes sont les ennemis de l'âme. Pour commencer, la croissance personnelle est le fruit de l'*ego* et de l'intention consciente, alors que l'âme embrasse plutôt l'inconnu. Pour soigner notre âme, nous devons accueillir cet inconnu. La meilleure méthode que je connaisse se résume à consacrer beaucoup de temps à la connaissance de nous-mêmes. La vie suivra la réflexion, si la réflexion est suffisamment profonde et patiente pour s'approcher du noyau de l'âme. Nous pouvons être sûrs qu'un changement véritable au palier de l'imagination aboutira à un changement de notre vie.

L'idée de la croissance personnelle présente un autre problème car elle implique que l'être que nous sommes actuellement est défectueux. Nous avons tous envie d'être quelqu'un d'autre, mais en apprenant à nous connaître et à nous aimer, nous finissons par nous accepter, avec nos faiblesses et nos contradictions. C'est uniquement en aimant notre âme dans son intégralité que nous parviendrons à nous aimer nous-mêmes. Cela ne veut pas dire que nous devons abandonner tout espoir de mener une vie plus épanouie ou de devenir meilleurs, mais il y a une différence entre la croissance personnelle et le développement de l'âme. Dans le dernier cas, nous n'essayons pas d'atteindre la perfection; nous nous rapprochons de nos imperfections et nous les voyons comme des ouvertures à travers lesquelles le potentiel de l'âme pénètre dans la vie.

Cette acceptation, qui n'a d'ailleurs rien à voir avec la résignation passive, reconnaît que l'âme est capable d'emprunter ses voies mystérieuses. Je me souviens qu'au cours d'une année tumultueuse, remplie de bouleversements, un ami m'a offert fort opportunément un livre qui contenait le sermon de Paul Tillich, «Tu es accepté». À l'époque, je ne parvenais guère à comprendre les changements qui se produisaient dans mes sentiments, dans mes valeurs, dans ma conception de la vie. Tout me semblait compromis. Tillich m'offrit alors la consolation en me révélant que je pouvais m'accepter inconditionnellement. Aujourd'hui, je dirais: en acceptant mon propre mystère, en reconnaissant qu'il y a certaines choses que je ne comprendrai jamais. Peut-être même m'arrivera-t-il de faire du tort à autrui, non parce que je suis un raté, mais parce que mon âme essaie de pénétrer dans ma vie pour lutter contre ma résistance et mon ignorance.

Dans cet émouvant sermon, Tillich parle de l'autodivision et de la séparation dans un même individu. Il explique l'effet que cette division peut avoir sur les relations personnelles. «La profondeur de notre séparation est évidente dans le fait tout simple que nous sommes incapables d'éprouver un amour divin et miséricordieux envers nous-mêmes», écrit-il. «Nous sommes séparés du mystère, de la profondeur et de la grandeur de notre existence.» Comme solution, il ne propose pas la connaissance, mais l'amour: «Lorsque les vieilles compulsions règnent en nous depuis des dizaines d'années, lorsque le désespoir détruit toute joie et tout courage, il arrive qu'à ce moment-là, une onde de lumière transperce les ténèbres et c'est comme si une voix nous disait: «Tu es accepté, tu es accepté[3].»

L'une des caractéristiques de l'âme consiste à nous présenter la solution d'un grave problème sous forme de paradoxe. Nous nous regardons et ce que nous voyons ne nous plaît guère. Nous imaginons une vie meilleure, une personnalité plus sensible ou plus forte, des relations plus profondes. Nous essayons de changer et de devenir meilleurs, mais les années passent et les vieilles imperfections perdurent. Un jour, nous apprenons la leçon de Tillich, nous apprenons à nous accepter fondamentalement, avec un «amour divin et miséricordieux envers nous-mêmes». Soudain, tout change. Je suis la même personne que j'ai toujours été et pourtant, j'ai changé. Le monde n'a pas changé, mais il semble différent. Il est difficile d'admettre — et pourtant c'est la vérité — que les changements authentiques se produisent dans l'imagination. Une fois que nous avons admis cela, il devient plus facile de nouer une relation intime avec notre âme et celle des autres.

Âmes entremêlées

L'oiseau a un nid, l'araignée a une toile, l'homme a l'amitié.

William Blake

CHAPITRE TROIS

La magie et l'alchimie du mariage

Le mariage n'est pas seulement l'expression de l'amour entre deux êtres, c'est aussi l'évocation profonde de l'un des plus grands mystères de l'existence, le tissage d'une âme à l'aide de nombreux fils de nature différente. Le mariage éveille de puissantes émotions et se rattache à la signification de l'absolu. C'est pourquoi il est gorgé de sentiments paradoxaux, de phantasmes aux origines lointaines, d'un profond désespoir, de délicieuses épiphanies et de luttes amères, soit de tout ce qui traduit la présence de l'âme.

Bien des gens se tournent vers le mariage en espérant y puiser le bonheur et la grâce suprêmes. Pour certains, c'est la révélation de toute une vie, pour d'autres, c'est la désillusion et le regret. Même les mariages «réussis», qui offrent aux conjoints maintes formes d'épanouissement, peuvent traverser des périodes difficiles, vaciller au bord du gouffre. Pis encore, certains d'entre nous connaissent l'amour et fondent une famille pour sombrer un jour dans la violence mutuelle.

Il est aisé, en raison de toutes ces contradictions, de considérer le mariage d'un œil cynique. Ou de concocter un programme de plus pour faire «marcher» un mariage. Il est beaucoup plus difficile d'examiner notre mariage au fur et à mesure que nous le vivons, de prendre note de ses phantasmes les plus profonds, de ses émotions enfouies, de sa place dans la vie de l'âme. Sans rechercher la perfection, mais en nous demandant ce qui entraîne notre âme vers une relation aussi exigeante.

La distance qui sépare nos intentions et nos attentes, d'une part, et la réalité que le mariage nous présente, d'autre part, nous révèlent à quel point le mariage peut être éloigné de la conscience et de la raison. En fait, le mariage est moins influencé par l'intention et la volonté consciente que par les désirs les plus profonds de l'âme. Afin de parvenir à connaître un mariage et ses problèmes, nous devons fouiller plus profondément que le font les enquêtes thérapeutiques traditionnelles sur les influences parentales, les traumatismes de l'enfance et les illusions d'amour romanesque. L'âme nous imprègne toujours beaucoup plus profondément que nous le croyons, surtout lorsqu'il s'agit du mariage, qui plonge bien en deçà de la communication ordinaire, voire des relations interpersonnelles, qui effleure des sujets d'importance absolue pour quiconque souhaite donner un sens à la vie de son âme. Nous approchons de l'âme lorsque nous comprenons que le mariage est un mystère, un sacrement comme le qualifient certaines religions, soit un acte symbolique et sacré.

Pour parvenir à ce niveau sacré, nous devons faire abstraction du goût actuel pour l'analyse sociale scientifique et rechercher l'instruction des histoires sacrées. L'analyse scientifique et les théories thérapeutiques ignorent la dimension sacrée, c'est pourquoi leur description du mariage contient tant de lacunes. Mais les histoires qui éveillent une imagination mythique, aussi simples soient-elles, nous offrent la possibilité d'examiner le rôle de l'âme dans ce que l'on traite habituellement comme une structure interpersonnelle.

Le peuple amérindien cochiti, du Nouveau-Mexique, raconte à propos du mariage une étrange histoire qui pourrait mettre notre pensée sur la bonne voie. Une jeune fille élevée dans une famille pauvre apprit toute seule à tisser de beaux vêtements sur un métier très simple. Son talent attira l'attention des jeunes gens du village et beaucoup la demandèrent en mariage. Mais elle ne s'intéressait qu'à son travail et ne daignait même pas honorer ses prétendants d'un regard, bien qu'ils lui eussent offert de beaux présents. Un beau jour, Coyote, personnage espiègle de la mythologie de l'Ouest américain, décida de l'épouser. «Je ne lui offrirai rien de tout cela», déclara-t-il fièrement. «Mais elle m'appartiendra.» Il s'en alla sur la montagne cueillir de baies de cassis.

Ensuite, il descendit au village, endossa un costume humain selon le rite et, tapant à quatre reprises du pied par terre, il enfila une paire de mocassins blancs en peau de cerf. Considérant ses pieds, il se demanda: «Suis-je beau? Oui, je le suis.» Puis il se vêtit élégamment, en utilisant des formules magiques. Enfin, tenant les baies de cassis dans la main gauche, il se mit à danser sur la place du village.

La jeune fille le vit danser et en fut charmée. Elle s'aperçut qu'il tenait des baies dans la main gauche et elle les lui demanda. Puis elle l'emmena chez elle, fit l'amour avec lui et, peu après, donna naissance à une ribambelle de petits coyotes. Un jour, il lui fit quitter la maison de ses parents et la conduisit dans une tanière. «Comment peux-tu entrer là-dedans?» demanda-t-elle. «C'est si petit.» Mais il n'eut aucune difficulté à se faufiler vers l'intérieur, suivi de tous les petits coyotes. Alors, elle se pencha et s'aperçut que la tanière contenait une maison semblable à celle de ses parents, remplie des vêtements qu'elle avait tissés. C'est ainsi qu'elle entra dans la tanière et y vécut tout le reste de sa vie[1].

Cette histoire «marie» deux types d'expérience entièrement diffé-rents: la vie de tous les jours et la magie. Il convient de noter que la jeune fille ne s'intéresse pas au mariage humain traditionnel. Lorsque des pré-tendants arrivent, elle se concentre sur son travail. Dans beaucoup de tra-ditions, le tissage est l'une des expressions privilégiées de l'imagination. C'est une image importante pour un peuple qui bâtit une culture, car il représente la création des familles, des communautés et des nations, ainsi que le travail et les entreprises créatives. Chez les Grecs de l'Antiquité, Athéna était la grande tisserande, la déesse qui réunissait tous les artisans et toutes les familles en une cité-État. Un être humain est le produit de nombreuses influences, de bien des événements cruciaux et d'une grande quantité de matières premières thématiques.

Comme je l'ai déjà dit, l'âme est «compliquée». Étymologiquement, ce mot signifie «plié ensemble». Notre jeune femme est une excellente illustra-tion des efforts que nous pouvons accomplir pour confectionner notre âme. Elle ressemble à la Vierge Marie sur les tableaux qui représentent l'Annonciation. En effet, lorsque l'ange apparaît à Marie, celle-ci est en train de lire, de se préparer à son destin surnaturel en prenant connaissance des histoires sacrées et des prières de son peuple. La jeune Cochiti se prépare elle aussi à un mariage exceptionnel en attendant d'être envoûtée par l'offrande magique de baies de cassis et en se consacrant exclusivement à la confection de la culture, à faire connaître au monde ses talents créateurs.

Elle nous apprend que nous ne pouvons nous lancer sérieusement dans le mariage sans nous préparer, en laissant notre créativité s'expri-mer, en tissant la tapisserie de nos propres talents et de notre destin. Le mariage n'est pas distinct des autres aspects de la vie. Au contraire, notre capacité de rassembler les différentes pièces de notre vie pour former notre personnalité, notre propre vision du monde, représentée ici par les vêtements que la jeune fille tisse, aboutit au mariage. Car le mariage est une sorte de tissage, non seulement de deux personnes, mais de chaque aspect de la vie personnelle, sociale, voire cosmique.

C'est donc la leçon que nous pouvons tirer de cette histoire. Pour acquérir les qualités qui nous conduiront au mariage, nous devons essentiellement cultiver la beauté, la richesse de la texture, la créativité. Si nous considérons le mariage uniquement comme l'engagement mutuel de deux êtres, nous ignorons son âme. Mais si nous comprenons que le mariage inclut aussi la vie familiale, les voisins, la communauté dans son ensemble, notre œuvre et notre culture personnelle, alors nous commencerons à entrevoir un coin du mystère qu'est le mariage. Nous nous préparons au mariage en acquérant une culture. Je ne parle pas uniquement du vernis que donnent les formes les plus élevées de l'art et du raffinement, mais aussi de l'identité que nous acquérons à l'aide des initiations culturelles, de la manière unique dont nous exprimons notre créativité dans le monde. Cette créativité ne doit pas nécessairement être grandiose. Parfois, elle se limite à la découverte de ce que nous pourrions faire pour contribuer personnellement à la vie de la communauté. Exactement comme la jeune Cochiti qui confectionne des vêtements sur son métier à tisser.

Son compagnon de travail est un danseur espiègle qui rappelle un peu le dieu Pan, fécond, intimiste et magique... le Coyote. Le mariage n'est pas seulement le fruit de la volonté et des desseins humains, mais aussi de la grâce et de la magie. Coyote est un magicien qui sait utiliser des moyens ésotériques pour se vêtir, pour déguiser son être mythique en être humain. Toute relation intime fait appel à un certain degré de magie, car c'est elle, non la raison ou la volonté, qui recueille ce dont l'âme a besoin.

Chaque mariage possède à la fois une vie extérieure et une dimension intérieure. L'extérieur relève de la raison, tandis que l'intérieur a besoin de mythes et de magie. La jeune Cochiti épousa un enchanteur du monde du rêve animal qui avait le don de fabriquer par magie ce qu'elle-même fabriquait grâce à son zèle et à son talent. La maison de l'enchanteur était une version intérieure de la maison terrestre de la jeune fille, un microcosme dans les profondeurs de la terre. Elle pouvait y passer le reste de sa vie parce que son compagnon s'était révélé digne d'elle, lui offrant pour son épanouissement un intérieur capable de refléter en une vision profonde le foyer ordinaire qu'elle connaissait si bien.

Ce que nous attendons de notre relation, ces phantasmes puissants et pénétrants du mariage parfait nous donnent une idée assez précise des profondeurs du mariage même. Lorsque nous nous marions, nous ne faisons pas que lier notre vie à celle de quelqu'un d'autre. Nous entrons dans un mythe qui pénètre au plus profond des régions sensitives de notre cœur. Le «bonheur» que nous espérons trouver dans le mariage est un mot flou, qui embrasse maints désirs, implicites ou non, d'épanouissement. Dans un certain sens, nous pourrions dire que la personne qui nous épouse nous offre la possibilité d'explorer et de faire fructifier les notions essentielles de ce que nous sommes et de ce que nous pouvons être. Le mariage n'est donc pas, dans l'absolu, une relation entre deux personnes, mais plutôt une entrée dans notre destin, une ouverture vers la vie potentielle qui demeure cachée jusqu'à ce qu'elle soit conjurée par les pensées et les sentiments propres au mariage.

L'histoire de la jeune Cochiti nous initie à un mystère crucial, mais ce n'est pas le genre de leçon que nous apprenons en lisant les livres contemporains sur le mariage. Les manuels nous enseignent à nous débrouiller dans la vie, tandis que le mythe nous montre comment l'âme vit ces événements précis. Le mariage paraît être une relation avec quelqu'un d'autre, mais ce mythe nous révèle que c'est aussi un état plus mystérieux, une union étrange mais épanouissante avec le monde du rêve et du phantasme. Un mariage authentique se déroule dans un royaume différent de notre vie extérieure. L'âme sœur appartient toujours à une autre espèce; c'est un ange, un animal ou un fantôme. Le thème si familier de la Belle et la Bête nous révèle comment l'amour et le mariage nous font communier avec un royaume bien éloigné de la vie humaine. L'objet de tout désir est peut-être bestial, exigeant de nous une meilleure compréhension de sentiments au-delà des simples sympathies humaines.

Depuis quelques années, les psychologues sont très intéressés par l'ancien mythe d'Éros et de Psyché. Psyché, une jeune fille, tombe amoureuse d'Éros, qui est l'incarnation de l'Amour. Elle lui rend visite nuitamment, dans une belle demeure au pied d'une falaise. L'une de ses sœurs, jalouse de la vie opulente que Psyché mène grâce à son amant, lui raconte qu'il n'est qu'un animal. Elle incite Psyché à allumer une lampe pendant la nuit pour regarder son amant. Psyché, à qui Éros avait fait promettre de ne jamais l'éclairer, finit par se laisser convaincre par sa sœur et allume une lampe au milieu de la nuit. Alors qu'elle découvre un beau jeune homme ailé dans son lit, une goutte d'huile chaude tombe de la lampe sur Éros, qui se réveille en sursaut. Comprenant qu'il a été trahi, il se lève et s'enfuit. Le reste du mythe nous raconte comment Psyché, par une série d'épreuves, s'efforce de le retrouver.

Il est tentant de considérer la ruse de la sœur comme un simple désir de gâcher le bonheur de Psyché. Toutefois, elle a raison. Éros est véritablement un animal, un dragon, parfois un coyote. Chaque mariage fait communier une âme innocente avec un esprit érotique susceptible d'avoir des idées malicieuses. Si nous admettions qu'au plus profondément de nous-mêmes, l'attraction qui nous pousse au mariage est toujours malicieuse, peut-être ne serions-nous pas aussi horrifiés, aussi désillusionnés lorsque l'animal apparaît. Nous croyons qu'il s'agit d'une institution humaine alors que le mariage possède, en partie tout au moins, une dimension mystérieuse qui non seulement transcende mais aussi pourrait bien contredire nos intentions humaines, une dimension aussi démoniaque qu'angélique.

La jeune Cochiti est perspicace. Avant que Coyote apparaisse dans son paysage, elle refuse le mariage humain ordinaire, même lorsqu'il est assorti de cadeaux précieux et de talents exceptionnels. Elle est attirée, plus puissamment mais aussi plus indirectement, par les connotations apparemment insignifiantes de la plénitude du monde souterrain, l'offrande de baies de cassis dans la main gauche de Coyote. Ces baies rappellent les graines de grenade qui, dans le mythe grec du mariage, lient Perséphone en mariage à son seigneur des Enfers. Dans ce mythe, la séduction ultime n'est pas non plus accomplie par quelque chose d'évident, mais par un objet sombre, doux, sous forme d'une graine qui n'a pas encore mûri. Nous sommes attirés vers l'intimité par des possibilités plutôt que par la réalité, par la promesse de ce qui viendra plus tard plutôt que par le fait accompli et, peut-être, par une séduction plus sombre que les raisons lumineuses que nous acceptons d'invoquer.

Du point de vue de notre histoire, c'est aux partenaires qu'il incombe non de bâtir une vie ensemble, mais d'évoquer l'amant de l'âme, de faire surgir le phantasme magique du mariage et de le conserver, de concrétiser le mythe fondamental qui est solidement enraciné dans le cœur des amants et qui satisfait un besoin profond de signification, d'épanouissement, de rapprochement. Il n'est pas rare que certains mariages fondés sur une vie commune où ne manque aucun des éléments raisonnables — foyer harmonieux, beaux enfants, bonheur — échouent parce que l'un des partenaires, parfois les deux, se trouve profondément insatisfait. Il succombe facilement aux charmes érotiques de quelqu'un d'autre, en général une personne très différente de son compagnon ou de sa compagne. Il ne suffit pas, semble-t-il, de créer un mariage *humain*. Pour satisfaire son besoin d'accouplement divin, l'âme a besoin de quelque chose de moins tangible qu'un foyer harmonieux. La morale de l'histoire cochiti est, à mon avis, que tout mariage à l'écoute de l'âme a besoin de la présence de Coyote. Les partenaires doivent ressentir le mystère du mariage et comprendre que des efforts purement humains pour l'entretenir et le nourrir ne suffiront jamais.

Les jeunes gens essayèrent d'attirer la jeune fille en lui offrant leurs plus beaux tissus. Mais elle était capable d'en fabriquer de plus beaux encore. Coyote, en revanche, ne lui offrit que les baies de cassis, d'une simplicité trompeuse. Pour réussir un mariage, peut-être n'avons-nous pas vraiment besoin d'un foyer harmonieux, de plusieurs enfants, d'un solide compte en banque — phantasme particulièrement populaire, semble-t-il, de nos jours —, car ces objectifs humains risquent de faire obstacle aux besoins plus mystérieux de l'âme, à son goût pour un foyer intérieur. Curieusement, les efforts de maints couples pour créer un environnement cossu pourraient même être à l'origine de l'échec de leur mariage. En effet, le mariage ne consiste pas à créer un univers matériel et humain, mais, au contraire, à évoquer l'esprit d'un amour qui n'est pas de ce monde.

Ici aussi, j'aimerais modifier ou, tout au moins, interpréter le conseil célèbre de Rilke aux couples, selon lequel chaque partenaire devrait protéger la solitude de l'autre. Il faudrait plutôt protéger et interpréter les phantasmes profonds qui habitent l'imagination de son partenaire, sa conception de l'amour et du mariage. C'est, bien sûr, l'un des moyens de comprendre la «solitude» de l'autre. En essayant de connaître l'âme de notre partenaire, nous pourrons peut-être découvrir ce qui séduit son imagination. Peut-être dévoilerons-nous les espoirs les plus profonds qu'il place dans le mariage, même s'ils demeurent en deçà de la conscience.

Je pourrais par exemple me poser les questions suivantes: «Comment évoquer Coyote et faire de lui un élément de mon mariage? Quelles sont les baies de cassis que mon partenaire apprécierait? Quelles sont les choses simples, mais pas forcément évidentes qui l'éveillent et satisfont sa conception de l'amour? Que puis-je tenir dans ma subtile main gauche pour le séduire, tandis que ma main droite s'occupe des aspects plus triviaux de l'existence, de gagner ma vie et de bâtir mon foyer?»

La jeune Cochiti se demande si sa famille pourra vivre dans l'espace restreint de la tanière de Coyote. Il peut arriver que le royaume de l'âme nous paraisse exigu, voire insignifiant par rapport au monde extérieur au sein duquel notre vie se déroule. La tradition appelle parfois microcosme ce royaume de l'âme. Il serait tentant de concentrer notre attention sur l'élément cosmique, plutôt que sur le préfixe «micro», et pourtant, nous pourrions nous rendre compte que pour l'âme, c'est le tout petit qui compte. Dans plusieurs de ses écrits, Jung parle des «petites gens» — gnomes, dactyles, elfes, Tom Pouce — soit ceux qui travaillent à l'épanouissement de l'âme. Car l'âme du mariage ne fait pas exception. Elle est créée par de petits actes, de petits mots, de petites interactions de la vie quotidienne.

Comment inciter Coyote à ne jamais s'arrêter de danser? Ce n'est pas tant en respectant notre contrat de mariage et en nous comportant raisonnablement que nous réussirons notre union, mais plutôt en tapant quatre fois du pied, en disant des mots qui touchent nos sentiments et notre imagination, pas juste notre esprit. Si nous perdons ce pouvoir, c'est que Coyote aura disparu de notre vie. «L'élément magique de mon mariage n'est plus là», entend-on parfois les gens dire. Car nous savons intuitivement, avec une entière certitude, que le mariage, tout comme les autres affaires de l'âme, a plus besoin de magie que d'efforts.

Il n'est pas facile à un être du XXe siècle, produit d'une société éclairée, complexe et technologiquement raffinée d'accepter cela. Pourtant, c'est l'élément crucial d'un mariage. Dans tout ce qui touche à l'âme, il suffit d'un acte rituel bien conçu, de quelques mots bien choisis, d'un geste inspiré, d'un présent symbolique, voire d'un ton de voix bien modulé pour obtenir l'effet désiré. Les plus petits gestes ont parfois des conséquences de grande envergure; c'est d'ailleurs l'une des règles traditionnelles de la magie.

J'ai constaté que les couples qui viennent suivre une thérapie sont souvent prisonniers d'une image mécanique, structurelle de leur mariage. Ils croient pouvoir examiner leur comportement exactement comme un mécanicien examine le moteur d'une automobile pour découvrir ce qui ne va pas. Ils sont persuadés que leur génial thérapeute saura quoi faire pour régler le problème. Les couples s'efforcent aussi souvent de modifier leur comportement, afin d'injecter dans leur mariage les ingrédients manquants. Ils réaffectent les corvées domestiques, choisissent des moments consacrés aux discussions, essaient de trouver un équilibre entre le temps passé avec les enfants et celui qu'ils consacrent à leur carrière. Bien que ces démarches structurelles soient sincères, elles dépendent de solutions mécaniques qui, à court terme, se révéleront inefficaces.

En revanche, j'ai souvent constaté que des changements remarquables se produisaient dans un couple lorsque après avoir présenté toutes les raisons et émis toutes les suggestions possibles, les partenaires s'efforçaient de faire parler leur cœur de manière plus naturelle, plus intime. Comme nous l'ont appris au cours des siècles, les vrais magiciens, les mots, voire le simple son des paroles, peuvent avoir un effet puissant. Cela s'applique aussi à la magie nécessaire pour donner une âme à notre mariage.

Aussi authentiques qu'ils soient, les problèmes de la vie quotidienne ne sont pas toujours calqués sur les soucis de l'âme. En effet, l'âme d'un mariage requiert une percée intuitive vers les besoins et les rouages de cette union. Elle requiert de la sagesse et le type de connaissance qui se dissimule beaucoup plus profondément que l'information et la compréhension. Il arrive que les exigences de l'âme soient paradoxales, de sorte qu'elle semble requérir une qualité qui, en apparence, semble peu caractéristique d'un «bon» mariage. Mais les mariages qui ont une âme paraissent souvent étranges. Il arrive, par exemple, que les partenaires prennent des dispositions inhabituelles. L'une de mes amies habite dans une ville et son mari dans une autre. Un autre de mes amis fait la navette sur trois mille kilomètres pour aller retrouver sa femme. Comme nous l'avons vu au premier chapitre, l'âme a parfois besoin de distance, d'une rupture des communications, de doute et de regret. Ces caractéristiques ne présentent pas forcément de menace pour le mariage, mais elles nous montrent que l'âme d'un mariage est fait d'une trame plus mouchetée, plus irrégulière que l'image lisse, sentimentale et mécanique que nous essayons souvent de projeter.

En général, l'âme ne se conforme pas aux modèles familiers de l'existence. Lorsqu'elle remonte en surface, propulsée par l'amour, la passion ou d'autres symptômes, elle se comporte parfois de manière si étrange que nous parvenons difficilement à l'intégrer à notre vie. C'est pourquoi un mariage doté d'une âme particulièrement solide peut nous paraître bizarre, car ses formes et sa structure diffèrent des modèles habituels. Lorsque l'âme s'insère dans une institution humaine, elle exige de nous une dose exceptionnelle de tolérance et d'imagination.

La mortification du mariage

Tous, nous connaissons des mariages qui sont un véritable enfer et d'autres qui sont remplis d'ornières. Pourtant, nous nous marions en espérant que notre union différera des autres. Nous apportons au mariage un certain degré d'innocence, dans l'espoir qu'en dépit du pourcentage de divorces, le nôtre réussira. Bien que l'espérance soit intimement liée au mariage, elle nous rend vulnérables, elle nous entraîne involontairement et, en général, par surprise, dans le creuset du mariage. Au départ, il faut une certaine dose d'innocence pour se marier. Puis nous découvrons que le mariage n'est pas le paradis sans failles auquel nous nous attendions, mais simplement l'une des étapes d'initiation de la vie.

Un excès d'innocence risque d'engendrer des problèmes. Peut-être considérons-nous l'image sentimentale du mariage souvent présentée dans les films et les annonces publicitaires comme un moyen de défense contre les dures épreuves qui nous attendent ou, tout au moins, comme une compensation. Plus nous prenons conscience que le mariage peut être un enfer, plus nous nous raccrochons aux images frivoles que la société véhicule.

Pourtant, le mariage est l'un des meilleurs moyens de reconnaître les aspects obscurs de notre vie. C'est pourquoi les histoires drôles, les films comiques, les cartes de vœux humoristiques et bien des anecdotes familiales ont pour thème le mariage. Grâce à l'humour, nous pouvons admettre que le mariage n'est pas uniquement la porte du paradis et que les flammes de l'enfer s'y font aussi sentir.

Lorsque j'étais étudiant, j'ai en partie payé mes frais de scolarité en jouant de l'orgue dans les églises lors des mariages. J'ai dû jouer à une bonne centaine de mariages et, à ces occasions, j'ai pu faire quelques constatations dont l'une est particulièrement intéressante. En effet, j'ai remarqué à quel point de petits esprits trompeurs et malicieux aimaient à s'ingérer dans la perfection sentimentale d'une cérémonie minutieusement préparée. Je me suis souvent demandé si ces visites démoniaques n'étaient pas le signe que le mariage ne serait pas à la hauteur de ces phantasmes perfectionnistes.

Par exemple, le jour d'une cérémonie particulièrement grandiose, la jeune mariée s'avançait dans l'allée derrière sa douzaine de demoiselles d'honneur, tandis que son père se tenait à ses côtés, légèrement en retrait. À mi-chemin de l'autel, le père, sans doute nerveux, perdit sa démarche compassée et trébucha sur la traîne de sa fille. Le tissu se déchira à la taille, entraînant une bonne partie de la robe. Et là, au beau milieu de l'église, tandis que l'orgue jouait des morceaux solennels, les demoiselles d'honneur papillonnaient autour de la mariée, protégeant sa modestie comme les nymphes au bain d'Artémis, tandis que l'une d'entre elles recousait rapidement la robe afin que la cérémonie pût se poursuivre.

À une autre occasion, la mariée s'évanouit. Cela se produit de temps à autre au cours d'un mariage, mais dans ce cas précis, pendant que les demoiselles d'honneur couraient lui porter secours, je vis le marié s'enfuir par la porte latérale de l'église. Bien que ce ne soit pas là l'image idéalisée du héros debout, quoi qu'il arrive, aux côtés de sa bien-aimée, c'est peut-être une indication que le mariage est autant une division qu'une union. Je me souviens d'un autre mariage, au cours duquel la soprano atteignit une note extrêmement aiguë juste avant que sa voix se brise, transformant la note en un glapissement qui fit frémir toute l'assistance. Sans doute par sympathie, les bébés se mirent à hurler et on dut interrompre la cérémonie jusqu'au retour du calme.

Ces incidents sont particulièrement encourageants parce qu'ils souillent dès le départ l'image superbe, intacte, parfaite du mariage. En faisant preuve d'un peu de réalisme, nous pourrions redonner au mariage ses dimensions humaines. Ambrose Bierce, dans *The Devil's Dictionary*, définit le mariage comme «l'état ou la condition d'une communauté composée d'un maître, d'une maîtresse et de deux esclaves, soit de deux personnes en tout». Il est vrai que le mariage est un esclavage et peut-être avons-nous besoin d'une dose raisonnable de masochisme pour nous y engager. Notre conception du mariage doit être assez vaste pour inclure des zones d'ombre et beaucoup d'obstacles.

Selon Adolf Guggenbühl-Craig, analyste suisse de l'école de Jung, le mariage n'est pas la voie du bonheur mais plutôt un processus d'individualisation. Le terme «individualisation» est utilisé par Jung pour décrire le processus qui fait de nous un individu, qui nous permet de tisser notre âme de manière à nous dissocier des images collectives afin de devenir un être unique. À son avis, le mariage serait également une forme d'alchimie et la relation, un véritable creuset.

L'analyse de Guggenbühl-Craig est précieuse car elle nous éloigne de l'image sentimentale du mariage-bonheur instantané, en nous rappelant que c'est plutôt un champ de bataille sur lequel l'âme mûrit et fait ses armes. Le mariage est une relation, certes, mais à un autre niveau, c'est la création d'un moule dans lequel l'âme peut prendre naissance. Bien entendu, le mariage est plus qu'une occasion offerte à chaque individu de se tailler un chemin vers l'individualisation.

Le mariage est le tissage athénaïque de familles, de deux âmes assorties de leurs destins particuliers, du temps et de l'éternité, soit la vie quotidienne mariée aux mystères intemporels de l'âme. La vie et la culture se compliquent avec chaque mariage. Ce ne sont pas uniquement les personnalités, mais aussi les cultures, les idées, les allégeances politiques, les émotions, les mythes qui sont imbriqués dans le mariage. C'est pourquoi chaque mariage touche tous les membres d'une communauté.

Il est intéressant de constater que la société adore les histoires de mariages en difficulté. Le ver dans la pomme du mariage se retrouve au cœur des potins, des articles de magazines et de journaux à sensation, de feuilletons à l'eau de rose et de films. Nous avons hâte de distinguer les forces obscures du mariage, son pouvoir de désillusionner, d'infliger de graves blessures émotives, de rendre les gens malheureux. Alliées aux descriptions humoristiques du mariage, ces anecdotes nous épargnent le fardeau du sentimentalisme qui écrase souvent le mariage. Peut-être avons-nous l'impression initiale que le sentimentalisme va nous aider à supporter le poids de la vie. Mais en fin de compte, lui-même devient un fardeau, une «insoutenable légèreté».

Un mariage épanoui est une institution de l'âme et, par conséquent, doit supporter le poids de la vie. Nous pouvons trouver une satisfaction dans les hauts et les bas du mariage. Au contraire, le côté exagérément sentimental peut nous paraître exaspérant. L'histoire de la jeune fille cochiti nous rappelle que ce n'est pas forcément en accomplissant de gros efforts que nous «réussirons» notre mariage. Celui que la jeune femme laborieuse désire, c'est aussi celui qui lui offre des baies de cassis, la sombre incarnation du monde animal. L'histoire me rappelle l'une des treize manières énumérées par Wallace Stevens de regarder un merle: «Un homme et une femme en sont une. Un homme et une femme et un merle en sont une.» L'obscure silhouette animale a toujours un rôle important à jouer, car nulle institution humaine qui nous touche profondément est dépourvue des mystères exaltants en provenance d'autres espèces.

Jung a appris de l'alchimie une vérité importante, pourtant facile à ignorer, sur la vie de l'âme: sa présence et son épanouissement dépendent d'expériences de mortification. Notre vision ensoleillée du mariage, nos espérances, nos efforts et méthodes raisonnables, nos nobles valeurs et convictions, tous peuvent être mortifiés, terme qui signifie étymologiquement «rendre mort» et qui se retrouve dans les sources alchimiques de Jung sous la forme du meurtre du roi ou du soleil. Les zones à partir desquelles nous dominons notre vie, nos visions claires et saines du monde doivent se soumettre au travail de dissolution de l'âme. Jung a fait un grand pas en avant en comprenant que ces expériences de mortification sont nécessaires à une existence enracinée dans l'âme.

Dans la mesure où il sert de rite initiatique au service de l'âme, le mariage risque de susciter toutes sortes d'expériences mortifiantes. Les écueils mêmes qui attendent l'intimité permettent à notre personnalité de s'approfondir, à la relation de se renforcer et à la vie d'acquérir une nouvelle intensité tandis que nos pensées et émotions ensoleillées sont victimes de la corrosion et de l'érosion du mariage. À l'origine de notre douleur ne se trouve pas simplement le fait que notre partenaire est «impossible». Ce serait là une conception trop personnelle du mariage. Car c'est le mariage même qui nous place dans des situations impossibles; elles sont impossibles parce qu'elles ne peuvent être résolues en faisant uniquement appel à l'ingéniosité humaine. Si nous avions Coyote sous la main, il lui suffirait de taper du pied pour que la danse recommence. Nous avons besoin de son art astucieux, malicieux, tout droit sorti de sa tanière pour accueillir avec la perspicacité et l'habileté nécessaires les épreuves mortifiantes que nous réserve le mariage.

Le mariage exige la mise à mort des idéaux et des valeurs que nous attachons au mariage, à nos partenaires, à nous-mêmes. Comment le faire sans acquérir une vision blasée du mariage ou sans devenir littéralement victimes de la violence susceptible de naître dans un couple? Tout d'abord, il nous faut trouver le moyen de nous débarrasser des pensées antagonistes. Si nous élargissons notre image des relations humaines pour y inclure à la fois le bonheur parfait et la mortification, ainsi que tous les états intermédiaires, peut-être ne serons-nous pas si étonnés lorsque les écueils apparaîtront.

Malgré tout, cela ne suffit pas. Nous devons aussi apprécier l'épaisseur du spectre que nous évoquons avec tant d'apparente innocence lors d'une cérémonie nuptiale. L'intimité que nous nous jurons en nous mariant revient à inviter notre conjoint à ouvrir une véritable boîte de Pandore, qui renferme à la fois les beautés et les perversions de l'âme. Le mariage fouille l'âme en profondeur. Une relation intense, chargée d'une grande signification sociale, que nous décidons de nouer pour la vie, ne peut exister sans plonger dans les réservoirs les plus profonds, les plus bruts de l'âme. Peu d'expériences touchent des régions aussi lointaines, aussi broussailleuses, exhumant un terreau d'une fertilité incroyable et d'une virginité qui nous terrifie.

En surface, le mariage semble être le rapprochement de deux personnes. Mais en profondeur, c'est un puissant travail de labour des âmes. À l'instar de tous les rites initiatiques, il s'accompagne d'un changement fondamental de notre perception de nous-mêmes et du monde qui nous entoure. Tout comme les rites initiatiques font souvent appel au sang et à la douleur, le mariage modifie nos émotions et la conception que nous avons de la vie, en obligeant souvent notre cœur et notre imagination à s'ouvrir douloureusement. Il est fréquent que les personnes qui s'attendent à découvrir le bonheur parfait goûtent en réalité l'amertume de la confusion des pensées et des sentiments suscités par le mariage. Parfois, les partenaires se blâment mutuellement et finissent par conclure qu'ils ne sont pas faits l'un pour l'autre. Ils ne comprennent pas qu'ils ont réveillé le *maelström* de l'âme en prenant la «simple» décision de vivre en couple plutôt qu'en célibataires.

Dans un mariage qui a une âme, la désillusion et le cynisme sont remplacés par une compréhension des puissances impersonnelles à l'œuvre dans ce que nous qualifions sans précision de relations humaines. L'histoire amérindienne nous rappelle que l'«autre» n'est pas seulement un être humain. C'est aussi un animal... au demeurant très particulier. C'est un coyote malicieux, plein de ressources, réaliste, obscur et indomptable qui apporte au mariage autant de joie et de gaieté que de peur et de sombre pouvoir. Dans un mariage qui reconnaît la puissance de l'âme, les partenaires découvrent un type d'intimité plus profond que la confiance personnelle et la compréhension mutuelle. Curieusement, cette intimité prend racine dans la méfiance et l'incompréhension, dans une distance qui permet à l'âme de l'autre et au mariage d'être imprévisibles et inexplicables. Oscar Wilde a dit un jour: «Seuls les gens superficiels se connaissent.» On pourrait en dire autant des membres d'un couple.

Le soin de l'âme dans le mariage

Pour prendre soin de l'âme de notre mariage, nous devrions garder à l'esprit une phrase d'Héraclite que j'utilise pour me guider: «L'âme est sa propre source d'épanouissement.» Nous serions tentés de nous laisser guider par les intentions initiales des gens qui se marient pour déterminer comment ils devraient vivre leur union. Par exemple, il arrive que les partenaires se reprochent mutuellement de n'avoir pas tenu les promesses faites à l'occasion du mariage ou des fiançailles. Mais ce blâme n'est qu'une réaction défensive à l'encontre des mouvements incessants de l'âme. Au commencement de toute forme de vie, l'âme est encore à l'état brut, informe. Il est normal qu'un mariage apparaisse très différent au bout de quelques années de ce qu'il était au départ.

Honorer le destin

Nous pouvons honorer le destin qui nous a fait nous rencontrer. Du point de vue de l'âme, rien n'arrive par accident. La fatalité qui enveloppe l'embryon d'une relation profonde suggère une intentionnalité bien au-delà de la compréhension des personnes concernées. En reconnaissant ce travail du destin, peut-être trouverons-nous la paix intérieure, la stabilité et, peut-être, l'humilité nécessaires pour que la relation continue de nous surprendre. Nous pourrions nous souvenir du début prédestiné et constater que le mariage suit de lui-même un cours indépendant de la volonté du couple. Il prend des virages inattendus, dévoile la présence d'éléments surprenants, à la fois satisfaisants et menaçants. Naturellement, certaines relations, certains mariages se révèlent désastreux, mais même si tel est le cas du nôtre, nous pourrions malgré tout respecter la conjonction des étoiles qui nous a conduits dans cette histoire.

Le caractère prédestiné d'une relation peut apparaître non seulement lorsque des circonstances ou des coïncidences imprévues surgissent, mais encore comme élément des événements les plus ordinaires, lorsque nous ne pouvons nous targuer d'être entièrement responsables de ce qui est arrivé. Si notre carrière emprunte une certaine voie, peut-être est-ce à la suite de décisions et de choix conscients, mais dans une certaine mesure, l'évolution de la situation est causée par le développement progressif de l'âme. Des forces inconnues et des motivations plus profondes sont à l'œuvre. Il arrive que des couples consacrent beaucoup de temps et d'énergie à débattre les choix qu'ils ont faits, alors qu'ils feraient mieux d'examiner ensemble, avec un certain degré d'humilité et de réceptivité, les éléments mystérieux qui sont entrés dans leur vie.

En répondant aux dimensions fatidiques de sa propre expérience et de la relation même, le couple peut poser la fondation d'une relation amoureuse ancrée dans une authentique spiritualité. En réagissant non seulement aux choix et motivations de leur conjoint, mais aussi à de profonds facteurs impersonnels, les partenaires peuvent fouiller leur âme et éveiller une intimité plus profonde que celle qui naît de l'analyse mutuelle. À ce moment-là, la relation repose sur une dimension qui n'est pas entièrement humaine, sur un sol rocheux beaucoup plus ferme que tout ce que pourrait créer l'ingéniosité humaine.

Nos intentions contiennent souvent des éléments névrotiques et pourraient être guidées par des mécanismes sous-jacents qui servent davantage à résister à l'âme qu'à respecter ses désirs. Mais lorsque nous nous exprimons de manière à révéler l'inconscient, nous approchons du destin et de la providence, nous adoptons une attitude spirituelle qui respecte le destin et les autres facteurs transpersonnels, créant ainsi une intimité beaucoup plus profonde. Pour soigner l'âme d'une relation, nous devons utiliser de grands moyens, à la hauteur des dimensions sacrées de l'âme.

Honorer le génie du mariage

C'est quelque chose de profondément mystérieux, comme un animal blotti au cœur même d'une relation, au fond de sa moelle, qui préserve le mariage et le fait évoluer. C'est ce que les Romains appelaient le «génie», d'autres peuples le «daïmon», d'autres encore l'ange. C'est une présence influente bien qu'occulte qui ne satisfait aucune de nos explications, aucune de nos rationalisations[2].

Traditionnellement, le génie servait la procréation. Je n'emploie pas ce mot dans son sens purement physique, mais j'y incorpore tous les types de créativité issus d'une relation. La créativité du mariage s'applique non seulement à la production d'enfants, mais aussi à la confection d'une nouvelle culture familiale, d'un foyer, d'une relation intime qui se révèle vitale, qui change au rythme des saisons, qui touche non seulement le couple mais encore ses amis et sa communauté.

Lorsque nous respectons le génie du mariage, nous concentrons notre attention non seulement sur sa créativité propre, mais encore sur nos intentions. Nous nous ouvrons à l'influence de ce génie, non seulement pour protéger le mariage, mais aussi pour en faire quelque chose. Tout comme les Romains offraient des libations à cet esprit, nous pourrions l'honorer et le respecter par notre attitude et en écoutant sa voix comme source de conseils. Ainsi, nous soignons l'idée concrète du mariage plutôt que notre conception abstraite de ce que devrait être un mariage.

J'ai rencontré un jour un couple très sincère, versé dans le domaine de la psychologie et capable d'analyser sa relation. L'homme m'a expliqué que son mariage stagnait parce que lui-même avait été élevé sans affection, au sein d'une famille froide. Quant à la femme, elle ressentait le besoin d'une plus grande liberté que son mari et c'est pour cette raison qu'elle se sentait prisonnière du mariage. Ces explications, bien que subtiles et, dans une certaine mesure, convaincantes, étaient plutôt des tentatives de rationalisation conçues pour empêcher les époux de regarder leur mariage de plus près afin de comprendre ce que leur relation exigeait d'eux à ce moment-là. Je ne savais pas exactement en quoi consistait cette exigence, mais j'avais l'impression que le mariage, à l'instar de tout être vivant, était doté d'un mouvement propre qui l'entraînait dans une nouvelle direction. Existait-il un meilleur moyen d'éviter le défi suscité par cette évolution que de se préoccuper des raisons et explications qui, à leur manière tranquille, venaient contredire la validité et la valeur des changements ressentis? Je suggérai donc aux partenaires d'interpréter ces changements comme des expressions du génie du mariage et de cesser de chercher des raisons pathologiques à leur comportement mutuel.

La vie moderne gagnerait beaucoup à retrouver l'appréciation du génie, tout en tirant une leçon des croyances et rites archaïques. Certaines personnes pourraient même trouver agréable de penser au génie comme à un moyen «post-moderne» de vivre la vie quotidienne, de retrouver de vieilles habitudes ancrées dans l'âme qui pourraient coexister avec le raffinement de la civilisation actuelle. En reconnaissant que chaque mariage possède son génie autonome, nous pourrions nous attaquer plus facilement aux problèmes qui ne peuvent que se présenter un jour ou l'autre, tout en donnant à notre mariage sa propre personnalité et une valeur plus profonde.

Comment prendre soin de l'âme du mariage

L'âme doit toujours demeurer dans nos pensées. Les détails de la vie quotidienne peuvent être envahissants au point de nous faire oublier le mystérieux génie qui protège notre mariage. Il nous faut utiliser différents types de réflexion et de pensée, des moyens de communiquer non seulement avec notre partenaire mais aussi avec le daïmon qui donne au mariage sa personnalité et sa dynamique. Héraclite, philosophe grec du vie siècle avant notre ère, avait coutume de dire: «Notre daïmon, c'est notre âme.» Cela s'applique autant au mariage qu'aux individus. Le génie d'un mariage révèle quelque chose de son caractère unique.

L'un des moyens les plus simples d'évoquer le génie consiste pour les partenaires à se raconter leurs rêves mutuels. Il n'est pas nécessaire d'interpréter les rêves, simplement de prendre note des diverses situations dans lesquelles notre partenaire se retrouve chaque nuit. Sans essayer de nous livrer à une analyse des symboles ou des mythes, nous pouvons apprécier les aspects les moins prévisibles de la vie spirituelle de notre conjoint. Pour comprendre la complexité et le sens caché d'un rêve, il suffit de le considérer comme une révélation de l'âme d'une portée beaucoup plus vaste que la vie de tous les jours. En parlant simplement de ses rêves, chaque conjoint peut s'initier aux images et aux thèmes propres à l'âme de l'autre. En outre, cela permet au couple d'éloigner la conversation des interprétations et solutions rationnelles tout en la rapprochant d'un style de réflexion plus poétique. Cela est important lorsqu'on se souvient que l'âme est propulsée davantage par la poésie que par la raison.

Les sociétés dans lesquelles on bâtit de petits sanctuaires à la famille ou au mariage reconnaissent l'aspect divin du mariage et honorent le génie résident qu'il est impossible de dominer volontairement ou à qui on ne peut accorder naïvement sa confiance. Peut-être pourrions-nous véritablement bâtir un sanctuaire à notre mariage — une sculpture, un tableau, un arbre, un tas de cailloux, un anneau — et honorer une sorte d'idole afin de nous souvenir de cette importante vérité. Sur un plan moins concret, nous pourrions garder à l'esprit le mystère qui vit dans le cœur de notre partenaire et dans les fondations mêmes de notre mariage.

Ce n'est pas seulement en parlant de nos rêves, mais aussi dans des conversations ordinaires que nous pourrions prêter attention à l'esprit intrinsèque de notre partenaire et de notre mariage. Platon décrit Socrate comme un individu guidé dans ses relations par son daïmon, toujours à l'affût de signes par lesquels le daïmon lui indiquerait s'il pourrait se lancer dans une vraie conversation. Dans un dialogue de Platon, *Théètête*, Socrate parle des étudiants qui viennent le trouver. «Lorsqu'ils reviennent et, à l'aide d'arguments puissants, réclament une conversation plus approfondie, parfois le signe du dieu ne me le permet pas. Avec d'autres personnes, cela m'est permis et ces personnes-là accomplissent des progrès.» Socrate est l'exemple de l'individu qui vit à l'écoute de son génie, qui prête attention aux signaux que l'âme, par l'intermédiaire du génie, lui envoie. C'est une relation qui est fermement enracinée. Sinon, en dépit de nombreuses paroles, rien d'important ne se produira.

Nous aussi, nous pouvons être à l'écoute du génie qui vit en nous et en notre partenaire. Peut-être se révélera-t-il sous une forme aussi simple que celle d'une préoccupation, du sentiment de devoir suivre tel ou tel chemin, d'un désir profond que n'étaye aucune raison convaincante, d'un soupçon d'irrationalisme. Ficino, disciple de Platon, affirme que si nous ne prêtons pas attention au daïmon, nos efforts dans la vie de tous les jours ne serviront à rien. Nous devrions prendre au sérieux les puissants désirs ou inhibitions de notre partenaire, aussi intuitifs, aussi peu raisonnés soient-ils, en leur donnant encore plus de poids que lui-même leur en accorde. En demeurant à l'écoute du daïmon, nous faisons reposer notre vie sur l'intuition, plutôt que sur la raison, en permettant aux inspirations éphémères d'occuper une place de choix et en invitant les excursions vers une terre vierge et inconnue.

L'image du mariage que je défends ici respecte les éléments les moins subjectifs, les moins intentionnels d'une relation. Elle peut aboutir à une existence qui permet à l'individu de réaliser son potentiel le plus excentrique. Nous pourrions honorer l'âme d'un mariage en découvrant ce qu'elle désire. Certains mariages souhaitent la distance, d'autres préfèrent le rapprochement, certains aiment les enfants, d'autres reposent sur la vie de couple. Certains veulent être brefs, d'autres sont pour la vie. Certains exigent de fréquents changements, d'autres s'installent dans un moule et y demeurent. Certains mettent l'accent sur le bonheur parfait, d'autres sur la douleur. Certains aiment le sentimentalisme, d'autres le pragmatisme. Certains sont plats, d'autres accidentés. Nous ne pourrons découvrir ces préférences qu'en apportant une grande ouverture d'esprit à notre mariage afin de nous débarrasser des idées préconçues et des modèles implantés en nous par la société. C'est seulement par l'expérience que nous finirons par découvrir les saveurs de notre mariage, unique en son genre.

Justement parce que le destin est imprévisible et, par définition, ne révèle jamais l'enchaînement des circonstances ni ne nous offre d'explication, il a le pouvoir de plonger un couple dans la perplexité. À ce stade, la première chose à faire est de parler du fond du cœur, afin d'accueillir la vie exactement comme elle se présente. Nous avons tous tendance à nous défendre d'abord et à chercher à nous justifier ensuite. Le destin exige de nous une certaine loyauté, afin que nous puissions apprendre à parler de ce qui nous arrive d'une manière conforme à son mystère. Sans ignorer notre part de responsabilité, nous pouvons exprimer notre surprise face aux circonstances, parler de ce qui nous paraît inexplicable et accepter la vie créée pour nous par notre destin, une vie dont nous devons nous montrer responsables.

Il arrive que le seul moyen de percer une voie jusqu'à l'âme soit de nature négative, en prenant note des méthodes que nous utilisons pour nous protéger inconsciemment des piqûres de la vie. Nous pouvons explorer les aspects douloureux ou stimulants de certains événements, les moments pendant lesquels nous tâchons de résister à notre destin ou les artifices que nous employons pour nous dérober ou pour fuir. Sans nous réprimander, sans rechercher la sympathie, nous pourrions révéler l'empreinte que l'âme a laissée sur nous et, ainsi, montrer à notre partenaire, en faisant preuve d'une franchise inhabituelle, ce qui nous façonne et influence notre vie. Cette honnêteté objective face à nous-mêmes est souvent plus révélatrice qu'une confession personnelle, plus subjective.

L'âme d'un mariage bénéficie également d'un type de soins qui semble avoir été mieux compris dans l'Antiquité qu'aujourd'hui. Je veux parler des louanges et des célébrations. Il existe bien sûr des moyens évidents tels que les dîners d'anniversaire de mariage, les cadeaux, etc., et d'autres, plus subtils. Nous pourrions, comme nous le verrons au chapitre six, trouver des occasions d'écrire à notre partenaire, même si nous vivons avec lui. La lettre pourrait exprimer simplement des sentiments sincères ou elle pourrait revêtir la forme d'un poème. La poésie ne doit pas être nécessairement professionnelle, voire «bonne» pour réussir à célébrer un mariage. Elle s'exprime également de manière structurée, à la suite d'une réflexion dont la nature n'est pas du tout incompatible avec les sentiments.

Nous pouvons aussi saisir au vol l'occasion de louer et de rendre hommage à notre partenaire, soit en lui exprimant directement nos sentiments, soit en les exprimant à autrui. Il est facile de laisser passer de telles occasions pour ne parler que de nos problèmes. La culture moderne se méfie des louanges. Nous entendons fréquemment des gens en qualifier d'autres d'égoïstes, d'égocentriques ou de narcissiques. D'ailleurs, cette crainte du narcissisme est un véritable problème d'aujourd'hui, imbriqué dans une tâche tout aussi difficile, celle de démontrer une humilité sincère. Elle a parfois des résultats désastreux car notre cœur a besoin d'être reconnu et apprécié. Seul un esprit puritain jusqu'à la névrose pourrait refuser ces plaisirs à l'âme.

Parfois, ce n'est pas vraiment de louanges dont l'âme a besoin, c'est simplement d'un peu plus d'intérêt. Après tout, le mariage est quelque chose de passionnant! Nous pourrions tous accorder davantage d'intérêt au nôtre, nous sensibiliser à ce qu'il requiert chaque jour de nous, constater à quel point chaque mariage est unique, et, jour après jour, découvrir ce qu'est véritablement un mariage. Nous avons peut-être l'idée préconçue que la vie conjugale ne peut être qu'ennuyeuse, mais en accordant un peu plus d'intérêt aux relations vécues, peut-être acquerrons-nous une conception moins ressassée du mariage. L'intérêt que nous manifestons peut aussi inciter l'âme du mariage à se révéler en détournant notre attention des personnes vers la relation.

Le mariage et le sacré

La tradition nous enseigne que l'âme possède une importante dimension spirituelle. C'est pourquoi, vivre à l'écoute de l'âme, même dans le mariage, fait émerger directement une vie spirituelle de la relation. Dans beaucoup de ses travaux, Jung fait allusion au *hieros gamos*, soit le «mariage sacré», une union beaucoup plus profonde ou beaucoup plus élevée que la simple conjonction de personnalités et de vies. Dans un certain sens, chaque mariage évoque et affirme l'«union» de toutes les dualités. Le travail et les loisirs, le jour et la nuit, le sentiment et la pensée, toutes les notions opposées que nous pouvons imaginer se confondent en un mariage sacré des qualités. Au début de son œuvre monumentale sur l'alchimie, *Mysterium Coniunctionis*, Jung énumère quelques-uns des couples qui sont réunis par le «mariage de l'âme»:

humide/sec	gazeux/liquide
chaud/froid	précieux/vil
supérieur/inférieur	bon/mauvais
esprit/corps	ouvert/caché
ciel/terre	est/ouest
feu/eau	vivant/mort
clair/obscur	masculin/féminin
actif/passif	Soleil/Lune

Le mariage de deux êtres pourrait être considéré comme un rituel et une vie commune à laquelle, avec le temps, ces autres éléments «mystiques» finissent par se souder. Cela vaudrait la peine de méditer sur ces tandems afin de distinguer sous la surface du mariage les divers éléments qui s'agitent. En vivant une relation, nous procédons à une opération d'alchimie sur les qualités de l'âme et, en fin de compte, c'est peut-être cette alchimie qui se révélera plus importante pour le mariage que le règlement des problèmes de personnalités.

Il n'est pas surprenant que dans le Nouveau Testament, le premier miracle effectué par Jésus se déroule lors d'un mariage, à Cana. Là, Jésus transmute l'eau en vin, la nécessité morne de la vie en un spiritueux actif, de nature dionysiaque. Tous les mariages se déroulent à Cana, car dans tous, la nécessité brute et matérielle de l'existence (l'eau) est métamorphosée en un élément pétillant et exaltant de l'âme (le vin).

Par conséquent, il est tout à fait approprié qu'aux mariages et aux anniversaires de mariage les couples célèbrent l'union de leur vie et les qualités de leur âme par des prières traditionnelles, des poèmes, du vin et des actes rituels. Le mariage est sacré non seulement parce que c'est le moyen précieux et vénérable de créer la vie humaine, mais encore parce que c'est une forme de religion en soi, la voie que la spiritualité emprunte pour pénétrer dans notre vie.

Naturellement, il n'est pas nécessaire de penser aux mythes, à la théologie ou à l'alchimie pour vivre le miracle du mariage. Il suffit d'y pénétrer de tout son être, de prendre soin de l'âme, de quelque nature qu'elle soit et quelle que soit la direction dans laquelle elle nous entraîne, voire jusqu'aux ténèbres. Le mariage, de par sa nature même, est miraculeux et magique. Nous ne le comprenons pas et nous n'avons aucun moyen de savoir jusqu'où il nous mènera. Pour soigner son âme, il est plus important d'honorer son mystère que d'essayer de deviner ses intentions ou de le forcer à emprunter une voie que, dans notre petit esprit, nous jugeons préférable. Pour enraciner l'âme dans notre mariage, il serait infiniment préférable de lui bâtir un sanctuaire, d'y placer son dieu ou sa déesse et de vénérer son image plutôt que de suivre les instructions du «manuel» afin d'adopter un comportement correct et intelligent. Pour chacun d'entre nous, croyant ou athée, le mariage est un sacrement. Le soin de son âme exige que nous vivions en prêtres et non en techniciens, que nous puisions à la source de la piété ordinaire plutôt qu'à celle du savoir théorique.

CHAPITRE QUATRE

La famille de l'âme

L e secret, pour donner à l'âme la famille qu'elle désire, et pour donner à la vie familiale l'âme dont elle a besoin, consiste à apprécier la poésie de ce qu'est véritablement une famille. Car la famille n'est pas un idéal culturel abstrait: un homme, une femme, des enfants vivant un bonheur parfait dans une maison hypothéquée d'une rue tranquille. La famille dont l'âme a besoin consiste en un réseau de relations, en l'évocation d'un certain type d'interconnexion qui s'ancre, s'enracine et se niche. Pour recevoir ses présents, pour fonctionner normalement, la relation ne doit pas être forcément complète ou épanouie, mais elle doit pouvoir stimuler l'imagination et propulser les émotions d'une manière propre à la famille.

La famille de l'âme est un écho, un reflet poétique de la famille au sens habituel du terme. Elle existe dans les brumes du mythe, avant qu'une véritable famille vienne lui donner vie. Étant donné que pour l'âme, la famille n'est pas une entité littérale, elle peut revêtir maintes formes différentes: une famille monoparentale, une maison satisfaisante, une école ou toute autre institution. La dialectique entre la famille de l'âme et la famille réelle se poursuit éternellement, de sorte que les souvenirs de notre enfance jouent un rôle important dans la formation de la famille imaginaire. Et la relation que nous entretenons avec notre famille réelle se trouve influencée par notre imagination.

L'âme a besoin d'une authentique expérience de vie familiale, que nous soyons des enfants vivant encore dans le cocon familial ou des adultes à la recherche d'une famille au travail ou dans notre communauté. Au sens large, le mot «famille» n'est pas une simple métaphore; c'est aussi une relation qui peut revêtir maintes formes. Elle offre toujours la possibilité d'un lien fondamental qui ne dépend ni de l'attirance ni de la compatibilité. Des gens qui collaborent à un projet, par exemple, peuvent sentir la présence de la famille de l'âme tandis qu'ils parlent, qu'ils travaillent et apprennent à se connaître. Lorsque nous espérons que notre nation pourra demeurer unie, comme une famille, ou que la famille des nations pourra vivre en paix, il ne s'agit pas de simples métaphores, mais de l'expression d'un besoin profond de l'âme, d'un moyen particulier, bien enraciné, de nouer les uns avec les autres un lien qui offre une sécurité profonde, inconditionnelle et durable.

En psychologie, en sociologie et en politique nous nous gargarisons de l'importance de la «cellule» familiale — terme abstrait et sans âme — au point que nous oublions parfois le besoin très simple que notre âme manifeste pour une véritable expérience familiale. En exprimant l'espoir d'une famille humaine, l'âme satisfait l'un de ses désirs les plus lointains. Jung décrit les archétypes de la mère, du père, de l'enfant, de l'époux et de l'épouse comme «les principes régulateurs suprêmes de la vie religieuse et même de la vie politique», qui possèdent «un formidable pouvoir psychique[1]». Une image profonde de la famille, enchâssée dans notre cœur et dans notre imagination, pourrait nous aider à vivre et à travailler ensemble bien plus efficacement que tous les principes rationnels. Mais pour nourrir cette conception particulière, nous devrions regarder la famille d'un œil poétique, ouvert sur les besoins émotifs les plus profonds, mais aussi capable d'imaginer la nature de la famille au sens large.

Étant donné qu'il est si facile d'interpréter la famille dans son sens littéral en oubliant qu'elle aussi doit avoir une âme, il serait peut-être préférable de commencer par examiner notre image de la famille. Ainsi, nous parviendrons à cerner le sens profond de la vie de l'âme et c'est à partir de là que nous pourrons réfléchir à notre famille et à notre foyer réels. Il est possible de vivre dans une structure familiale qui ne parvient pas à conjurer l'image de la famille dont l'âme a un besoin ardent. L'âme ne suit pas automatiquement la structure. Peut-être découvrirons-nous qu'une famille particulière n'a pas besoin de reproduire la famille idéale afin d'offrir à l'âme ce qu'elle désire.

En tant que structure fondamentale de la vie, la famille offre aux enfants un abri, un encadrement, une éducation, la sécurité matérielle et affective, et l'amour. Les parents trouvent peut-être dans la vie familiale le décor adapté à l'éducation des enfants et à la satisfaction de leurs besoins matériels. Les liens s'étendent à d'autres membres de la famille — grands-parents, cousins, oncles, tantes, neveux et nièces — où qu'ils habitent et indépendamment de leur comportement. L'âme trouve également d'autre nourriture. Un enfant reçoit une histoire et une culture de sa famille, son identité, ses valeurs, sa vision du monde et ses habitudes sont profondément influencées par sa croissance au sein d'une famille particulière. Les personnes âgées voient dans leur famille l'extension temporelle de leur propre vie. C'est dans la vie d'une famille que le passé et le futur se confondent.

La culture d'une famille n'est pas seulement une influence susceptible de façonner un être. C'est aussi une ressource dans laquelle nous pouvons puiser tout au long de notre vie pour nous guider, pour donner un sens et un style à notre existence. À l'heure actuelle, beaucoup de gens se plaignent de la perte des valeurs traditionnelles. Ils se sentent dépourvus de but, de racines et de points d'ancrage. Mais si nous parvenions à considérer la famille comme une source riche en traditions, en histoires, en personnages et en valeurs, peut-être ne nous sentirions-nous pas si abandonnés, à la dérive dans une vie qui doit être refabriquée chaque jour. Nous ne pouvons bâtir une vie à partir de rien. Nous avons besoin de matières premières qui, même si certaines proviennent de nos propres ressources intérieures, doivent aussi être fournies par la vie. Notre famille, bien que loin de ressembler au modèle parfait, offre des matières premières en abondance, que nous pourrons façonner afin de leur donner vie en fonction de notre créativité.

Lorsque nous devenons parents et créons notre propre famille, nous devrions peut-être prendre conscience de l'importance des traditions et d'autres aspects de notre patrimoine familial pour éveiller l'âme de nos enfants. Dans maintes sociétés, les rituels, les manières et les coutumes préservent les méthodes traditionnelles d'éducation des enfants, assurant la cohésion de la famille. Mais notre culture est si obsédée par la productivité, la mobilité, les communications et l'information que nous semblons avoir perdu le sentiment de l'importance des traditions familiales. Il est fréquent que les jeunes gens y soient hostiles, désireux de rompre avec elles et de voler de leurs propres ailes afin d'échapper à ce qu'ils considèrent comme les restrictions et le fardeau imposés à leur liberté par les traditions. Peut-être gagnent-ils effectivement la liberté et il est de fait que dans certaines familles, les traditions sont exploitées comme le moyen de maintenir les jeunes sous le joug, mais la perte de la culture familiale peut laisser la place à un hiatus émotif susceptible de contribuer à l'apparition de sentiments de vide et de dérive.

En partie, le problème de la vie familiale actuelle ressemble à celui de «l'œuf et de la poule». Pour que notre vie ait une âme, nous avons besoin d'une riche expérience familiale, chez nous et dans tous les autres aspects de l'existence. Mais pour apprécier la famille en profondeur, nous devons intensifier la présence de l'âme dans notre vie. La seule solution consiste à satisfaire ces deux besoins, en comprenant que nous pourrions davantage imprégner d'âme les relations que nous entretenons avec notre famille et que nous pourrions aussi nous tourner plus fréquemment vers elle lorsque nous ressentons le besoin de sécurité, de conseils, de rapprochement et de tradition.

Lors des séances de thérapie familiale, on assiste souvent à la rupture de toutes les relations qui constituent une famille. Le mari et la femme ne sont pas d'accord sur ce qui touche au travail et à la maison; par conséquent, ils sont perpétuellement plongés dans des querelles qui troublent et bouleversent la vie de la famille. Les parents ne comprennent pas pourquoi les enfants mènent une vie aussi différente de la leur et se sentent complètement rejetés par eux. Les adolescents, quant à eux, se sentent incompris et, incapables de trouver dans la vie familiale la confiance et la sécurité dont ils ont besoin, se retrouvent dépourvus d'encadrement et d'appui. Les enfants éprouvent souvent de l'hostilité les uns envers les autres, de la jalousie, de l'envie, une rivalité sans fin.

L'un des moyens de pallier ces désordres consisterait à commencer à admettre — ce qui n'est pas facile — que toutes les expressions de l'âme finissent un jour ou l'autre par faire connaître leurs besoins. Ces amers sentiments font partie de la vie familiale. Pourtant, ils demeurent parfois à l'état brut et sous-développés. Les membres de la famille ont besoin de s'accorder mutuellement un espace vital suffisant, ainsi que du temps pour exprimer ces sentiments, sans jugement, sans attentes particulières, afin de pouvoir les trier, les émonder et les traduire en vie commune. C'est ainsi qu'ils pourraient faire entrer l'imagination et la réflexion dans tous ces sujets de tension, en reconnaissant qu'ils sont aussi douloureux que nécessaires.

Le problème fondamental de la vie familiale se résume à un manque d'imagination. Nous devons être capables d'évaluer les zones d'ombres de la famille, soit les tensions, les différences, les antagonismes et les éclats, qui contribuent à bâtir la famille de l'âme. Les membres de la famille doivent fréquemment lutter pour forger une nouvelle imagination, une nouvelle conception d'eux-mêmes, surtout au moment où plusieurs d'entre eux vivent leurs rites de passage et des périodes de transition. Mais s'ils ont le courage de réimaginer en permanence qu'ils constituent une famille, tout en demeurant loyaux envers leurs traditions, ils soigneront l'âme familiale. Peut-être ne découvriront-ils jamais le bonheur — le bonheur pur et simple n'étant de toutes façons pas l'objectif du travail de l'âme — mais ils recueilleront sans doute les fruits délicieux du sens de la vie, du sentiment d'appartenance, de la certitude qu'ils savent où ils vont et de l'importance de l'histoire familiale en honorant l'âme de leur famille.

Les échecs de la famille

Lorsque nous perdons l'âme de n'importe quel aspect de la vie, notre mode de vie finit immanquablement par se déchirer. Dans le cas de la famille, incapables de sentir ses profondeurs, soit nous la considérons sous l'angle du sentimentalisme, soit nous la jugeons défavorablement. Nous parlons de la famille comme si elle était l'institution la plus vénérée de la société, mais nous la rendons responsable d'une large part de nos maux d'adultes. En fait, la famille n'est ni aussi vénérable que nous le pensons, ni la principale responsable de nos échecs. Pour retrouver l'âme de la famille, nous devrions peut-être chercher le moyen de refermer ce schisme et regarder la famille d'un œil plus réaliste.

La question fondamentale se pose ainsi: «Pourquoi la vie ne répond-elle pas à notre attente et à nos idéaux?» Elle est aussi importante, aussi mystérieuse que: «Pourquoi le mal existe-t-il?» Si nous estimons qu'il y a là une relation de cause à effet, nous sommes sans doute d'avis que la vie humaine n'est que le produit d'influences externes. Par conséquent, nous examinerons notre passé personnel — vie familiale et traumatismes de l'enfance — pour essayer de trouver des réponses à ces questions particulièrement complexes. Il semble logique de penser que si nous avons aujourd'hui, en tant qu'adultes, des problèmes émotifs ou des difficultés à nouer des relations avec autrui, nous avons recueilli au passage la névrose de nos parents ou avons vécu une expérience malheureuse dans notre enfance.

Les questions posées par le mal et la souffrance sont les plus mystérieuses parmi toutes celles auxquelles nous désirons nous attaquer. Mais en rendant nos parents humains, déjà eux-mêmes en situation difficile, responsables de ces profonds mystères, nous ignorons nos propres responsabilités. Nous finissons par écraser nos parents et autres membres de la famille sous un lourd fardeau qu'ils sont incapables de porter, et nous évitons par là de faire face aux mystères du mal et de la souffrance dans notre propre vie, à nos épreuves individuelles, celles qui façonnent notre existence. James Hillman a un jour fait une constatation intéressante, à savoir qu'en divinisant nos parents, nous les déshumanisons. Ou, en d'autres termes, en idéalisant la famille nous la rendons démoniaque. Lorsque nous tâchons de résoudre nos problèmes personnels posés par notre propre sentiment de l'absolu en les réintégrant à la dynamique familiale, en blâmant nos parents des difficultés de l'existence, nous déshumanisons notre famille, nous simplifions exagérément les épreuves que la vie nous réserve.

Philosophes et fondateurs de religion ont étudié la question du sens absolu du mal et de la souffrance. Ils nous offrent des réponses beaucoup plus étoffées. Le bouddhisme, par exemple, recherche la source de notre souffrance et met à nu nos propres désirs. Les traditions amérindiennes s'interrogent sur la souffrance et la considèrent comme l'œuvre d'une communauté mauvaise, qui a vécu dans le lointain passé de la préhistoire, comme le clan Bow des Hopi, dont la corruption a provoqué la destruction du monde. Le christianisme, quant à lui, répond à la question par le mythe d'Adam et Ève.

Et si nous examinions ces vieilles histoires au lieu de nous limiter à celle de notre famille pour trouver l'explication de nos souffrances? Par exemple, en supposant qu'Adam et Ève, nos parents mythologiques, sont responsables du mal et de la souffrance, nous reconnaissons de prime abord que ces questions ne sont pas vraiment des problèmes, mais plutôt des mystères. Ensuite, nous pourrions admettre que ces mystères ne sont pas enracinés dans une dimension temporelle, mais éternellement enchâssés dans le cœur humain, un aspect mystérieux de la condition humaine.

Lorsque nous sommes enfants, nos parents nous semblent dotés de dimensions surhumaines, mythiques. Mais en grandissant, nous les voyons peu à peu se transformer en humains. Pourtant, même une fois devenus adultes, nous continuons à confondre les deux êtres que sont nos parents avec le couple mythologique dont le nom diffère en fonction de la culture. Papa et Maman évoquent peut-être le mythe de la famille, mais ils ne sont pas identiques à Adam et Ève.

Adam et Ève forment la véritable et peut-être la seule famille dysfonctionnelle. Selon la légende, le Paradis était à leur portée, mais ils l'ont perdu après avoir transgressé la règle que Dieu leur avait imposée en mangeant le fruit produit par l'arbre de la connaissance du bien et du mal. Nous croyons souvent que la vie pourrait être un paradis, mais que quelque chose arrive pour briser notre espoir. À la fois mythique et archétypal, ce schéma est dans l'ordre des choses. Parce que nous le reproduisons dans les détails de notre vie personnelle, il est tentant de l'adapter à notre situation. C'est pourquoi nous reprochons à nos parents de ne pas avoir fait de nous des enfants du paradis, sans faute et sans reproche. Mais notre réaction serait plus profonde, plus vraie, si nous essayions de comprendre que tant le paradis que sa perte sont des éléments du même mystère et que tous deux sont inhérents à la condition humaine.

Notre tâche d'adultes pourrait donc être de rechercher ce dont nous avons besoin pour pardonner à nos parents leurs imperfections. Dans certaines familles, ces imperfections sont mineures. Dans d'autres, elles peuvent être très graves. Mais quoi qu'il en soit, nous devrions assumer le mal et la souffrance de notre vie sans avoir besoin de boucs émissaires. En fait, notre vie serait d'autant plus riche si nous nous débarrassions du prétexte de l'échec parental. Nous pourrions rendre notre vie d'adulte plus intéressante en relevant le défi d'un monde dans lequel le mal et la souffrance ont un rôle à jouer. Mais si, sur un plan plus vaste, nous laissons les sociologues rendre nos parents responsables des épreuves mythiques de la vie humaine, nous demeurerons à jamais une société dépourvue de maturité, atteinte des nombreux symptômes d'une culture incapable d'accepter les aspects obscurs de l'existence.

En libérant nos parents et les autres membres de la famille de la responsabilité de notre destin, nous parvenons également à nouer une relation satisfaisante avec eux, ce qui n'est pas un petit exploit pour l'âme. Mais en adoptant une attitude négative et pathologique face à notre famille, nous nous éloignons de nos parents et perdons toute occasion de nous enrichir à leur contact. Le pardon ouvre la voie d'un rapprochement, ténu et fragile dans certaines circonstances, profondément satisfaisant dans d'autres. Il est évident que la famille aurait meilleure presse si nous acceptions de mûrir pour faire face aux épreuves éternelles de l'existence humaine, en assumant la responsabilité pleine et entière de notre existence.

En reprochant nos souffrances archétypales à nos parents, nous créons un autre problème. En effet, nous nous enfermons dans des relations familiales stagnantes. Nous sommes liés à eux non parce que nous en sommes dépendants, mais parce que nous les blâmons. Et pourtant, il suffirait de prendre quelques petites initiatives personnelles pour vivre notre vie et nous libérer de cette situation statique. Souvent, lorsque des gens se retrouvent prisonniers d'une impasse stérile et découvrent que leurs émotions les entraînent vers une vie personnelle, ils se sentent soudain libres de prendre leur envol vers une autre région, loin de leurs parents ou de concrétiser leur nouvelle liberté en se livrant à des activités qu'ils reportent depuis des années. Il est fréquent, également, que ces personnes constatent qu'en brisant leurs chaînes, ils deviennent capables d'éprouver des sentiments positifs envers leurs parents, ce qu'ils ne s'étaient encore jamais permis.

Les parents, quant à eux, pourraient comprendre l'importance d'encourager leurs enfants à vivre leur vie de manière responsable. Le meilleur moyen d'apprendre cette leçon consiste peut-être à donner un bon exemple. Les parents ont en effet tendance à éviter d'assumer la responsabilité de leur propre vie en se dissimulant derrière les enfants, en préférant se montrer responsables de la vie des enfants plutôt que de la leur. En vivant notre propre vie, non seulement donnerons-nous l'exemple, mais encore créerons-nous un véritable sentiment communautaire dans la famille, car la communauté ne peut exister que parmi des personnes qui se sentent libres de s'individualiser.

En essayant de rectifier les erreurs décourageantes et les jugements erronés qu'ils ont commis en élevant leurs enfants, les parents pourraient également constater que l'histoire d'Adam et Ève s'applique aussi à eux. Étant donné que nous souhaitons être des parents parfaits, que nous espérons que la famille sera, pour nos enfants, le paradis, la chute est inévitable. Pendant des siècles les théologiens nous ont rabâché que le paradis était une forme de prison. Nous devons absolument en être expulsés. Selon une tradition, la chute d'Adam et Ève fut une *felix culpa*, une «bienheureuse faute». L'erreur commise par des parents ordinaires, les sentiments «négatifs» qu'ils éprouvent parfois à l'égard de leur rôle parental, tels que l'égoïsme et le dégoût, jouent tous un rôle dans l'éducation des enfants. L'âme ne fait pas de distinction entre le bien et le mal, seulement entre ce qui est nutritif et ce qui ne l'est pas.

La famille dans l'imagination sacrée

Bien que nous devions considérer les aspects obscurs de la vie familiale comme des éléments de sa créativité, que nous devions distinguer entre le personnel et le fatidique dans la vie familiale, nous avons aussi besoin d'images inspiratrices qui nous démontrent le caractère sacré de la famille. Nos livres, films et magazines sont imprégnés d'images de la famille conçue comme un produit sociologique ou une serre hygiénique bâtie pour abriter la croissance des êtres humains. Mais cette vision humaniste de la famille n'a pas forcément une âme, parce que l'âme a besoin d'une vision spirituelle et d'une bonne compréhension du sacré.

L'une des méthodes les plus intéressantes employées par Jung dans ses travaux consiste à interpréter les enseignements, les rites et les images de diverses religions comme des expressions de l'âme applicables à tout le monde. Par exemple, pour lui, la promulgation de la doctrine catholique relative à l'Assomption de la vierge Marie fut un moment crucial pour le monde entier, un tournant de l'Histoire à partir duquel l'aspect féminin de la vie fut doté d'une importance extrême. Parallèlement, nous pourrions examiner la conception chrétienne de la Sainte Famille pour exposer et célébrer le caractère sacré de la famille humaine.

Certaines paroisses catholiques d'Amérique du Nord portent le nom de Sainte Famille. Elles consacrent une journée par an à sa célébration. L'une des prières de la messe qui est dite ce jour-là incite par de magnifiques paroles les fidèles à prendre conscience de la nature véritablement sacrée de la famille:

> Seigneur Jésus-Christ, élevé par Joseph et Marie, tu as conféré à la vie familiale un pouvoir indescriptible. Enseigne-nous l'exemple de ta Sainte Famille et, avec l'aide de chaque membre, aide-nous à vivre dans la communauté éternelle.

Cette prière reconnaît non seulement le caractère sacré de la vie familiale, mais encore son pouvoir extraordinaire. Il ne s'agit d'un pouvoir ni politique ni personnel, mais plutôt d'un pouvoir de l'âme. La capacité d'une famille de rendre fort, d'éduquer et d'enrichir un enfant ou tout autre membre va bien au-delà de toute autorité ou influence quantifiable. Par sa nature même, la famille possède le pouvoir de nourrir la vie humaine. Ce pouvoir, selon la prière, est ineffable, inénarrable, profond et mystérieux. Nulle analyse psychologique ou sociologique ne peut en expliquer l'origine, mais la religion peut prouver son existence. À l'instar de tous les pouvoirs qui émanent d'une source aussi profonde, il peut engendrer le meilleur comme le pire. Une famille prépare ses enfants à affronter efficacement les épreuves de la vie tandis que l'autre inflige à ses membres des blessures si profondes qu'on peut se demander si elles cicatriseront jamais.

Lorsque nous sommes pris de court par des problèmes personnels ou démoralisés par les maux sociaux qui semblent résister à tous nos efforts, nous pourrions nous souvenir des sentiments transmis par la messe de la Sainte Famille, soit que la famille possède un pouvoir qui va au-delà des efforts humains. Il y a un ingrédient magique dans ce pouvoir de la famille, ingrédient que nous pourrions utiliser efficacement, avec respect et humilité.

Vivre à l'écoute de l'âme signifie accorder sa confiance à certains pouvoirs, tels que ceux de la famille, qui dépassent la compréhension humaine et transcendent nos efforts. C'est sans doute une notion étrange pour ceux d'entre nous qui, selon la méthode moderne, ont l'habitude de faire fond sur leurs propres compétences et leur compréhension personnelle. Pourtant, de nombreuses cultures du monde entier reconnaissent l'efficacité du rituel, de la magie, du pèlerinage, des chants, des prières et des arts sacrés lorsqu'il s'agit de résoudre les problèmes de la vie. Dans le même ordre d'idées, le pouvoir de la famille permet de surmonter les épreuves les plus mystérieuses et les plus exigeantes de la vie humaine. Tout au long de l'histoire, les familles se sont rassemblées, non seulement pour assurer leur protection matérielle, mais encore à cause du pouvoir spécial de l'âme qu'elles savent engendrer. Nous aussi, dans notre monde moderne, nous pourrions nous tourner vers notre famille, pas uniquement pour solliciter des conseils raisonnables ou une aide financière, mais pour y prélever le mystérieux pouvoir créatif qu'elle peut engendrer.

Une prière extraordinaire de la tradition amérindienne rend hommage au pouvoir sacré de la famille de préserver l'équilibre du monde. Chaque âge a été témoin des dissensions et querelles entre nations, qu'il a essayé de résoudre par des solutions politiques ou militaires. La prière d'Élan noir, qui fait partie des sept rites de la nation Sioux, offre une réponse religieuse au problème:

> Lui qui est notre grand-père et notre père, a noué une relation avec mon peuple, les Sioux; c'est notre devoir de créer un rite qui étendra cette relation aux autres peuples des différentes nations... Ô! Grand-Père, Wakan-Tanka, regarde-nous! Ici, nous créerons la paix et nous deviendrons membres de la même famille, si c'est ta volonté que cela soit fait. À l'aide de cette herbe douce qui est tienne, je fabrique maintenant de la fumée qui s'élèvera vers toi. Dans tout ce que nous faisons, tu es le premier et notre Terre-Mère sacrée est la deuxième[2].

En reconnaissant le caractère divin de la maternité et de la paternité, cette prière étend le sentiment familial à toutes les nations et tous les êtres. La famille humaine se développe ici à partir d'une relation sacrée entre une communauté et ses parents et grands-parents spirituels. Élan noir ne réclame pas un gouvernement mondial ni des accords internationaux. Bien qu'ils soient importants, il sait que nous devons d'abord reconnaître la famille dans son sens le plus profond. À son avis, nous ne pourrons créer une famille internationale qu'en commençant par développer en nous-mêmes une conception profondément spirituelle de la famille.

Notre idée séculière de la famille, que nous avons tendance à tenir pour acquise, s'intériorise facilement pour devenir exagérément personnelle et, un jour ou l'autre, xénophobe. Elle stigmatise les personnes qui nous ont élevés au lieu de les honorer pour avoir accompli un devoir sacré et, par extension, elle stigmatise l'humanité en général. Cette conception aussi étroite, aussi limitée et aussi séculière de la famille risque de nous placer sur la défensive le jour où nous nous lierons à d'autres personnes et, à l'échelle de la planète, elle nous empêchera probablement de vivre en paix les uns avec les autres. Mais si nous parvenions à considérer la famille comme véritablement sacrée, comme un moyen de mener une vie puissante et efficace, nous serions mieux équipés pour nouer des relations à l'échelle internationale.

Si notre fumée ne s'élève pas, comme celle d'Élan noir, vers le divin, le père et la mère mythiques, nous ne posséderons jamais la sensibilité nécessaire pour pouvoir apprécier la famille au sens large qui inclut les nations. Pourtant, nous avons besoin de cette sensibilité planétaire, non seulement pour assurer notre survie, mais encore pour mener la vie enracinée dans l'âme qu'une famille mondiale aussi riche dans sa diversité pourrait nous offrir. Grâce aux découvertes scientifiques des cent dernières années et à la course aux inventions technologiques, nous vivons désormais, tout le monde s'en rend compte, dans un «village mondial». Pourtant, nous ne semblons pas être véritablement prêts à vivre dans une «famille mondiale», avec tous les sentiments de rapprochement, de soutien, de sécurité, d'amour et de communauté qu'une véritable famille peut engendrer.

La famille internationale qu'envisage Élan noir n'est pas une utopie. Elle peut au contraire être évolutive, connaître les luttes et l'hostilité, perdre occasionnellement du terrain en raison d'échecs graves. Mais il est important de conserver intact le sentiment de rapprochement inspiré par la piété familiale au sens large. J'utilise ce vieux mot, la «piété», dans un sens positif, pour montrer à quel point il est important d'honorer la famille. Nous avons besoin de dévotion, de rites de souvenir et de respect, d'image de sainteté, voire de prières telles que celles de la liturgie catholique ou d'Élan noir pour nourrir cette piété familiale si créative.

Lorsque j'étais enfant, j'ai appris le commandement: «Tu honoreras ton père et ta mère». À l'époque, je l'ai interprété comme une règle de conduite envers mes propres parents. Mais aujourd'hui, je le considère comme l'expression d'un mystère extraordinaire. Si nous pouvions véritablement honorer nos parents afin de découvrir ainsi la «sainte famille», nous découvririons toutes les ressources du sens de la vie, de la direction, de la sécurité et de l'esprit de communauté, soit un pouvoir enraciné davantage dans l'honneur que dans l'obéissance, davantage dans un esprit poétique tel que celui d'Élan noir que dans l'esprit matérialiste de la sociologie.

Ce thème est si important que j'aimerais ajouter un dernier exemple. Dans le *Zohar* juif, texte kabbalistique du Moyen-Âge, l'enseignement suivant est très clair sur la nature divine de la famille.

> À quel moment un homme peut-il ressembler complètement à Ce qui est en haut? Lorsqu'il s'accouple avec son épouse dans l'unicité, la joie et le plaisir et lorsqu'un fils et une fille naissent de lui et de sa femme. Alors, l'homme ressemble complètement à Ce qui est en haut[3].

Nous avons là une autre puissante affirmation de la famille, qui relie l'expérience humaine de la famille à la nature même de la divinité. C'est lorsque nous nous accouplons pour engendrer une famille que nous sommes les plus proches du divin. Comme c'est souvent le cas, les affirmations religieuses adoptent un ton remarquablement différent de nos points de vue séculiers et scientifiques, tout en mettant l'accent sur d'autres considérations.

La prière du *Zohar* pourrait rectifier notre sécularisation de la sexualité et de la famille en nous rappelant que dans ces deux aspects de notre existence, nous avons le privilège de participer au plus grand mystère de la vie humaine, la procréation. Est-il possible de se rapprocher davantage de la divinité qu'en donnant naissance à une nouvelle vie et en jouant un rôle crucial dans l'épanouissement de cette vie, que nous contribuerons à rendre créative, individuelle et collective? S'il existe quelque chose de sacré dans la vie, c'est bien la sexualité et la procréation.

Comment avons-nous fait pour perdre de vue ce caractère sacré? Hommes et femmes ont coutume d'affirmer qu'ils ont vécu les moments les plus puissants, les plus transcendants de leur vie lorsqu'ils ont donné naissance à leurs enfants. Dans l'intimité de nos pensées, peut-être ressentons-nous la même chose à propos de nos expériences sexuelles. Mais nous oublions le côté surnaturel de ces expériences, la sensation extraordinaire du sacré, tandis que nous sommes enchevêtrés dans les luttes quotidiennes pour élever nos enfants et vivre en famille.

Pire encore, nous vivons dans une société qui s'enorgueillit de séculariser les aspects les plus ésotériques de l'existence. Nous avons fait de la naissance une expérience purement médicale et nous considérons la sexualité comme l'expression de nos sentiments personnels. La famille est devenue une organisation sociale et la condition parentale une série de compétences que nous acquerrons après avoir suivi des stages de formation. Ces conceptions pragmatiques de la famille ne sont pas très prisées par l'âme, parce que même si l'âme participe pleinement à la vie de tous les jours, elle possède aussi une dimension éternelle qui a besoin d'autant de soins et d'attention. Il est bon d'apprécier la vie séculière, mais elle est incomplète sans sa contrepartie spirituelle.

Les traditions religieuses reconnaissent depuis longtemps l'emprise du matérialisme sur la vie humaine et l'oubli de l'éternel. Les rites, les règles, la littérature et les arts sacrés représentent un art mnémonique conçu pour protéger l'aspect spirituel de la vie dans notre esprit et dans notre cœur. Peut-être devrions-nous apprendre à nous souvenir de la «sainte famille», ainsi que des moyens symboliques et poétiques de l'honorer.

Nous pourrions toujours commencer par le côté négatif, soit apprendre à résister aux tendances néfastes de notre époque et de notre culture. Nous pourrions également trouver le moyen de sacraliser notre vie sexuelle et la naissance de nos enfants. Il en faut peu pour évoquer l'éternel: une musique soigneusement choisie, des bougies, des tableaux, des poèmes, des histoires, des tissus, des vêtements... La religion les a toujours utilisés comme instruments d'évocation de l'éternel. Nous pourrions facilement trouver des moyens d'honorer et de célébrer la famille: fêtes, conversations, cartes et lettres, visites au cimetière, visites aux membres de la famille, hommage aux possessions et maisons ancestrales, transmission de mobilier et de vêtements d'une génération à l'autre. Ces gestes ne sont pas seulement pratiques, ils préservent la spiritualité de la famille et peuvent être motivés, en partie, par la compréhension du caractère sacré de la famille.

Comment prendre soin de l'âme de la famille?

Pour une large part, il convient de prendre les mesures nécessaires pour honorer son caractère sacré. Mais ce n'est pas tout. Pour commencer, une famille est une sorte de communauté et nous pourrions découvrir des moyens d'honorer les personnes, y compris nous-mêmes, qui en font partie. Les réunions familiales encouragent cet aspect communautaire, mais il est également important de respecter et d'encourager l'individualité des membres. Il est fréquent que l'un des membres d'une famille mène une existence entièrement différente de celle des autres. À un moment donné, cette personne se trouve plongée dans des difficultés apparemment insurmontables, qui paraissent plutôt bizarres aux autres membres de la famille. C'est l'occasion rêvée de prendre soin de l'âme familiale en aidant la personne en difficulté, en sachant que l'âme se manifeste davantage à sa façon que par des expressions normales et routinières.

J'ai toujours eu l'impression que l'un des points forts de ma famille était sa faculté de se regrouper autour de la personne en difficulté — divorce, enfants nés en dehors du mariage, troubles émotifs, etc. — afin de lui offrir son appui, sans la juger, bien que la plupart des membres soient imprégnés des valeurs propres aux catholiques irlandais. C'est en m'éloignant des modèles habituels de vie et de pensée que j'ai pu apprécier ce côté positif de ma propre famille et je sais qu'il a pour origine la foi religieuse profondément ancrée en elle.

Nous pourrions aussi entretenir le foyer culturel de notre famille. Tout comme les régions et les nations ont leurs coutumes particulières, certaines croyances et valeurs, leurs propres héros et leurs propres bêtes noires, chaque famille possède sa culture. L'âme profite de la richesse et de la spécificité de la culture et des mœurs familiales. Pour l'âme, les endroits, les événements, les personnages et les thèmes des histoires familiales représentent ce que la mythologie et la littérature sont pour une société, soit l'histoire, le mythe et la ressource omniprésente de l'imagination. Même si les psychologues étudient les expériences familiales pour déterminer les causes des troubles et bouleversements actuels, à un niveau moins conscient, peut-être s'efforcent-ils simplement de rechercher les histoires familiales. Car nos récits familiaux expliquent, pour une large part, ce que nous sommes et c'est dans les détails de ces anecdotes que se trouve notre âme. C'est pourquoi les biographies et autobiographies qui explorent l'enfance en détail représentent une quête de l'âme enchâssée si profondément dans la vie familiale.

Pour prendre soin de l'âme, nous pourrions par conséquent nous efforcer de ne pas oublier ces histoires et d'offrir à la famille des occasions de se retrouver pour rafraîchir sa culture. Nous pourrions narrer à notre conjoint, à nos enfants et à nos amis les anecdotes familiales et l'historique de la famille. Ce genre de récit non seulement favorise l'intimité avec ceux qui nous sont proches, mais aussi nous maintient en contact avec la vaste surface de notre âme où vit la famille.

Étant donné que notre famille est un élément si fondamental de notre identité, il serait peut-être bénéfique à l'âme que nous évitions de séparer notre vie professionnelle de notre vie familiale. Lorsque j'étais enfant, mon père m'emmenait parfois en visite scolaire avec l'une de ses classes. Il enseignait la plomberie dans un collège technique et je me souviens avoir visité une usine où l'on fabriquait des sièges de toilette et autres articles de plomberie. Ce ne sont pas tous les gamins qui ont la chance d'aller jeter un coup d'œil dans les coulisses de ce genre de fabrique! Je suis certain que mon père considérait ces excursions comme des visites éducatives, mais en réalité, elles étaient plus que cela. Elles m'ont permis de découvrir, chez mon père, le professionnel et cette découverte m'a beaucoup impressionné. À une occasion, nous avons visité la morgue du comté, où l'on avait installé un système de plomberie spécialement conçu par mon père. Ce fut une véritable aventure, qui me fit comprendre à quel point il s'intéressait à mon âme, car il souhaitait de toute évidence m'offrir des expériences susceptibles de m'initier à la vie.

À moins que nous fassions partie d'une entreprise familiale, les seuls contacts que notre famille entretient avec notre employeur se limitent aux pique-niques traditionnels. En effet, notre culture tend à séparer travail et famille, comme si elle craignait une espèce de contamination. Le travail s'effectue sans âme, au nom de l'efficacité et de la productivité; la famille risquerait de faire obstacle à la poursuite de ces objectifs. Certaines entreprises ont une conception quasi monacale du travail, attendant des employés qu'ils oublient complètement qu'ils ont une famille à partir du moment où ils arrivent au bureau. Pourtant, elles acquerraient une certaine âme si elles prenaient sincèrement en considération la vie familiale de leurs employés au moment de prendre des décisions importantes et en refondant chaque tâche de manière à inclure la famille.

La vie moderne semble apprécier par-dessus tout la simplicité et l'absence de superflu. Mais la famille complique la vie. Dans certains pays, les trains et parfois même les avions, se remplissent de familles entières qui viennent faire leurs adieux à un parent, après s'être bien assurées qu'il est confortablement installé dans son compartiment. Ce n'est pas là une habitude très nord-américaine. Il arrive qu'une famille envahisse un restaurant, se rassemble bruyamment autour d'une grande table pour fêter un événement précis. J'éprouve beaucoup de plaisir à rencontrer les parents et les autres membres de la famille — pas seulement le conjoint et les enfants — des personnes avec lesquelles je travaille. L'inclusion de la famille à la vie de tous les jours, notamment dans les domaines où elle est généralement invisible, est un moyen aisé et efficace de faire entrer l'âme. Je crois, en outre, que la famille tire profit de ces efforts, elle sent l'importance de la place qu'elle occupe et se trouve mieux représentée en public. Les chefs des gouvernements pourront peut-être enfin se débarrasser de leur image d'individu solitaire, dont la famille est curieusement effacée par la notoriété même qu'elle peut avoir dans la presse, et faire participer leur conjoint et d'autres membres de la famille à leur travail. En «amenant la famille», nous nous évaderons enfin de notre puritanisme si hygiénique mais si solitaire afin de laisser l'âme briller de tous ses feux.

Lorsque nous accordons une importance exagérée à un aspect particulier de l'existence, telle que la position sociale ou la profession, tout le reste risque d'être jeté en vrac par-dessus bord pour nourrir les potins, les conjectures et les rumeurs. La famille se retrouve parfois dans le lot, en compagnie de beaucoup d'autres ingrédients de l'âme, comme un tas de compost plein d'humus fertile. Si nous avons l'impression que l'âme fait défaut dans un aspect important de la vie, il serait bon de jeter un coup d'œil à notre compost émotif afin d'y recueillir l'humus qu'il renferme pour rendre notre vie plus fertile.

En intégrant davantage la famille à notre vie, non seulement enrichissons-nous notre personnalité, mais encore parvenons-nous enfin à examiner avec l'attention qu'ils méritent les rôles que remplissent les différents membres de la famille. Il est toujours possible de fouiller le mystère de quelqu'un qui se trouve être notre mère, notre père, notre frère, notre sœur, notre fils ou notre fille afin d'y extraire les paradoxes et les contradictions qui sont les symptômes de la présence de l'âme. Un homme qui jouit de la réputation d'un père tranquille pourrait bien dissimuler une rage puissante dans les tréfonds de son cœur. La mère généreuse cache peut-être en elle quelques grammes d'égoïsme protecteur. Au fond du cœur d'un parent strict et dépourvu de chaleur humaine se trouvent peut-être des réservoirs d'amour inexprimé.

Ma femme m'a raconté à quel point elle avait apprécié, lors des obsèques de son père, écouter les vieux amis de celui-ci raconter des anecdotes d'autrefois. Cela lui a permis de brosser un tableau plus complexe de son père, car les histoires ont dévoilé une personnalité qu'elle n'avait jamais connue. Dans maintes familles, les individus s'effacent derrière les rôles qu'ils doivent jouer ou les sentiments que nous éprouvons pour eux en fonction de la relation structurée que nous entretenons avec eux. La révélation de la personnalité plus profonde d'un parent ou d'un enfant pourrait bien favoriser l'intimité en révélant davantage la présence de l'âme. Bien sûr, il risque d'y avoir un prix à payer, soit la reddition de l'image plus simple de cette personne. Mais le jeu en vaut la chandelle, car les contacts deviendront à ce moment-là beaucoup plus profonds.

De manière plus générale, nous prenons soin de l'âme de la famille en la laissant se révéler à nous progressivement avec les années, chez les individus qui constituent la famille et dans la famille en général. L'âme n'est pas un objet statique, mais une source infinie de vie mouvante. L'une des raisons pour lesquelles il est difficile de mener une vie ancrée dans l'âme est qu'il n'est pas toujours rassurant d'affronter le changement. Parce que l'âme est perpétuellement en mouvement, en marche avant ou en marche arrière, il faut l'observer avec soin. Peut-être pourrions-nous ainsi voir nos parents et nos grands-parents franchir les étapes de la vie, affronter la maladie et les crises de toutes sortes pour atteindre enfin le but désiré. Peut-être pourrions-nous suivre l'épanouissement de nos frères, de nos sœurs ou de nos cousins, tandis qu'ils empruntent la route cahoteuse du travail de l'âme. Nous pourrions aussi garder des liens serrés avec nos enfants, nos petits-enfants, nos nièces et nos neveux, ainsi que nos filleuls, sans nous mêler de leurs affaires, mais en leur offrant notre aide, nos soins, notre attention et notre expérience. Enfin, nous pourrions garder l'esprit et le mythe familiaux bien vivants en nous, épanouis une fois de plus à leur manière et, par loyauté envers cet esprit, être fiers de l'intégrer consciemment et habilement dans la tapisserie de notre vie.

Ce sont là des moyens bien simples de prendre soin de l'âme familiale. Tous se caractérisent par la volonté de ne pas laisser la bride sur le cou à l'ambition, d'une part, et par une attitude détendue, dépourvue d'efforts et de tentatives effrénées, d'autre part. Notre but consiste à laisser l'âme émerger d'elle-même, à la soigner en période de blocage ou de maladie, à honorer et à fêter ses manifestations les plus timides et ses initiations les plus modestes. Dans cet environnement, la famille, entité si ordinaire, pourrait se révéler l'une des forces créatives les plus puissantes de notre vie.

CHAPITRE CINQ

Amitié et communauté

Il se trouve que je fonde une large part de mon travail sur les idées, l'imagerie et la vision du monde de l'Académie de Florence dirigée par Marsilio Ficino au cours des dernières décennies du XVe siècle. Les érudits discutent encore de la véritable structure de cette académie, mais pour Ficino lui-même, ce n'était pas un simple institut d'enseignement; c'était aussi une communauté d'amis[1]. Il est facile d'ignorer une distinction de ce genre ou de la traiter à la légère, comme une pensée insignifiante ou sentimentale, mais imaginez à quel point nos structures sociales changeraient si nous faisions de l'amitié notre priorité et considérions comme secondaires nos objectifs fonctionnels.

Lorsque nous faisons l'effort de placer l'âme au centre de nos préoccupations, comme Ficino le fait dans sa reconstruction de la culture, les valeurs se déplacent de manière significative. Dans chaque regroupement de gens, d'une entreprise à un parti politique, le sens de la communauté pourrait être jugé plus important que l'organisation, et l'amitié plus précieuse que la productivité. Si cette idée semble anachronique ou impossible à concrétiser dans notre culture, c'est parce que nous avons une longue route à parcourir avant de pouvoir intégrer l'âme à notre vie.

L'amitié

Certains des plus vieux textes littéraires témoignent de l'importance de l'amitié dans la vie humaine. Gilgamesh, héros éponyme de la plus ancienne épopée sumérienne connue, se lamente misérablement, vaincu par le chagrin, lorsque son ami Enkidou meurt, tué par le géant que tous deux ont dû combattre. Ensuite, il fait ériger une statue à la mémoire de son ami, «au torse en lapis-lazuli et au corps en or», car ces matières précieuses illustrent pour lui la valeur de son amitié. Puis la mort d'Enkidou amène Gilgamesh à réfléchir à sa propre mortalité. «Lorsque je mourrai, ne serais-je pas comme Enkidou? Le chagrin est entré dans mon ventre. Craignant la mort, je vagabonde sur la steppe.» C'est ainsi que commence sa quête épique de l'immortalité. Ainsi, nous voyons à quel point l'amitié est enracinée dans l'âme.

Dans l'Ancien Testament, le grand roi David éprouvait une grande affection pour Jonathan, fils du roi Saul. À plusieurs reprises, Jonathan parvint à protéger David. Mais Jonathan et son père furent tués dans une bataille. Alors, David, qui écrivait des chants sacrés, décida de composer un thrène: «Ô, Jonathan! Par ta mort je suis mortellement blessé!» (2 Samuel 1:25). Une fois de plus, nous retrouvons le même thème: la mort de l'ami est mise en parallèle avec la propre mortalité et la blessure du héros.

Il n'est pas surprenant que nous soyons si touchés par la mort d'un ami. Des relations aussi profondes font partie de nous. Dans une lettre sur la mort de son cher ami, le juge Lord, Emily Dickinson écrivit: «Pardon pour les larmes versées pour peu d'entre nous, mais c'était déjà trop, car chacun de nous n'est-il pas un monde à lui seul[2]?» Chaque ami est véritablement un monde, une sphère particulière qui renferme certaines émotions, expériences et qualités, certains souvenirs communs. Chaque ami nous entraîne dans un monde qui est aussi nous-mêmes. Nous sommes tous composés de nombreux mondes et chaque amitié réveille l'un ou plusieurs de ces mondes. L'amitié constelle (une constellation est une réunion d'étoiles) notre univers de sens et de valeur. Nous partageons avec un ami une conception et une expérience uniques de la vie, c'est pourquoi notre amitié exécute une sorte d'opération astrologique sur l'âme, nous ouvrant des univers planétaires, donnant à notre vie une culture et le moyen de s'exprimer. Perdre un ami, c'est perdre ces mondes. Ne pas avoir d'amis du tout, c'est être gravement privé d'une riche définition de nous-mêmes par rapport au reste du monde.

Lorsque le corps souffre, la première chose à faire consiste à rechercher la source de l'infection. Lorsque l'âme souffre, c'est peut-être par manque d'amitié. Car l'amitié crée la cosmogonie dans laquelle nous vivons et si nous n'entretenons pas notre monde à l'aide de conversations et d'échanges amicaux, nous finirons par nous détacher, partir à la dérive, perdre notre place. Peut-être croyons-nous que l'amitié, comme maints autres ingrédients de l'âme, n'est pas essentielle à la vie, que nous la recevons en prime ou qu'elle joue un rôle accessoire. Mais si nous prenions au mot de nombreux penseurs tels qu'Épicure, Ficino, Thomas More et Emily Dickinson, nous comprendrions que l'amitié est une nécessité. Si nous la négligeons, son absence se fera sentir comme une morbidité de l'âme. L'amitié apporte une contribution majeure au travail de l'âme et sans elle, nous perdrions toute énergie pour plonger dans le vague à l'âme.

L'amitié, creuset de l'âme

En sus de tous les univers de l'imagination, l'amitié offre à l'âme l'intimité et le rapprochement. Bien des aspects de notre vie peuvent se passer de relations intimes. Le travail, par exemple, n'exige pas que nous entretenions ce genre de relations et il est possible de mener une vie politique et sociale sans intimité. Mais une âme privée de toute intimité finit par mourir d'inanition, car le rapprochement engendré par une relation intime est sa principale nourriture. La famille, la maison, le mariage, la ville natale, les souvenirs, les anecdotes personnelles et familiales, tous donnent à l'âme la manne dont elle a besoin. Jung décrit le contexte idéal du travail de l'âme comme un *vas* alchimique, une fiole de verre dans laquelle pourrait être renfermée toute la matière de l'âme. L'amitié est l'une de ces fioles. Elle contient l'étoffe de l'âme afin de lui permettre d'évoluer et de se transmuter. Lors des crises émotives, notre premier réflexe est peut-être d'aller nous confier à des amis, car nous savons que la matière la plus délicate de notre vie est en sécurité entre leurs mains, que l'amitié peut renfermer nos pensées et nos sentiments, aussi douloureux, aussi bizarres soient-ils, tandis que nous nous efforçons de les trier et de les regarder se développer.

Dans nos relations avec nos amis, nous devrions garder à l'esprit une importante caractéristique de l'âme: le besoin d'être retenue. Un ami qui souhaite se confier à nous sera heureux de constater que nous savons garder un secret. Il est fréquent, également, que ce qui se passe entre deux personnes doive être tenu à l'écart des autres amis. Le biographe d'Emily Dickinson, Richard Sewall, constate qu'Emily tenait ses divers correspondants et amis à part les uns des autres: «Les lettres adressées à Higginson ne parlent pas de Bowles; les lettres adressées à Bowles ne font pas mention d'Higginson; les lettres adressées à Helen Hunt Jackson ne parlent ni de l'un ni de l'autre[3].»

Un ami peut également retenir notre confiance en recevant nos pensées et nos sentiments sans éprouver le besoin de les interpréter ou de les commenter. Bien entendu, il nous arrive de solliciter l'opinion ou le jugement de nos amis, mais même dans ce cas, nous attendons d'eux qu'ils nous acceptent tels que nous sommes. En amitié, nous voulons recevoir et être reçus.

Au cours de mes années de travail thérapeutique, bien des gens m'ont demandé d'être leur ami, plutôt que leur thérapeute. «Ne pourrions-nous pas nous rencontrer dans un café?» me demandaient-ils. Ou bien: «Si vous me parliez de vous-même, à votre tour, nous n'aurions pas une conversation à sens unique.» Il est évident qu'il y a une différence entre un ami et un thérapeute, le second de ces rôles étant dépourvu de l'aspect mutuel de l'amitié. Mais j'ai fini par comprendre cette aversion fréquente envers le rôle thérapeutique, ainsi que le désir d'amitié qui l'accompagne, car l'âme réclame ce qu'elle sait être le plus précieux. Pour l'âme, il n'y a rien de plus thérapeutique que l'amitié. Je soupçonne que le désir d'un patient de vouloir nouer des relations d'amitié avec son thérapeute relève plus d'une intuition bien fondée que du moyen de défense.

En amitié, il est parfois préférable de ne rien faire. Ce n'est pas l'activité qui compte, plutôt la loyauté et la présence. Après tout, ce que l'âme recherche, c'est l'attachement, une amitié détachée étant une contradiction dans les termes. Par conséquent, comme toutes les formes de vie qui ont une âme, l'amitié exige de l'attention. Nous pouvons manifester notre présence par des visites, des appels téléphoniques, des lettres ou des cartes postales. Quelle que soit la méthode dont nous disposons, nous pouvons entretenir une amitié par des gestes simples et sincères. Certains de mes témoignages d'amitié les plus précieux ne sont que des cartes postales, sur lesquelles mon correspondant a rédigé trois ou quatre mots. Mais il s'agit de mots réfléchis ou qui évoquent une certaine complicité entre nous. Par exemple, je possède une précieuse carte de James Hillman, sur laquelle il a écrit: «Ma santé? Traitement de canal et sumac vénéneux en folie. Et toi?»

L'amitié n'exige pas la compatibilité. L'âme peut nouer ses propres liens au-delà et en dépit des divergences d'opinions, d'idées politiques, de convictions et de croyances. Car sa mission est de contenir l'âme, non de tisser des camaraderies compatibles. Le *Tao Te Ching*, employant une image qui s'applique à tous les aspects de la vie, explique: «C'est précisément là où il n'y a pas de substance que nous trouvons utiles les pots d'argile.» C'est précisément lorsque nous ne déployons aucun effort d'homogénéité, que nous essayons simplement de créer un espace façonné par une sensibilité à l'endroit de l'intimité, que nous comprenons l'utilité de l'amitié. L'âme a besoin de diverses fioles et de maints espaces pour faire travailler jour après jour la matière première que nous offre la vie. L'amitié est l'une de ses fioles, parmi les plus efficaces et les plus précieuses.

Comment cultiver l'amitié

L'amitié n'est pas essentiellement l'union des personnalités. C'est l'attirance, le magnétisme des âmes. Il est fréquent que la naissance d'une amitié soit le fruit du destin: nous rencontrons «par hasard» une personne avec laquelle nous avons ne serait-ce que les plus modestes atomes crochus. Nous faisons la connaissance de bien des gens au coûrs des années, mais seulement quelques-uns d'entre eux deviennent nos amis et, sur toute une vie, nous pourrons compter le nombre d'amis vraiment intimes, d'âmes sœurs, sur les doigts d'une seule main.

Il est impossible d'expliquer ce qui fait naître une amitié durable entre deux personnes. Le fait que nous ne puissions appliquer de formule figée à la découverte de véritables amis révèle qu'il s'agit d'un processus profond et dépourvu d'intention. C'est comme si notre âme reconnaissait les trésors cachés dans l'âme de quelqu'un d'autre et décidait de nouer une alliance, tandis que l'esprit conscient s'affaire à vivre ses intentions, ses espérances et ses attentes.

Par conséquent, il est peut-être sage de cultiver l'amitié de manière indirecte. Car elle ne réagit pas toujours très bien aux pressions. Il peut être plus judicieux, une fois que nous avons remarqué les symptômes d'une amitié potentielle, de les laisser mûrir. C'est parfois comme si «d'autres» en nous devenaient amis et nous laissaient jouir du fruit de cette amitié. Comme c'est souvent le cas, il est préférable de prendre du recul afin de voir si oui ou non l'amitié germera. Et un jour ou l'autre, même une amitié de ce genre, nouée en l'absence de toute volonté consciente, aura besoin d'être cultivée dans le cadre des soins que nous prodiguons à l'âme.

Nous avons parfois l'impression que l'amitié s'installe en dépit de notre volonté et de nos attentes. Il m'est arrivé d'enregistrer une émission radiophonique avec un homme qui semblait parfaitement à l'écoute de ma propre sensibilité. Je me suis surpris à espérer que nous deviendrions amis. J'ai été jusqu'à faire le premier pas mais, pour le moment, mes ouvertures n'ont rien donné. En revanche, il y a plusieurs années, j'ai reçu un appel d'un homme qui s'intéressait à la philosophie de la Renaissance. C'était un ancien joueur de football professionnel, membre d'un univers dont j'ignorais pratiquement tout. Nous sommes d'excellents amis depuis, grâce à la magie et au destin qui se moquent de nos antécédents respectifs.

Il arrive que les amitiés fleurissent en un instant. J'ai passé un moment extraordinaire de ma vie à me laisser flotter paresseusement dans une piscine en compagnie de mon ami joueur de football et d'un autre ami, dramaturge. Durant cet après-midi estival, nous avons parlé de nos expériences de jeunesse et de quelques-uns des personnages paternels que nous avions rencontrés. Ce fut un moment irréel d'amitié délicieuse, que je n'oublierai jamais. Mais ce fut aussi un moment éphémère.

L'éternité se fait sentir à la fois dans les relations durables et dans les relations éphémères. Car l'âme ne se préoccupe pas du temps absolu, mais plutôt de l'esprit du moment. Si elle évoque l'éternité, cela signifie que l'amitié doit demeurer à tout jamais dans l'imagination, même si tel n'est pas le cas de la relation personnelle. Pour illustrer cette nature à la fois éphémère et éternelle de l'amitié, je mentionnerai la profonde relation qui a uni pendant neuf ou dix ans Lou Andreas-Salomé et le poète Rainer Maria Rilke. Après leur deuxième importante rupture, elle lui écrivit: «Je suis fidèle à jamais à mes souvenirs; mais je ne serais jamais fidèle aux gens[4].» Nous pourrions interpréter cela comme un témoignage de liberté sexuelle, mais à un niveau plus profond, c'est une réflexion sur les relations de l'âme. Ses émotions demeurent à tout jamais, bien après que la relation visible a cessé d'exister.

L'amitié dans des relations structurées

L'amitié peut parfois décrire la structure d'une relation, alors qu'à d'autres moments, elle évoque la qualité de l'intimité. Il arrive que des amis ne possèdent rien en commun, sinon de puissants sentiments d'intimité. Peut-être ne sont-ils ni voisins, ni collègues, peut-être vivent-ils à des milliers de kilomètres les uns des autres. Mais c'est la loyauté envers leurs sentiments qui sert de support à l'amitié. Si cette loyauté s'affaiblit, l'amitié peut s'estomper. Toutefois, il est fréquent que la personne avec laquelle nous entretenons des liens d'amitié ait une relation structurée avec nous. «Mon père est mon meilleur ami», entend-on parfois. Il peut aussi s'agir du conjoint, du frère ou de la sœur, du patron ou d'un voisin. Lorsque nous constatons qu'une relation structurée peut être aussi une amitié, nous sentons le présent inestimable que l'amitié nous offre, bien au-delà de toute relation.

Lorsqu'une femme déclare fièrement, sincèrement: «Mon mari est mon meilleur ami», elle veut dire par là qu'elle est proche de lui comme seul un conjoint peut l'être, mais aussi que leur relation présente des qualités spéciales telles qu'une exceptionnelle compréhension mutuelle, un souci de l'autre, une sensibilité à l'âme de son conjoint. En fin de compte, ce type d'amitié peut se révéler le plus profitable pour l'âme, parce que les structure externes qui lient les gens sont moins importantes pour l'âme que son propre vécu si profondément ancré.

Peut-être trouverons-nous ici une suggestion quant à la manière dont nous pourrions réagir à ce que beaucoup de gens considèrent comme l'éclatement de la famille moderne. Les familles dont les membres ne sont pas liés par l'amitié sont privées de l'âme et de ses propriétés de cohésion. Ce ne sont pas des manifestations d'amitié que nous pouvons observer dans certaines familles. Ce sont des luttes pour le pouvoir tandis que les parents essaient d'imposer certaines valeurs aux enfants et que les enfants attendent de leurs parents qu'ils se comportent d'une certaine manière.

L'amitié fait appel à un mélange paradoxal d'intimité et d'individualité. Pas plus que la famille, les amis ne doivent prétendre imposer un mode de vie. Nous devons garder nos distances afin de permettre à nos amis de protéger l'individualité qui leur est nécessaire et les laisser se rapprocher s'ils le désirent. Dans les familles, tout comme dans d'autres relations structurées, nous pourrions encourager de profondes amitiés en soulageant les tensions provoquées par les luttes pour le pouvoir inhérentes à ces structures et en accordant plus d'attention aux amitiés librement consenties. Nous pourrions aussi amener des amis dans l'orbite de la famille.

Dans la vie religieuse communautaire, j'ai éprouvé un sentiment tangible et puissant de fraternité à l'égard de la communauté dans son ensemble. Mais j'avais aussi des amis intimes, de véritables âmes sœurs. Dans ma famille, les sœurs de ma mère sont ses amies. Elles sortent ensemble, elles se réunissent chez l'une ou chez l'autre non seulement parce qu'elles sont sœurs, mais aussi parce que, selon toute évidence, elles entretiennent un lien d'amitié. Au travail, les indices d'une éventuelle amitié apparaissent assez vite et nous découvrons des amis possibles parmi nos collègues. Les chefs d'entreprises devraient prendre en considération l'importance de ces liens lorsqu'ils essaient de faire naître un «esprit d'entreprise».

Le counseling matrimonial, également, profiterait sûrement d'une réflexion sur l'importance de l'amitié dans la structure du mariage. À partir du moment où nous considérons deux personnes comme des amis, plutôt que comme un couple marié, différentes valeurs et attentes apparaissent au premier plan. De nouveau, le paradoxe de l'individualité et de l'intimité entre en jeu. Il est peut-être aussi important de laisser l'âme de notre conjoint trouver sa place individuelle que d'encourager le rapprochement et l'intimité. En nous intéressant au développement de l'âme de l'autre, nous acquérons une certaine objectivité, nous prenons nos distances tout en encourageant la familiarité à un niveau plus profond. Envisagé dans le contexte de l'amitié, un mariage peut se libérer afin de découvrir sa nature propre en dehors des idées préconçues de la société.

L'intimité créée par l'attention prêtée à l'âme est différente de la proximité interpersonnelle. Pour commencer, deux amis en regardent ensemble une troisième, l'âme. L'âme est autonome, pour reprendre la terminologie de Jung ou, pour utiliser le langage d'Héraclite, se développe en fonction de ses propres lois. Les amis qui s'intéressent à leur âme mutuelle ne se contentent pas de jeter un coup d'œil à leur vie mutuelle, en écoutant chacun les explications et intentions de l'autre. Ils regardent ensemble cette troisième chose, l'âme, et c'est ainsi qu'ils trouvent et nourrissent leur amitié.

Si vous avez l'impression qu'il s'agit là d'une conception romanesque de l'amitié et d'un but facile à atteindre, c'est que vous n'avez pas pris en considération le défi posé par l'autonomie de l'âme. En quête de l'amitié, je dois regarder l'âme de mon épouse sans le moindre sentiment de propriété, sans adopter d'attitude possessive vis-à-vis d'elle, car elle se promène, s'arrête, repart perpétuellement. Mon idée de ce que devrait être un mariage, de la manière dont un conjoint devrait se comporter, de ce que l'avenir nous réserve, toutes ces considérations doivent reculer à l'arrière-plan afin que l'âme puisse occuper le devant de la scène. L'esprit de possession a sa place dans un mariage, parfois comme puissant élément de l'ombre, mais l'amitié exige une intimité plus objective. Bien que l'âme soit la source absolue de notre individualité et de notre vie personnelle, subjective, elle possède aussi un degré d'objectivité. C'est un «quoi» tout autant qu'un «qui». C'est ce qui fait de notre partenaire ce qu'il est, mais elle fait aussi son propre chemin, dont une grande partie s'étend loin sous la surface de notre conscience.

Amitié et paranoïa

Il n'est pas facile, dans la société moderne, de cultiver l'amitié, pas seulement parce que notre vie se déroule à un rythme accéléré, mais aussi parce que bien des valeurs qui, jadis, encourageaient l'amitié, se sont éteintes. Dans bien des cas, les quartiers d'habitation, terrains privilégiés de la naissance des amitiés, ont laissé la place à des lotissements dans lesquels chaque logement est soit un palais, soit un havre de sécurité destiné à protéger ses occupants de la violence des rues. Il ne s'agit donc pas d'un terrain particulièrement propice aux amitiés. Une relation aussi ancrée dans l'âme que l'amitié a besoin d'une ambiance profonde, d'un quartier où se trouvent des magasins, où les gens s'asseoient sur leur perron, où ils n'ont pas peur de se promener pour se rencontrer et faire connaissance.

L'amitié recouvre un spectre étendu: de l'amitié intense que l'on partage avec une âme sœur aux relations cordiales que nous entretenons avec nos voisins ou les livreurs. À l'extrémité la moins intense, il est parfois difficile de distinguer entre des vrais amis et de simples connaissances. Parfois, nous utilisons le mot *ami* pour parler de quelqu'un avant de nous reprendre lorsque nous nous rendons compte que nous n'avons adressé la parole qu'une seule fois à cette personne. Pourtant, même les amitiés de faible intensité sont précieuses, surtout parce qu'elles donnent de l'âme à la vie de tous les jours. Un sentiment d'amitié générale envers une communauté est lié à notre capacité de nouer de véritables amitiés dans cette communauté. C'est pourquoi une brève conversation avec le facteur peut devenir un fil qui, de façon mystérieuse, reliera toute la communauté.

L'amitié est fréquemment menacée par un esprit paranoïaque qui s'inquiète des dangers que présente le monde dans lequel nous vivons. Il est vrai que le monde est dangereux, mais une paranoïa générale, qui s'étend à tout, n'est pas une réaction réaliste face au danger réel. Au lieu de percevoir le danger réel et les réelles occasions de nouer des amitiés, la paranoïa se contente de créer une atmosphère uniforme de méfiance généralisée. Au lieu de garder foi en la vie humaine face au mal, la paranoïa cherche des raisons de se tenir sur la défensive. En bref, la paranoïa est le moyen d'éviter de participer à la vie, avec tout le danger et la sécurité qu'elle entraîne, son potentiel de bien et de mal.

Comme tous les symptômes, la paranoïa contient une vérité profonde. Elle renferme une large part de notre âme dans le sens littéral de sa symptomatologie. Le mot «paranoïa» signifie étymologiquement «à côté de la connaissance». Nous pourrions le traduire moins littéralement par «esprit parallèle». La paranoïa fait appel à une connaissance indirecte, qui n'est ni purement intellectuelle ni totalement consciente. Sous sa forme symptomatique, elle se traduit par une méfiance irréfléchie, brute et obscure, par la conviction qu'il se passe dans le monde bien des choses que nous ignorons. Mais comme il est vrai que nous ne savons pas tout ce qui se passe autour de nous, nous pourrions manipuler notre paranoïa et nos peurs pour en faire une connaissance parallèle dotée d'une certaine efficacité, utile et enracinée dans l'âme.

James Hillman, dans son remarquable essai sur la paranoïa, conclut qu'une importante connaissance peut se situer au niveau de l'inconscient[5]. Les cultures moins rationnelles, explique-t-il, reconnaissent les limites des moyens conscients d'apprendre et se fient aux oracles, aux voyants, aux augures et aux prophètes pour étirer les limites de la connaissance. Ces sociétés n'étaient pas dépourvues de paranoïa, ajoute-t-il, car elles interprétaient trop littéralement les oracles. «Néanmoins, l'idée de l'inconscient déplace notre attention vers les Autres, qui se trouvent au-delà de tout contrôle humain, et loin d'une fixation sur les intentions occultes de l'ennemi.» Il fait allusion au type de connaissance que nous pouvons puiser à des sources moins rationnelles telles que les rêves, les intuitions et les phantasmes, ainsi que par des moyens indirects tels que les équivalents modernes des voyants et des prophètes.

Pour recouvrer notre sentiment d'amitié et de bienveillance envers le reste du monde, nous pourrions nous débarrasser de notre paranoïa pénétrante en faisant fond sur notre intuition, sur la coïncidence, sur les manières imaginaires de concrétiser l'expérience. Si nous imitions les civilisations d'antan en élevant des sanctuaires aux esprits qui touchent notre vie quotidienne, en racontant des histoires où figurent des anges, des démons, des esprits et des gnomes qui enchantent le monde naturel, peut-être trouverions-nous le moyen de sortir de notre paranoïa pour accueillir le monde extérieur en toute amitié. En reconnaissant l'existence des «esprits familiers», des «petits dieux locaux», la nature même devient familière et amicale.

De nos jours, le mot «amical» peut sembler trop léger, trop insignifiant pour être pris au sérieux. Nous semblons préférer le côté *Sturm und Drang* des relations intenses. Pourtant, un monde amical favorise la culture de l'âme. La bienveillance indique que la vie, avec ses hauts et ses bas, est adoptée sous le signe de Mercure, avec imagination et esprit, qu'elle n'est pas littéralement hostile, de manière générale, aux relations humaines. Certaines personnes affirment que l'amitié, dans une communauté, ne peut être que superficielle, qu'elle peut seulement enrober un sentiment d'hostilité. Mais peut-être pourrions apprécier un certain type de relations superficielles. Il est vrai que dans une communauté, l'amitié peut être très superficielle, mais cela ne l'empêchera pas de préparer le terrain à l'intimité. Et à un niveau plus profond, elle ne fait obstacle ni à l'honnêteté, ni au côté négatif de nos relations. Elle peut coexister avec ces autres aspects en nous aidant à accepter plus ouvertement nos sentiments négatifs sans rompre la trame de notre famille et de notre communauté.

Les bonnes manières dans la communauté

Les bonnes manières sont la clef de voûte d'une communauté où règne l'esprit d'amitié. Pourtant, elles paraissent parfois anachroniques aujourd'hui. Dans une société démocratique, pragmatique, obsédée par le profit, les bonnes manières qui démontrent une appréciation de l'humanité en général ont tendance à disparaître pour laisser la place à des règles opprimantes d'un côté et à une grossière indifférence de l'autre. De nos jours, sortir «dans le monde» se résume généralement à poireauter devant un comptoir pour effectuer un achat pendant que l'employé bavarde au téléphone, ou être obligé de changer de voie sur une autoroute pour laisser passer les véhicules plus rapides. Il est bien difficile de ressentir de la bienveillance envers le genre humain dans ces situations.

La courtoisie, étymologiquement «les manières de la Cour», semble avoir perdu beaucoup de terrain. L'efficacité a remplacé le style et notre société démocratique est fière de n'avoir ni Cour ni royauté. Nous prendrons plutôt comme modèle un P.D.G. ou un haut fonctionnaire. Mais tout comme Hillman nous recommande de soigner notre paranoïa en écoutant les oracles sans véritablement avoir recours à de vrais augures, nous pourrions interpréter au sens large les manières de la Cour et, sans bâtir des châteaux, imprégner de nouveau notre vie quotidienne d'une certaine grâce de l'âme.

Notre maison est notre Cour. Nous la gouvernerions peut-être moins efficacement, mais beaucoup plus gracieusement si nous connaissions la valeur des bonnes manières. Les maisons nord-américaines ont perdu deux pièces remplies d'âme et de courtoisie: la salle à manger et le boudoir. En effet, la salle à manger permet de déguster les repas dans une atmosphère bien différente de celle de la cuisine ou d'un coin-dînette. Le boudoir permettait autrefois de créer un espace bien distinct de la salle de séjour ou de la salle familiale. Mais même si nous ne possédons aucune de ces pièces, nous pourrions introduire l'amitié en imagination dans notre maison et doter nos activités les plus ordinaires d'un style réfléchi, artistique, sans pour autant tomber dans l'excès du formaliste ou de l'artificiel. Nous pourrions inviter l'amitié à la table de l'âme.

Tout ce qui est dépourvu d'imagination se refuse à reconnaître l'existence de l'âme. Pourtant, peu d'efforts sont nécessaires pour passer du pratique au stylé. Une fleur dans un vase, de la couleur sur un mur, un rocher imposant devant la maison... tous ces objets contribuent largement à évoquer les esprits qui animent à la fois la nature et les fabrications humaines. Les magasins pourraient mettre un terme à leur vénération obsessive de la rentabilité et faire entendre une musique invitante dans les haut-parleurs, utiliser un peu moins de plastique et faire quelques efforts d'individualisation. Je connais un restaurant où le personnel n'est pas autorisé à remplacer une serviette même lorsque le client en fait la demande, pour limiter les frais de blanchisserie. Pourtant, des choses aussi simples qu'une serviette propre, une jolie dentelle, un plancher de bois satiné ajoutent une grâce extraordinaire à la vie quotidienne et invitent les personnes qui entrent en contact avec elles à faire preuve de bonnes manières.

Ficino ne se contentait pas de considérer les bonnes manières comme un élément important d'une vie enracinée dans l'âme. Il présentait aussi une philosophie et des instructions complexes pour incorporer l'art dans la vie. L'une de ses méthodes favorites consistait à célébrer le *convivium*, à la manière du *Banquet* de Platon. *Convivium* signifie «vivre ensemble» ou, dans les termes de Ficino, «la douce communion de la vie». C'est pourquoi les termes dans lesquels il décrit la célébration peuvent s'appliquer aussi à la vie dans l'amitié et la communauté: «Le *convivium* se définit par le repos après le travail, par la disparition des soucis et l'épanouissement du génie; c'est la démonstration de l'amour et de la splendeur, la nourriture de la bonne volonté, l'assaisonnement des amitiés, le levain de la grâce et la consolation de la vie... Tout devrait être assaisonné avec le sel du génie et illuminé par les rayons de l'esprit et des bonnes manières[6].»

Naturellement, les bonnes manières peuvent être superficielles ou exagérément formalistes. Mais elles représentent aussi un moyen efficace d'harmoniser les détails de la vie avec la sensibilité humaine. Dans un dîner ou une réunion, le style véritable crée un environnement au sein duquel les âmes peuvent s'entremêler, donnant naissance à l'authentique *convivium*. Si nous nous contentons de mettre l'accent sur l'aspect réfléchi de nos interactions personnelles, nous finirons par ployer sous des responsabilités excessives. Car le décor et le rituel de nos interactions sont tout aussi importants. Ils représentent le contexte et la culture dans lesquels s'enchâsse la relation. Ils nourrissent les âmes qui s'efforcent de s'entremêler et ils encouragent une amitié susceptible de conduire à la communion véritable.

S'il vous paraît étrange de recommander l'amitié et les bonnes manières dans un monde où des gens meurent de faim, où des peuples s'entre-déchirent un peu partout, où la criminalité court les rues, souvenez-vous que Ficino écrivait à une époque où des conspirations se nouaient tout autour de lui, où des conjurés avec lesquels il entretenait des relations distantes furent pendus devant l'hôtel de ville, à la vue de la foule. Il pourrait y avoir une relation directe entre la disparition de l'âme de la vie quotidienne et les atrocités des guerres internationales et la barbarie dans les rues de nos villes. Seul un monde fragmenté tel que le nôtre peut nous laisser empoisonner la nature sans même y réfléchir, négliger nos enfants et les pauvres, massacrer des milliers de soldats ennemis en toute bonne conscience parce que nous n'avons ni la patience ni l'imagination nécessaires pour négocier.

Comme remèdes à ces maux, l'amitié et la considération peuvent paraître bien légers, voire frivoles, mais c'est peut-être parce que nous avons perdu notre sensibilité aux valeurs de l'âme. Cela se traduit par notre pragmatisme à toute épreuve et notre obsession du profit. Même les sciences sociales semblent plus pressées d'étudier des questions «concrètes» telles que les produits chimiques, les traumatismes et les influences familiales directes pour trouver la source des problèmes, plutôt que les questions philosophiques qui ont leur origine profonde dans la société. Pour compenser, certains d'entre nous se tournent vers le spiritualisme, cherchent à transcender les limites de la connaissance et de l'effort humain par des moyens surnaturels. Ni l'une ni l'autre de ces attitudes ne parvient à nourrir l'âme. Nous devons retourner aux simples valeurs de l'amitié et des bonnes manières pour rendre à la vie ses dimensions et ses valeurs humanitaires.

La convivialité: une idée de la Renaissance

La conception que Ficino transmet du *convivium* nous conduit à une image de la communauté articulée autour de l'âme. Du point de vue de l'âme, l'identité n'est pas une réalisation solitaire, mais une expérience communautaire, qui entraîne toujours une relation avec autrui. L'identité de l'âme n'est pas si singulière lorsque nous la définissons en termes égoïstes, pas plus qu'elle ne suggère la polarisation de l'individu et de la communauté. Lorsque je constate que mon identité est en partie façonnée par les personnes que je fréquente, je peux alors entrevoir mon âme, fluide et multiple. Certains d'entre nous s'inquiètent de ne pas avoir établi autour d'eux des frontières efficaces, mais je soupçonne que ce genre de préoccupation dissimule l'incapacité de vivre en communauté tout en se réalisant à titre d'individu.

Sur le plan pratique, cette théorie de l'identité de l'âme signifie que c'est lorsque je suis en relation avec d'autres personnes que je peux être le plus moi-même. Je me considère comme un individu dans le contexte de ma relation avec quelqu'un d'autre. Je ne suis pas obligé d'insister sur mon caractère distinct, de me persuader que c'est uniquement en protégeant mon individualité que je deviendrai un être indépendant. L'attitude qui consiste à se placer sur une sorte de défensive nerveuse face à la communauté n'est pas le meilleur moyen de se sentir en sécurité ou sûr de soi.

Lorsque nous menons une vie ancrée dans l'âme, notre nature même se trouve être conviviale, si nous suivons la pensée de Ficino. Les valeurs de la convivialité nous font vivre dans un monde où les frontières entre nous et les autres sont à la fois claires et floues. Nous travaillons et nous nous divertissons au nom de la convivialité, plutôt que pour obtenir uniquement un succès individuel. S'ils ont une âme, s'ils ne sont pas égoïstes, les efforts que nous déployons pour faire reconnaître nos talents uniques et pour les enchâsser dans notre culture personnelle auront une dimension conviviale. À la manière de Ficino, nous pourrions alors rendre hommage à notre humanité commune, à nos ancêtres, à notre famille, à nos amis. Nous arrangerions notre propre univers afin qu'il encourage la convivialité. Il ne s'agit pas d'assumer la responsabilité du monde entier, mais de prendre plaisir à vivre au sein d'un réseau de relations[7].

Pour concrétiser cette conception de la communauté, il ne s'agit pas au premier chef de réunir les gens. Nous avons actuellement tendance à utiliser ce terme au sens littéral, soit un regroupement de gens qui ont en commun leurs idées politiques ou d'autres causes, ou qui partagent des problèmes. Il est aussi employé pour désigner une méthode utopique d'expérimentation des relations sociales, fondée sur un ensemble de croyances et de principes. Mais un groupe n'est pas nécessairement une communauté.

En fait, il existe deux tests que nous pouvons effectuer pour découvrir si un groupe est vraiment une communauté: (1) Les membres travaillent-ils ensemble, font-ils preuve d'affection les uns envers les autres, remarque-t-on de la discorde dans le groupe, ont-ils des choses en commun? (2) Les membres peuvent-ils garder leur individualité ou doivent-ils avoir la même pensée, partager des objectifs et des valeurs, parler le même langage, suivre la politique du parti? La communauté naît lorsque l'individu et le groupe ne sont plus considérés comme deux réalités indépendantes. Comme tous les produits de l'âme, la communauté est un paradoxe. Le *convivium*, terme peut-être plus riche de sens que «communauté», demeure «la douce communion de la vie» même en présence de différences et de différends. Il ne s'établit pas au niveau des personnalités et des idées, mais naît des tréfonds de l'âme.

Mon séjour dans une communauté religieuse s'est révélé être l'une des expériences de convivialité, au sens ficinien du terme, les plus puissantes que j'aie vécues. À l'instar de maints autres jeunes catholiques des années cinquante, je suis entré au séminaire lorsque j'avais treize ans. Je l'ai quitté à vingt-cinq ans, après avoir prononcé les vœux et mené la vie religieuse pendant sept ans. J'ai eu la chance d'entrer dans une communauté qui accordait une grande valeur à la vie intellectuelle, éprouvait un amour véritablement épicurien à l'égard des plaisirs simples et reconnaissait l'importance de la beauté dans l'exercice spirituel. Il s'agissait d'une vie enracinée dans l'âme et, comme c'est habituellement le cas, pleine de paradoxes: retrait du monde extérieur pour encourager une intensification de la vie, affirmation du plaisir accompagnée d'un ascétisme d'une sévérité inhabituelle, vie commune qui m'a permis de m'individualiser.

J'ai quitté cette vie, il y a maintenant bien des années. Mais j'ai l'impression que ses principes s'appliquent toujours au monde dans son ensemble. Je comprends pourquoi les vœux de pauvreté, de chasteté et d'obéissance qui façonnaient notre existence quasi monacale peuvent tous nous guider, sans que nous les interprétions dans leur sens littéral, et ce, quel que soit notre mode de vie. Nous pourrions adapter ces vœux à notre situation personnelle et je crois que leur sagesse introduirait l'âme dans notre vie.

La vie monastique, telle que je l'interprétais, ne signifiait pas nécessairement être pauvre au point de ne posséder presque rien ou se passer des plus simples nécessités. Bien que le vœu de pauvreté fît naturellement appel à un refoulement du matérialisme et de l'esprit de consommation, il portait essentiellement sur la propriété commune. Il m'empêchait de posséder quoi que ce fût, pas plus une chemise qu'un crayon. Mais je n'ai jamais manqué de chemises et j'avais toujours plusieurs crayons à ma disposition. La communauté de biens matériels engendre un sentiment aigu de convivialité, estompant une large part de l'*ego* que nous investissons dans la propriété, sans pour autant dénigrer la propriété ou les biens matériels en soi.

L'idée de la propriété commune ou du refus d'utiliser les biens matériels pourrait devenir si ambitieuse, sur le plan spirituel, que l'âme finirait par souffrir. Mais je crois qu'il y a un moyen d'utiliser la propriété commune pour nourrir l'âme. Si nos dirigeants municipaux, par exemple, prononçaient ce vœu, ils feraient leur possible pour préserver des endroits publics tels que les parcs, les berges des rivières et des lacs. Ils sauraient qu'il ne suffit pas de garantir la survie de la population, que les plaisirs de la vie communautaire sont aussi essentiels. Ils comprendraient qu'en prenant fait et cause pour la convivialité, ils accompliraient une tâche bien plus utile qu'en appuyant les grosses entreprises privées. Pour une large part, la qualité de la vie dans notre société fondée sur la technologie succombe par entropie constante car le public est de moins en moins servi par la corne d'abondance des entreprises. Lorsque la richesse et les ressources sont divisées aussi inégalement entre riches et pauvres, il devient évident que l'argent a perdu l'âme qu'il pourrait avoir. Nous y perdons tous, même les riches, lorsque l'esprit communautaire disparaît de notre vie publique et civique.

La convivialité respecte à la fois la possession individuelle et la propriété commune. Quiconque gagne de l'argent se trouve bien placé pour répondre aux besoins de la communauté et qui n'en a pas «possède» toujours les lacs, l'air et la terre. Les problèmes d'argent, en définitive, ne dépendent pas entièrement de la quantité. Un pauvre peut être manipulateur tout comme un riche peut être convivial.

La chasteté, un autre vœu, a également des répercussions intéressantes sur la convivialité à l'ère moderne. Les gens se demandent souvent comment un moine ou une religieuse peuvent respecter un vœu de chasteté sans ressentir une frustration désespérée. Il est évident que la vie chaste présente ses problèmes, tout comme le mariage ou le célibat. Mais en éliminant de la vie quotidienne un certain type de sexualité, on peut faire surgir un autre type d'érotisme, celui qui est engendré par la convivialité et qui la nourrit.

Il est évident que je ne peux guère parler pour les autres, mais en ce qui me concerne, j'ai découvert non seulement la communauté, mais aussi la convivialité dans la chasteté d'un ordre religieux. Je suis d'avis que notre monde pourrait tirer profit de cette chasteté, non au sens littéral du terme, mais en appliquant cette caractéristique aux relations humaines. Nous exigeons tant de la sexualité que nous ne devrions pas nous étonner de la voir engloutir une large part de notre détresse émotive. Pourtant, la chasteté peut être considérée non comme une répression de l'éros, mais comme une forme de sublimation de l'âme. Elle peut nous permettre de tisser l'éros dans la trame de toute notre vie, sans le limiter à la sexualité, selon l'interprétation habituelle. La chasteté est une forme d'amour, le moyen de laisser les autres entrer dans notre vie sans nous limiter à une relation unique avec un individu. Les prêtres et les moines interprètent le vœu au sens littéral du terme, mais nous pourrions l'adapter à nos relations.

Tout comme le vœu de pauvreté ne signifie pas nécessairement se passer de tout, mais exige cependant un certain degré d'ascétisme, la chasteté entraîne une réserve. Elle fait appel à des moyens de freiner l'activité et les préoccupations sexuelles. Cet esprit d'ascétisme, appliqué à la sexualité, peut faire entrer l'âme dans notre vie, sous réserve qu'il ne soit pas interprété littéralement comme un retrait total de la vie érotique, soit l'ascèse au sens le plus extrême du terme, la privation d'âme et la privation de corps. Mais si nous pouvions considérer la chasteté comme un ingrédient essentiel de la vie sexuelle, nous ne serions pas prisonniers de tant d'excès et de répression. Le célèbre tableau de Botticelli, *Le printemps*, nous décrit le monde de Vénus qui englobe à la fois Éros et la Chasteté. Nous voyons la Chasteté danser avec le Plaisir et la Beauté, soit les trois grâces de la vie humaine. La chasteté accroît le plaisir et révèle la beauté qui pourrait fort bien disparaître dans le désir sexuel à l'état brut, jouant un rôle nécessaire dans tout l'éventail d'une vie sexuelle conviviale.

Au cours des dernières décennies, on nous a rabâché à quel point il était important de ne pas réprimer notre sexualité et cette insistance n'est pas entièrement injustifiée. Mais, par la même occasion, nous pourrions insister sur l'importance et la nécessité de la chasteté, surtout au nom de la communauté. Notre cœur peut s'ouvrir à une certaine forme de chasteté à laquelle nous croyons fermement et que nous apprécions, sans qu'elle nous empêche de vivre notre sexualité aussi pleinement que possible. C'est ainsi que nous trouvons le moyen de créer un esprit de communauté aussi érotique qu'agréable. Notre participation à la vie communautaire ne repose pas sur un principe froid, sur une lourde responsabilité ou sur un idéalisme ambitieux. Elle est enracinée dans le simple plaisir érotique que nous procure notre compagnie mutuelle.

Le troisième vœu est celui de l'obéissance. Pour beaucoup de membres d'un ordre religieux, c'est le vœu le plus difficile à respecter. Il les contraint de soumettre leur volonté à la volonté divine, qu'ils entendent parfois comme un appel intérieur, parfois comme l'écriture ou la structure de la religion ou, parfois, comme la voix de l'autorité du moment.

L'une des raisons pour lesquelles le vœu est si difficile à respecter est qu'il soulève la question du pouvoir et de la soumission. Il est important, naturellement, de ne pas laisser notre voix et notre identité s'estomper parce que nous acceptons de nous soumettre à quelqu'un d'autre. Mais nous devons admettre qu'en insistant pour conserver notre propre volonté, nous créons une relation à sens unique. Il nous faudra trouver un équilibre qui permettra à la soumission comme au pouvoir individuel d'être contenus dans le même geste.

La vie religieuse a pour but de nous familiariser avec notre destin et de nous faire découvrir un pouvoir personnel profondément enfoui, non par l'exercice de notre volonté, mais à l'aide d'une obéissance sacrée. Il ne s'agit donc pas de nous soumettre littéralement à quelqu'un d'autre, mais plutôt de découvrir la volonté divine par l'obéissance. Il est clair que ce principe peut être facilement interprété de manière erronée, mener à la soumission la plus abjecte et éveiller des symptômes de masochisme. Mais il est possible d'imaginer l'obéissance avec une profondeur et une subtilité qui nous permettront d'éviter les écueils d'une interprétation trop littérale et de trouver les paradoxes qui renferment nécessairement la volonté et la soumission.

Là où le moine recherche la volonté divine dans l'ordre de son supérieur, nous pouvons, nous, déceler notre destin, le germe de notre vie, et notre vocation dans les besoins du monde qui nous entoure. Ce type d'«obéissance» nous entraîne profondément dans la communauté. Son épanouissement se mêle à celui des gens qui vivent autour de nous. Lorsque nous découvrons et vivons notre véritable vocation, les autres prospèrent. Au fur et à mesure qu'ils s'épanouissent en tant que communauté, ils nous fournissent le contexte irremplaçable de notre propre épanouissement et de notre découverte de nous-mêmes.

De manière plus immédiate, peut-être pourrions-nous nous découvrir chez les autres membres de la communauté. Nous prêtons attention à la volonté d'autrui parce que cette attitude respectueuse est l'essence de la communauté. Nous découvrons qu'en vivant «la douce communion de la vie», il n'est pas nécessaire de ne céder qu'à notre propre volonté, dans toutes les situations. La communion naît lorsque nous découvrons d'autres possibilités, intéressantes sinon radicales, lorsque nous orientons notre vie en prêtant attention aux désirs et aux intentions des autres. Ce n'est pas une obligation, c'est une manière d'être qui invite l'âme à supplanter l'*ego*. Je n'ai aucune difficulté à considérer le mariage comme un acte d'obéissance d'une personne envers une autre, lorsque l'obéissance se définit ainsi. Notre partenaire est essentiel à la découverte de notre propre vocation et, curieusement, nous montre ce que nous désirons ou, plus exactement, nous montre ce que nous-mêmes et le monde extérieur attendent de nous. Lorsque ce type d'obéissance se développe et mûrit, nous passons de la communauté à la convivialité, car nous puisons joie et plaisir dans les points de vue, les désirs et les exigences des autres, même s'ils peuvent parfois nous sembler exaspérants. Apprécier ces paradoxes peut nous permettre de poser les fondations de la convivialité.

Une fois de plus, je remarquerai que le soin de l'âme nous oblige à adopter une position plutôt radicale. Nous allons à l'encontre des tendances populaires en matière de propriété privée, d'abandon ou de répression sexuels, de force de l'*ego*. Nous confondons l'ouverture de l'imagination avec la passivité névrotique et, pourtant, en plaçant l'individu au centre de tout nous sommes incapables de nous doter du sentiment actif, dynamique de Soi que nous prisons tant. C'est une situation paradoxale car la source de l'existence indépendante que nous désirons si ardemment est enfouie dans les tréfonds de l'âme, trop profondément pour que notre *ego* superficiellement musclé soit capable d'aller la chercher. Seule, la reddition de l'idée même de Soi peut conjurer le rare talent d'autosuffisance de l'âme.

Dans l'essai justement intitulé «Autosuffisance» *(Self-Reliance)*, Emerson va au cœur de l'individualité et y découvre tout l'univers: «Car le sentiment d'être qui, au cours des heures calmes, s'élève, nous ne savons comment, dans l'âme, n'est pas différent des choses, de l'espace, de la lumière, du temps, de l'homme. Au contraire, il ne fait qu'un avec eux et naît sans aucun doute de la même source que la vie et l'être[8].» L'individualité s'épanouit donc dans la découverte du «Soi», la communauté de toutes choses. Je suis le microcosme. Le puits le plus profond, le plus mystérieux de l'âme détient le secret que je cherche et que je chéris: un sentiment de Soi puissant, solide, enraciné et créatif.

Ce paradoxe est un autre *koan*, un casse-tête insoluble auquel nous pouvons passer notre vie à réfléchir. Ouvrir notre imagination à ce mystère est déjà un premier pas vers la vie imprégnée d'un fort sentiment d'identité et d'union conviviale avec les autres. Cela nous aide également à nimber du même mystère notre conception de l'amitié. Car lorsque j'ai ouvert mon cœur à un ami, je suis plus moi-même que jamais. Lorsque je trouve une place à la chasteté dans ma vie quotidienne, je découvre les plaisirs d'une sexualité qui a une âme et lorsque je peux ralentir ma course désespérée aux possessions matérielles, je découvre toute une horde de profondes satisfactions à ma portée. La vie monastique a découvert ces mystères il y a bien des siècles et nous ne perdrions pas à les faire revivre dans notre société moderne.

L'imagination intime

Mais comme toutes les âmes contiennent
Un mélange de choses, elles ne savent même pas quoi,
L'amour bouleverse ces âmes, les bouleverse encore,
De deux en fait une, composée de ceci et de cela.

John Donne, *The Extasie*

CHAPITRE SIX

Conversations et lettres

L es «techniques de l'intimité» sont les moyens que nous utilisons pour nouer des liens étroits et les entretenir ensuite, pour exprimer et évoquer leur côté «intimiste» au sein de la communauté et de l'amitié. Il ne suffit pas de désirer l'intimité de manière abstraite ou de la considérer seulement comme un sentiment qui va et qui vient, indépendamment de notre volonté. L'intimité, comme tout le reste, fait appel à l'art.

Je ne parle pas ici de la communication superficielle ou rationnelle. Ce mot, «communication», est devenu le leitmotiv des discussions sur les relations personnelles et c'est une lapalissade que d'affirmer que le problème d'une relation se résume à une rupture des communications. Mais ce que l'on qualifie de communication peut être à la relation ce que l'information est à l'instruction, soit un échange de faits dépourvu d'âme. Nous croyons parfois être instruits parce que nous avons amassé un certain volume de données et nous croyons être intimes parce que nous «communiquons» bien. Il est vrai qu'une bonne communication nous permet d'exprimer nos pensées et nos sentiments de manière claire et satisfaisante, mais souvenons-nous aussi que l'intimité peut naître de silences dans la conversation, de silences et de moments embarrassants, d'efforts gauches pour nous exprimer, voire de mensonges et de subterfuges qui apparaissent parfois dans une relation.

Pour cultiver l'intimité, nous devons trouver des formes d'expression qui surgissent de l'âme et parviennent à la toucher. La plupart de ces formes sont évidentes: un cadeau particulièrement significatif, une conversation tardive qui laisse remonter les sentiments en surface, une lettre écrite pendant un moment d'émotion profonde, une promenade dans les bois, en toute tranquillité, sans véritable conversation. Nous savons pertinemment à quel point ces formes d'intimité sont précieuses et pourtant, dans notre société moderne, nous semblons oublier leur importance. Nous acceptons l'engouement actuel pour les communications — nous possédons un système téléphonique très perfectionné ou utilisons le jargon à la mode en psychologie populaire — mais nous négligeons le type d'échange qui fait essentiellement appel à l'âme. Nous confondons peut-être aussi l'expressivité avec l'honnêteté et nous estimons qu'en extériorisant nos sentiments nous encourageons l'intimité.

En cette ère technologique, notre tâche ne consiste pas à inventer une nouvelle théorie des communications ou une nouvelle thérapie. Il s'agit plutôt d'apprendre l'art de l'expression intime. Dans la plupart des cas, cela consiste à accorder de la valeur à des formes d'échange très simples: prendre le temps d'écrire une lettre, d'acheter ou de confectionner un cadeau spécial, d'acheter un joli papier à lettres et un stylo de qualité, de nuancer délicatement le choix de nos présents et de nos paroles pour atteindre l'âme de l'autre. Dès que nous cessons de vouloir à tout prix communiquer, dès que nous essayons d'exprimer l'intimité, nous voyons s'ouvrir devant nous la porte de l'âme.

Conversation

La véritable conversation permet à différents mondes de s'interpénétrer, aux âmes d'entrer en rapport l'une avec l'autre. Elle ne doit pas être consciemment et forcément profonde, mais elle doit effleurer des questions qui intéressent l'âme. Le bref passage qui suit, extrait d'une lettre de Ralph Waldo Emerson datée du 30 septembre 1842, fait allusion à plusieurs éléments de la conversation dotée d'une âme.

> Hawthorne et moi allâmes faire une promenade... Aucun incident particulier ne marqua cette promenade. Elle n'en avait d'ailleurs nul besoin, car nous étions tous deux d'excellente humeur, avions beaucoup de choses à nous dire. En effet, nous étions tous deux de vieux collectionneurs qui n'avaient encore jamais eu l'occasion de se montrer leurs buffets.

Il faut commencer par s'entretenir en marchant. Car la marche peut être une activité privilégiée de l'âme, dans la mesure où elle n'est pas entreprise à des fins héroïques telles que la volonté d'arriver quelque part, la perte de poids ou la course. Par le passé, il était peut-être plus facile d'exercer l'âme ainsi car les endroits propices ne manquaient pas. Il n'y avait pas de danger de se retrouver face à un automobiliste déchaîné et l'accès à la nature était plus facile. Sans compter que les modes de transport n'étaient pas aussi variés. La marche inspire et encourage la conversation qui s'inspire du corps et, par conséquent, offre à l'âme un endroit pour s'épanouir. Je pourrais sans doute écrire un mémoire intéressant sur toutes les promenades importantes que j'ai faites en compagnie d'autres personnes, grâce auxquelles l'intimité n'a pas seulement été vécue, mais aussi enchâssée affectueusement dans le paysage de la mémoire. Lorsque j'étais enfant, je me promenais souvent avec mon oncle Tom sur sa ferme, dans les champs, au gré des collines. Nous parlions d'un tas de choses, certains sujets étaient des plus instructifs, d'autres tout à fait saugrenus. Des anecdotes incroyables ont émergé de ces promenades bucoliques. Quelle qu'ait été la teneur de nos conversations, je considère ces vagabondages comme des souvenirs importants de mon attachement à ma famille, à une personnalité remarquable et à la nature.

Lorsque j'étais au séminaire catholique, des promenades régulières figuraient à notre emploi du temps et je crois qu'une large part de l'enseignement nous a été inculquée pendant ces agréables moments passés à explorer les jardins du monastère. Je me souviens également d'une promenade que j'ai récemment effectuée avec un ami dans le parc de Hampstead, à Londres, suivie par une visite de la maison de Keats. Cette promenade demeure gravée dans mon cœur, non seulement en raison de la présence de cet ami, mais aussi grâce à la relation qu'elle m'a permis de nouer avec l'une de mes âmes sœurs, Keats lui-même, dont l'œuvre inspire et guide la mienne bien qu'il soit mort plus d'un siècle avant ma naissance. Je porte également en moi le souvenir douloureux de promenades effectuées pendant les moments déchirants de la séparation et du divorce. Parfois, lorsqu'on s'efforce de converser en marchant, l'âme sort de sa cachette et se montre, suscitant une émotion particulièrement intense.

Emerson fait remarquer que sa promenade avec Hawthorne n'a été marquée par aucun incident et que d'ailleurs, nul incident n'était nécessaire. L'âme ne s'intéresse pas autant aux événements et aux actions que l'esprit conscient. Elle n'a nul besoin de ces événements qui peuvent au demeurant l'empêcher d'émerger dans la conversation. Pour Emerson, l'important était que les deux hommes fussent des «collectionneurs», qu'ils eussent chacun en leur possession un «buffet», des souvenirs à échanger, des idées à débattre. L'âme est plus un récipient qu'un instrument et ces deux hommes profonds ont dû faire jaillir de précieuses impressions au long des soixante kilomètres que, selon Emerson, ils parcoururent en deux jours.

La conversation ne doit pas revêtir la forme d'une confession pour être imprégnée d'âme. Je constate que parfois, les gens qui commencent à peine à s'intéresser de près à la psychologie se sentent contraints de dire tout ce qu'ils ont sur le cœur, trop directement ou trop naïvement. Certaines personnes jouent aux confessions réciproques: «J'ai ouvert mon cœur, maintenant c'est ton tour.» Mais l'âme n'apparaît pas grâce à une tentative naïve de mise à nu des sentiments. Ce qui importe, ce n'est pas l'intensité de notre confession, mais la mesure dans laquelle l'âme participe à la conversation. Deux personnes occupées à dresser les plans d'une maison ou à essayer une recette de cuisine peuvent engager une conversation née de l'âme. Il n'est pas nécessaire que le sujet en soit personnel.

Dans une autre lettre, écrite à Thomas Carlyle le 13 mars 1839, Emerson remarque ceci:

> Le rôle de la conversation est de me donner de l'assurance. Je suis aussi gauche et insensible qu'un idiot de village. Puis, soudain, arrive un esprit doux et sûr, qui étale devant moi, dans l'ordre, sa vie et ses espoirs, non pas à titre d'expérience, mais comme quelque chose qu'il juge bon et souhaitable. Sur-le-champ, je ressens la présence d'un élément nouveau et pourtant, ancien, jovial et primitif... Je retrouve, les uns après les autres, mes organes et mes facultés. La vie retourne dans un doigt, une main, un pied. Une nouvelle agilité s'empare de moi. J'ai presque des ailes.

En parlant de l'âme ou en parlant avec l'âme, nous éveillons quelque chose de «bon et souhaitable» qui nous révèle dans quelle direction nous nous dirigeons en tant qu'êtres humains, qui éclaire la vie et le monde que nous connaissons depuis toujours. L'âme préfère les paroles proches de la vie, certes, mais pas uniquement pragmatiques et techniques. Elle se plaît surtout dans la rêverie, les réminiscences, les réflexions, tous ces mots qui commencent par le préfixe «re» et exigent de l'âme qu'elle imprègne nos expériences passées d'imagination. La conversation ramène la circulation dans les membres et donne des ailes au corps, précisément parce qu'elle est l'un des conduits principaux de l'âme. C'est l'âme qui vivifie le corps et le soulage du poids de la vie concrète.

La conversation peut également nous soulager des pressions de l'activité quotidienne et de la prise de décisions, en ouvrant la porte à des degrés d'expérience encore méconnus. L'âme réside dans les dièses et les bémols, non dans les notes plates des événements matériels. La conversation exécute une opération alchimique, douce et agréable, sur l'expérience en la sublimant de manière à nous permettre de l'explorer. L'expérience, quant à elle, prend ses ailes à partir de la conversation.

Je serais en faveur d'inverser le refrain habituel, selon lequel la conversation est importante parce qu'elle est thérapeutique. À mon avis, la thérapie est efficace parce qu'elle se compose d'une conversation. Pour l'âme, ce qui compte, c'est parler et non guérir. Il est beaucoup plus important pour l'âme de parler que de trouver le moyen de réparer la vie. La conversation pourrait être un mode émersonien de psychanalyse, élevant l'expérience jusqu'au royaume supérieur de l'imagination afin de nous faire sentir davantage en vie.

Du point de vue d'Emerson, la conversation est le moyen de venir vers soi-même, d'entretenir une relation avec soi-même autant qu'avec quelqu'un d'autre. C'est peut-être l'une des raisons pour lesquelles la conversation est si agréable. Elle nous permet d'apprendre à nous connaître. Combien de fois avons-nous entendu des gens s'exclamer: «Je ne savais pas que je pensais cela avant de le dire!»

Lorsqu'il décrit ses conversations avec Hawthorne, Emerson utilise l'image intrigante du buffet. Pour Jung, le buffet représente l'utérus, le moyen pour une femme d'enfermer et d'incuber un bébé. Au-delà de cette image, le buffet suggère le moyen de conserver des choses importantes sur un plan personnel, par exemple de vieux souvenirs. Une large part de l'*anima*, soit l'humeur et la présence de l'âme, imprègne un buffet et, dans cet ordre d'idées, Emerson suggère qu'à nos conversations nous apportions nos trésors de souvenirs et de pensées, toutes ces choses qui sont inextricablement les nôtres, que nous emportons toujours avec nous, où que nous allions. Ce trésor de matériaux personnels, intérieurs, est la trame de la conversation et c'est lui qui nous aide à trouver une âme sœur.

James Hillman fait une constatation importante, à savoir que ce ne sont pas toutes nos idées qui proviennent de l'âme. Certaines sont purement intellectuelles, coupées de l'âme. Bien qu'intéressantes et capables de susciter un certain plaisir, elles n'engagent en rien l'âme. Car l'âme demeure enracinée dans les détails de la vie et de la personnalité, même si ces détails paraissent parfois triviaux et peu pertinents. Au cours d'une conversation avec une âme sœur, nous pourrions explorer des idées d'une manière qui ne se limite pas aux exigences particulières de l'intellect solitaire. Nous pouvons émettre notre opinion, conter l'histoire de notre vie, parler de nos préjugés et nous exprimer à notre façon. Les idées qui engagent l'âme nous relient aux événements ordinaires de la vie sans porter nécessairement sur eux. Elles possèdent des capillaires reliés aux émotions et phantasmes profonds qui traversent une vie ou une culture personnelle.

La conversation diffère de la discussion ou de la querelle. Elle n'a ni cible ni objet précis. Il y a très longtemps, le mot «converser» signifiait non seulement parler, mais aussi entretenir une relation et on l'utilisait parfois pour désigner une relation sexuelle. Nous en gardons les vieux échos, même si le champ sémantique du mot est aujourd'hui plus étroit. Une bonne conversation est capable d'engendrer en nous un sentiment d'appartenance encore plus que l'architecture d'un bâtiment ou le décor naturel. Certaines pièces se mettent à vivre lorsqu'elles abritent des conversations et, aussi somptueux soit-il, un décor qui n'encourage pas la conversation peut paraître vide et froid. Lorsque l'âme est délaissée, l'architecture ne peut rien pour réchauffer les relations humaines.

Quelques aspects de la conversation que j'ai pu observer au cours de mes années de psychothérapie s'appliquent à la conversation ordinaire, peut-être parce que le décor tranquille de la thérapie engendre un certain type d'intimité. Tout d'abord, le cabinet du thérapeute contient un siège confortable, propice aux conversations ininterrompues. Il n'est pas facile aujourd'hui de découvrir des endroits de ce genre. Les restaurants et cafés remplissent parfois cette fonction, mais ils sont souvent bruyants et agités. Les clients ont l'impression d'être bousculés.

Il est difficile de trouver des endroits, publics ou privés, dépourvus de télévisions, téléphones, radios, de tous ces appareils qui semblent uniquement conçus pour décourager les conversations. Il n'y a pas longtemps, je me suis retrouvé dans la salle d'attente d'un hôpital tandis que j'essayais de réfléchir à une maladie précise. Mais la télévision hurlait dans un coin, tandis que vingt personnes la regardaient, hypnotisées. Il m'a été impossible de réfléchir, encore moins d'établir un contact avec l'une des personnes présentes.

Un autre aspect de la conversation en thérapie peut également servir de modèle à la conversation ordinaire. En effet, ce qui caractérise la thérapie, c'est qu'au moins l'une des personnes présentes s'attache tout particulièrement à écouter les autres. Quiconque est incapable d'écouter ne peut pas converser. Nous devons assimiler ce que notre interlocuteur nous offre. La conversation consiste à retenir les souvenirs que l'autre personne a sorti de son «buffet» pour les traiter avec attention et respect. J'ai assisté à plusieurs rencontres formalistes au cours de ma vie professionnelle, que l'on appelle des «conversations». En réalité, il s'agit de discussions structurées, dans un contexte éducatif. Personne n'écoute vraiment ce que dit son voisin. Quelqu'un est censé prendre des notes ou, ce qui est plus fréquent, un magnétophone enregistre toutes les paroles. Ce genre de discussion contient peu d'érotisme car nul ne reçoit rien. On n'éprouve aucun plaisir à retenir les pensées et les idées offertes. Le corps n'intervient pas.

Je constate que dans un couple en difficulté, la conversation est souvent difficile, voire impossible. L'une des parties souhaite entendre certaines choses dans la bouche de l'autre, mais elle n'écoute pas vraiment. Il arrive aussi que l'un des conjoints désire recevoir une confession de l'autre, mais se refuse lui-même à se confesser. Au lieu d'une conversation, nous assistons à un jeu verbal axé d'emblée vers une lutte pour le pouvoir. «Je ne prendrai pas la responsabilité de parler», déclare un mari courroucé. «C'est à elle d'avouer ce qu'elle a fait d'abord, ensuite je parlerai.» Ce type d'échange est dominé par les rapports de force, ce qui empêche toute véritable conversation. Rien de surprenant que les couples qui ont des problèmes sexuels trouvent la conversation impossible.

La conversation thérapeutique présente une autre caractéristique qui la rapproche de la conversation ordinaire. En effet, elle permet à des questions douloureuses et obscures d'entrer dans le dialogue. La «conversation polie», échange superficiel d'agréables platitudes, ne suffit pas toujours à évoquer l'âme. Tout comme dans une discussion très intellectuelle, le nœud d'une question se retrouve parfois dans une idée très pointue lorsque la discussion a atteint le stade de l'abstraction et qu'un filet de lumière perce les ténèbres, dans une conversation intime, l'âme est conjurée au moment le plus sombre, lorsque l'entretien pénètre dans des régions que l'une des parties, sinon toutes, désirent éviter. C'est parfois en remuant le couteau dans la plaie que l'on évoque le plus rapidement l'âme.

Une autre métaphore intéressante de la vie moderne, le «bilan», trahit l'importance exagérée que nous accordons aux conclusions et aux applications. La conversation ne fait aucun «bilan», elle n'a pas de but précis, elle se contente en général d'ouvrir la voie d'une autre conversation au lieu de présenter une solution ou une réponse. Peut-être devrons-nous modifier radicalement notre conception de la vraie conversation, celle qui triture les idées et les expériences, qui satisfait l'âme par ses nuances plutôt que par des découvertes ou des explications extraordinaires.

Étant donné que l'objet de la discussion revêt une importance considérable dans la conversation, l'*ego* n'y prend pas une grande part. Les gens qui essaient à tout prix de damer le pion à leur interlocuteur, de faire admettre leur point de vue, de prêcher des sermons, de présenter longuement une théorie ou de témoigner d'une conviction ne sont pas engagés dans une conversation. Ces activités sont bourrées de narcissisme et accordent peu de place à l'âme. La conversation est une activité à laquelle l'âme participe en raison de sa nature même. Par conséquent, elle ne laisse qu'une place limitée à l'*ego*.

La conversation flotte entre les interlocuteurs, prend son temps pour s'ébranler, trouve son rythme avant de se terminer dans l'apaisement. Je suppose qu'il est possible de nouer une conversation rapide, mais elle sera forcément tronquée et ne pourra véritablement prétendre à l'authenticité. La vraie conversation progresse à son rythme, dans la direction qui lui convient. Vous remarquerez que lorsqu'une conversation bat son plein, les charnières entre les sujets mentionnés ne sont pas toujours logiques ou prévisibles.

Le plus important, en définitive, c'est peut-être d'apprécier la conversation, de comprendre à quel point elle est précieuse à l'âme et d'admettre que nous pourrions soulager certaines de nos souffrances physiques ou psychologiques en donnant à l'âme ce dont elle a besoin, y compris une nourriture aussi frugale que la conversation. Bien des éléments nutritifs de l'âme sont très ordinaires et, par conséquent, nous avons tendance à les négliger ou à les délaisser en faveur de questions apparemment plus importantes qui exigent notre attention. Il semble peut-être plus important d'aller écouter une conférence que de demeurer tranquillement à deviser avec des amis. Et pourtant, c'est peut-être d'une conversation que l'âme a besoin à ce moment précis, plus que d'un afflux d'information ou de tout autre genre de stimulation.

Certains symptômes pénibles révèlent parfois que l'âme souffre d'un vide qui pourrait être comblé par la conversation. La solitude, l'excès d'occupations, le désir d'être aimé, l'hyperactivité suggèrent tous que l'âme a besoin d'intimité et souhaite s'enraciner. Un historien de la Renaissance a déclaré un jour que Marsilio Ficino, maître en arts de l'âme, était «l'homme le moins actif que l'Histoire ait connu». Oscar Wilde a écrit, à propos de son roman, *Le portrait de Dorian Gray:* «J'ai peur qu'il ne ressemble un peu trop à ma vie, trop de conversation et pas assez d'action[1].» Cela ne veut pas dire que nous devrions tous devenir pantouflards pour sauver notre âme, mais il est possible qu'en accordant plus d'attention à des activités triviales, agréables à l'âme, telles que la conversation à bâtons rompus, nous fassions plaisir à l'âme. La conversation est l'activité sexuelle de l'âme et, comme telle, est particulièrement bien placée pour engendrer l'intimité.

Hermès le facteur: retour aux lettres

L'un des aspects de la vie moderne qui présente le plus gros potentiel nutritif pour l'âme est celui du courrier et de tout ce qui l'accompagne: les lettres, les enveloppes, les boîtes aux lettres, les timbres et, bien entendu, le facteur. Circulaires et factures ne sont que les côtés désagréables d'une institution merveilleuse. D'agréables phantasmes caractérisent l'une des tâches les plus importantes pour la santé de l'âme: la correspondance. L'enveloppe est l'un des rares objets de la civilisation moderne que nous pouvons sceller, créant ainsi un petit espace privé, dans lequel nous pouvons nous exprimer. Les timbres ne sont en général pas de simples symboles d'un échange monétaire mais des images de petit format, ce qui se rapproche le plus, dans notre civilisation, de l'art médiéval de la miniature. Et s'ils intéressent aussi les collectionneurs, c'est en partie en raison du vaste éventail de phantasmes qu'ils illustrent, des personnages célèbres aux échantillons de flore et de faune locales.

La boîte aux lettres est elle aussi imprégnée de sa part de mystère. En général, nous y glissons nos lettres les plus précieuses en sachant qu'à partir de là, elles trouveront le moyen de cheminer tout autour du globe. J'imagine parfois la boîte aux lettres comme un trou noir dans lequel mes pensées et sentiments sont absorbés jusqu'à ce que mon correspondant réussisse, par une opération qui tient de la magie, à les récupérer pour participer à ce petit rituel d'auto-expression. Je comprends pourquoi les civilisations d'antan scellaient leurs missives avec un cachet de cire, non seulement pour en tenir le contenu secret, mais aussi pour rendre hommage au caractère sacré d'une lettre. Le rituel du sceau obligeait à utiliser une flamme pour chauffer la cire, matériau qui, contrairement à la colle, n'est pas uniquement fonctionnel, mais possède des propriétés esthétiques et des connotations religieuses.

Je n'ai pas l'intention, ici, de mythifier l'art épistolaire, mais je voudrais simplement souligner les phantasmes et le rituel qui imprègnent cette importante technique d'intimité. Lorsque nous décrivons nos pensées et nos émotions dans une lettre, elles subissent une transformation. Elles ne sont plus tout à fait identiques à celles que nous exprimons verbalement. Elles se placent dans un contexte différent, très particulier, à un palier autre que celui des paroles et servent la faculté de rumination de l'âme plutôt que la faculté de compréhension de l'esprit.

Une femme qui vivait un mariage incertain, qui se demandait si son couple allait survivre à la tourmente, m'a raconté que même après avoir passé des heures à parler avec son mari, elle ressentait parfois le besoin de lui écrire car elle avait l'impression que sa lettre la faisait pénétrer dans une nouvelle dimension d'intimité. Une autre femme m'a expliqué que lorsque son exaspération était à son comble, elle cessait de discuter avec son mari et s'installait tranquillement à la table de la cuisine pour lui écrire une lettre qu'elle lui apportait ensuite dans la salle de séjour. Toutes les deux avaient l'impression qu'une lettre était plus susceptible de toucher le cœur de leur conjoint que de simples paroles. Un jeune homme qui suivait une thérapie avec moi, m'a raconté qu'il avait beaucoup de difficulté à expliquer à une collègue de travail qu'il aimerait entretenir avec elle une relation plus intime. «Peut-être lui écrirai-je», conclut-il, «ainsi, elle saura exactement ce que j'éprouve.» Je ne crois pas que l'on puisse affirmer que la lettre n'est qu'un simple moyen de communication, comme les autres. Ces trois personnes ont ressenti le besoin de mêler leur âme à celle de quelqu'un d'autre et, pour chacune d'entre elles, la lettre était le meilleur moyen d'y parvenir.

À de nombreuses reprises, j'ai reçu de certains patients des lettres qu'ils m'écrivaient entre leurs séances hebdomadaires de thérapie. Je sais qu'en général, les thérapeutes considèrent cette initiative des patients comme une tentative de domination. En ce qui me concerne, j'ai plutôt l'impression que pour les patients, la parole seule ne suffit pas à exprimer tout ce qu'ils souhaitent transmettre à l'âme par voie de la thérapie.

Il faut plus de temps pour écrire que pour parler. Une lettre exige un certain degré d'habileté, une certaine réflexion. Les écrits restent, pour être relus. Parfois, nous les rangeons afin de pouvoir les relire plus tard ou pour qu'ils soient exhumés un jour ou l'autre par quelqu'un d'autre, espion inconnu et involontaire de nos confidences. Tous ces aspects de la lettre invitent l'âme à s'exprimer. En relisant une missive, nous pratiquons une sorte de méditation réfléchie; en la conservant, nous honorons le souvenir de notre correspondant et pas seulement sa vie quotidienne; en nous adressant à un lecteur qui n'existe pas encore, nous rendons hommage à la pérennité de l'âme.

Il est passionnant de lire la correspondance d'artistes et d'écrivains qui se révèlent tout particulièrement dans les lettres aux amis, aux amants, à la famille ou à des étrangers. J'adore lire les lettres d'hommes et de femmes illustres, car j'espère toujours y glaner une parcelle de leur âme, différente de ce que révèle d'eux leur art officiel, qui m'aidera à mieux comprendre leur œuvre grâce aux formes d'expression particulières que suggère une lettre.

Les limites de l'art épistolaire, qui ont fait le sujet de nombreux essais au cours des temps, contribuent aussi à donner à une lettre le poids de l'âme. Par écrit, nous ne nous éternisons pas sur un sujet, comme nous pouvons le faire verbalement. Nous choisissons plus soigneusement nos mots, même lorsque nous écrivons une lettre sans fioritures, et nous réfléchissons à ce que nous souhaitons inclure ou passer sous silence. Ces jugements esthétiques de tous les jours donnent des connotations artistiques aux lettres et c'est cet art épistolaire qui, plus que tout, nous ouvre la voie de l'âme.

On a souvent remarqué que même lorsqu'une lettre était adressée à une personne en particulier, elle pouvait aussi permettre à l'auteur de se plonger dans une réflexion profonde. À ce moment-là, l'idée du destinataire façonne et colore la réflexion de l'auteur. Emily Dickinson a constaté qu'une lettre «[lui] rappelait l'immortalité, car elle représentait l'esprit dépourvu de son ami le corps[2].» Dans une certaine mesure et peut-être plus encore que nous le croyons, la personne à laquelle nous écrivons est plus imaginaire que réelle. Lorsque nous décrivons nos pensées, c'est cette personne qui occupe notre esprit et nous lui faisons part d'idées qui nous appartiennent, qui pour une large part, ne sont destinées à être lues que par nous. Bien des gens avouent écrire des lettres qu'ils n'envoient jamais.

Dans les lettres, nous avons tendance à obéir à la même illusion que lorsque nous nous exprimons verbalement. Nous ne nous rendons pas compte que la personne à laquelle nous nous adressons, dont nous parlons, est en gros l'âme que nous possédons en notre for intérieur. Chaque jour, un patient me parle, avec une certaine passion, de son partenaire, d'un conjoint, d'un ami ou d'un associé dont le comportement l'outrage. Sa manière de s'exprimer me fait comprendre qu'il s'extériorise entièrement pour éviter d'avoir à intérioriser les mêmes problèmes, qui se rapportent à lui. Par conséquent, en écrivant une lettre, nous essayons de résoudre un problème de l'âme, comme si ce problème concernait quelqu'un d'autre. Je lis les gracieuses lettres de Marsilio Ficino non pour en apprendre davantage sur ses relations avec ses amis, mais pour mieux connaître sa propre vie et ses pensées.

Le film extraordinaire de Paul Cox, *The Man of Flowers*, contient une scène merveilleuse, dans laquelle l'étrange anti-héros va trouver le facteur qui livre une lettre écrite par la «mère» du personnage, une lettre qu'il a en fait rédigée et postée lui-même la veille. Dans un certain sens, toutes nos lettres ressemblent à celle-ci. Nous entendons les paroles de l'autre à travers les couleurs et les tons des personnages de notre âme et nous écrivons à nos amis en exprimant nos pensées à ces personnages, que nous connaissons bien puisqu'ils vivent en nous. Je me souviens de ces paroles mystérieuses, au début du livre de Jung, *Souvenirs, rêves, réflexions:* «Les autres ne sont fixés à jamais dans mes souvenirs que si leurs noms sont inscrits sur les parchemins de mon destin dès le départ, afin qu'en les rencontrant ensuite, j'aie l'impression de les avoir déjà vus quelque part.» La théorie de l'amitié élaborée par Ficino s'articule autour de l'idée selon laquelle deux amis vivent chacun dans le cœur de l'autre. Dans nos lettres, nous rappelons nos souvenirs et nous conversons avec l'âme, par l'intermédiaire de nos amis et de nous-mêmes[3].

En lisant les lettres de quelqu'un d'autre, qu'il s'agisse de missives publiées ou de lettres qui nous sont destinées, nous écoutons les souvenirs de notre ami. L'intimité, par sa nature même, estompe les frontières qui nous séparent des autres. La femme qui cesse de se quereller avec son mari pour lui écrire une lettre s'efforce d'inciter celui-ci à mieux l'écouter et à mieux la voir. Elle sait intuitivement que la lettre franchira l'obstacle qui les sépare alors que les paroles visent à pénétrer l'autre en un échange que polarisent les luttes pour le pouvoir.

J'ai déjà dit qu'au cours d'une séance de thérapie, je demande souvent à l'un des membres du couple d'écouter pendant que l'autre parle. Je n'essaie pas de les aider à communiquer, mais à écouter ce que l'autre veut dire, à apercevoir l'âme de l'autre. Une lettre, par sa nature même, engendre cette situation, car nous la lisons d'un bout à l'autre avant d'y répondre; nous n'interrompons pas notre interlocuteur avant qu'il ait fini de parler, comme c'est le cas pendant une querelle. Nous lisons la lettre, nous y réfléchissons, nous la relisons, puis nous y répondons après avoir assimilé les souvenirs de l'autre.

L'histoire de la peinture universelle nous révèle à quel point la lettre est un sujet favori des peintres. Certains d'entre eux, tels que Vermeer avec *La lettre*, capturent l'effet émotif d'une lettre sur la personne qui la lit. Ces tableaux nous permettent parfois de deviner le contenu de la lettre à l'aide d'éléments symboliques ou d'images qui décrivent clairement certaines situations ou émotions[4]. Le peintre utilise un moyen indirect particulièrement fascinant pour nous informer de la teneur de la lettre, nous fournissant des indices sans pour autant trahir le caractère confidentiel du message, son aspect réfléchi et intérieur.

Dans les films, lorsque le contenu d'une lettre est important pour que nous puissions suivre l'intrigue, le réalisateur nous permet de lire nous-mêmes le message, par-dessus l'épaule de l'auteur ou du destinataire. À d'autres moments, nous entendons la voix de l'auteur lire la lettre au fur et à mesure qu'il l'écrit. Cette technique est d'ailleurs étrange. Le public entend une voix désincarnée qu'il ne pourrait jamais entendre autrement qu'au cinéma ou dans son imagination. Je veux dire par là que lorsque nous lisons une lettre, nous entendons peut-être la voix de l'auteur qui nous parle, mais cette voix est le produit de notre imagination.

Dans une lettre, nous donnons une présence à nos pensées, une existence en dehors de nous-mêmes. Nos paroles ont souvent une fonction à remplir tandis que nos lettres sont plutôt destinées à la réflexion. Le passage de la fonction à la réflexion invite l'âme à participer, nous laisse plus de temps pour ruminer les mots et nous permet de revenir au texte tout à loisir. Dans une lettre, nos paroles deviennent de la littérature de tous les jours et c'est pourquoi l'imagination peut jouer un rôle si important.

Le facteur, c'est Hermès, et pas seulement parce qu'il transporte le message d'un endroit à l'autre, mais aussi parce qu'il est le messager de l'âme. Mercure, l'esprit de l'art épistolaire, porte le qualificatif de «psychopompe», à savoir qu'il «conduit les âmes». C'est à juste titre que les messageries et les fleuristes choisissent comme logo une image de Mercure aux sandales ailées. L'âme a terriblement besoin de Mercure-Hermès, d'un moyen de se lier à une autre âme, de jeter un pont entre les aspects superficiels de la vie et les profondeurs du monde chthonien. Ce sont là les fonctions classiques de Mercure et elles suggèrent que les lettres, dans la mesure où elles sont l'œuvre du dieu messager, parlent à une profondeur de l'âme, à un palier de l'imagination bien plus lointain que nous le croyons. C'est pourquoi elles sont si importantes pour nourrir notre âme.

Le petit rituel qui consiste à ranger les lettres dans une boîte ou tout autre récipient, à les jeter au fond d'un tiroir ou à les classer soigneusement sur une étagère, traduit également la présence de l'âme. Ainsi, les lettres sont appréciées, retirées du temps et dépourvues de leur fonction. Elles ne servent plus de moyen de communication. En rangeant les lettres, nous conservons nos réflexions avec nous, nous reconnaissons, même de manière intuitive, leur nature objective et leur pertinence éternelle. L'âme veut posséder sa propre réalité, au-delà de nos réflexions et idées intérieures. Elle doit se loger dans les objets et, pour l'âme de l'intimité, il n'est de meilleure demeure que des lettres personnelles que l'on conserve toute sa vie.

Les boîtes dans lesquelles nous rangeons nos lettres sont véritablement sacrées, comme les décrit Lynda Sexson dans son livre, *Ordinarily Sacred*. Elles font écho à des objets tels que l'arche d'alliance ou le tabernacle. Lorsque nous les exhumons, notre attention cesse de se fixer sur les préoccupations du moment pour se placer dans un cadre éternel. Ces actes hors du temps nourrissent l'âme de souvenirs et de mélancolie indispensables. Du point de vue de l'âme, il ne faut pas se débarrasser du passé. Il vaut mieux revoir des moments pénibles ou, au contraire, agréables, en nous gardant ainsi intacts, entiers et nourris de l'intérieur.

Une longue tradition d'essais sur l'art épistolaire met l'accent sur la forme que nous donnons à nos pensées et sentiments. Érasme de Rotterdam, lui-même correspondant prolifique, s'intéressa à ce débat et écrivit un jour: «Une lettre est une conversation mutuelle entre amis absents, qui ne devrait être ni rugueuse, ni brute, ni artificielle, ni limitée à un sujet unique, ni d'une longueur ennuyeuse. L'art épistolaire privilégie la simplicité, la franchise, l'humour et l'esprit.»

Ces quatre vertus sont également les empreintes de l'âme. Je répète volontiers que l'âme est complexe et que c'est justement pendant les moments complexes de la vie qu'elle a tendance à se manifester. En général, je recommande de ne pas délaisser la complexité au profit d'une interprétation ou solution simpliste. Toutefois, il existe un type de simplicité qui plaît à l'âme. En effet, la simplicité et la franchise du langage, l'expression directe des sentiments et situations nous permettent d'être transparents et bien visibles. C'est grâce à ces formes d'expression simple que l'âme transparaît et, par conséquent, elles doivent caractériser l'art épistolaire.

L'humour et l'esprit, deux des qualités prisées par Érasme, sont également des indices de la présence de l'âme. Un être austère et sobre est privé de la perspective ironique de l'âme. L'âme est toujours polycentrique, toujours capable d'envisager une situation à partir de plusieurs points de vue. L'humour peut se définir en partie comme le plaisir suscité par la capacité de voir plusieurs de ces points de vue. C'est pourquoi il nous permet de considérer sous un autre angle des événements malheureux, voire tragiques, en nous libérant de la tyrannie d'une vision étriquée.

L'humour permet à deux personnes d'apprécier leur compagnie mutuelle et de toucher du doigt les aspects sérieux et pénibles de la vie quotidienne sans plonger dans le désespoir. Les gens qui veulent absolument être parfaits ou qui sont incapables d'admettre qu'ils vivent des situations douloureuses ou impossibles peuvent difficilement connaître l'intimité. Ils partagent l'artifice commun de la perfection, mais négligent l'âme qui, justement, ne parvient à prospérer qu'en l'absence de perfection. L'humour nous permet d'accepter l'échec ou l'insatisfaction sans éprouver le sentiment d'une défaite totale. Étant donné que les lettres nous permettent de prendre quelques distances et d'acquérir une certaine perspective, qu'elles représentent une forme d'art qui appartient à la vie de tous les jours, elles nous invitent aussi à faire preuve de l'imagination et de la largeur de vues nécessaires pour introduire l'humour.

Le dernier indice de la présence de l'âme, selon Érasme, représente, pour moi, le test le plus concluant: l'esprit. Il est évident qu'un certain type d'esprit demeure superficiel, fait uniquement appel aux qualités mentales et se trouve dépourvu d'âme. Mais il en existe un autre genre, parallèle à l'humour, versatile et imprégné d'âme. Tous les grands écrivains de l'âme le possèdent. Prenons par exemple Ficino qui ne cesse de faire des jeux de mots sur les noms de ses amis ou Emerson dont le style se caractérise par son originalité. Il n'est pas facile d'avoir de l'esprit tout en évitant à la fois l'amertume et le sarcasme, la légèreté et la stupidité. Mais le véritable esprit permet à l'âme de suinter par les fentes de notre sérieux.

Dans une lettre à son cousin Sebastiano Salvini, Ficino énumère les qualités qu'il aimerait trouver dans sa correspondance: «Dans une lettre, je recherche la clarté et la concision, la pénétration et la grâce, l'esprit et le sérieux[5].» Ces qualités mêmes se retrouvent dans les écrits de Ficino et dans les lettres de bien d'autres auteurs qui ont instillé leurs sentiments dans leur art épistolaire. Toutefois, Ficino omet de mentionner une caractéristique que nous retrouvons chez lui comme chez d'autres illustres correspondants, soit la faculté impressionnante d'ouvrir son cœur et d'exprimer son affection. Dans une lettre à son ami intime, Giovanni Cavalcanti, Ficino écrit: «Ce soir, j'ai décidé qu'au matin je t'écrirai ces paroles: "Reviens, mon héros! Reviens, vole vers moi, je t'en supplie!" Puis, après mûre réflexion, j'ai préféré taire mon désir de te revoir car j'ai pensé que tu reviendrais d'autant plus vite si tu me croyais en colère. Car je le suis! Mais à quoi cela servirait-il? La colère touchera-t-elle celui que l'affection laisse imperturbable? Je ne le crois pas. C'est pourquoi j'ignore à quoi je devrais avoir recours: les supplications ou les remontrances[5].»

Faisant preuve d'une franchise semblable, Marcel Proust écrit au prince Antoine Bibesco:

Mon petit Antoine,

Je ne sais rien de toi et malgré cela, j'en sais trop, car j'éprouve, en pensant à toi, c'est-à-dire tout le temps, ce qu'on éprouve dans la jalousie, bien que cela n'ait aucun rapport. Je veux dire, sans pouvoir rien savoir de précis, imaginer sans cesse tout ce qui peut le plus vous torturer, c'est-à-dire te voir à toute minute ou, avec un calme effrayant, à te désoler de ne plus te voir pleurer pour te détendre un peu[6].

Ces formes d'expiation des sentiments peuvent paraître exceptionnellement révélatrices, mais elles permettent visiblement à l'auteur de la lettre d'analyser ses émotions et son vécu au moment même où il les exprime. Plus nous nous enfonçons profondément dans les expériences de l'âme, plus les sentiments s'expriment de manière vivace et, dans l'ensemble, une imagination fertile enrichit notre vie émotive. Nous avons besoin de mots, d'images et de gestes qui sont en harmonie avec l'âme. Faibles ou superficiels, ils ne peuvent que créer une discordance.

Le célèbre ami d'Érasme, Thomas More, lui-même correspondant chevronné, homme complexe et raffiné, était capable d'écrire ou de parler dans les circonstances les plus dramatiques sans jamais perdre son sens de l'humour, son esprit, sa profonde compassion et sa franche simplicité. Dans la dernière lettre qu'il écrivit à sa fille bien-aimée, la veille de son exécution, il dit: «Je te charge d'un grand poids, ma bonne Margaret, mais je serais navré si tu devais le porter au-delà de demain, car nous sommes à la veille de la Saint-Thomas et le huitième jour après la fête de Saint-Pierre. Demain je retourne vers Dieu et c'est un jour qui me convient très bien. Je n'ai jamais mieux aimé ton attitude envers moi que lorsque tu m'as embrassé pour la dernière fois, car l'amour filial et la véritable charité n'ont nul besoin de s'encombrer de courtoisie mondaine.»

Ces passages écrits avec toute la simplicité de l'émotion profonde et de l'élégance du langage illustrent comment l'affection, la crainte et la conviction peuvent être façonnées par la langue écrite afin de n'être pas seulement exprimées, mais renfermées dans des mots qui approfondissent leur sens et leur permettent de continuer à résonner avec harmonie pendant des siècles, suscitant ces mêmes émotions chez quiconque les lit des centaines d'années plus tard. L'âme de ces paroles consiste notamment en leur capacité de toucher les autres âmes, de jeter un pont par-delà des siècles de sentiment et de foi.

Les lettres nous offrent l'occasion d'exprimer nos sentiments, surtout lorsque l'âme traverse une crise bouleversante. Prenons l'exemple de Virginia Woolf, qui écrit à sa sœur Vanessa Bell pour lui faire part de sa propre jalousie: «Me préfères-tu Helen Anrep? La déesse verte, Jalousie, s'est posée sur mon oreiller ce matin même et a percé mon cœur de ses flèches amères. Je crois que tu la préfères. Ce n'est pas ma blessure intime que je déplore, c'est ton manque de goût. Naturellement, j'admets qu'elle a le charme d'une rose trémière et dans sa poitrine, au lieu d'une goutte de rosée, c'est un cœur qui bat[7].»

La dernière lettre d'Emily Dickinson, adressée à Louise et Frances Norcross durant le mois qui précéda sa mort, présente toutes les qualités traditionnelles d'une lettre partie de l'âme: concision, clarté, affection... et pénétration, tout cela dans un bref adieu: «Petites cousines, je suis rappelée. Emily[8].»

On me demande souvent, dans le contexte de la psychothérapie ou du soin de l'âme, ce qu'il faut faire pour l'âme. «Pouvez-vous me donner une idée pratique?» Il est difficile de traduire des idées relatives à la refonte totale de la vie en conseils pratiques que chacun pourrait adapter à son quotidien. En général, les questions portent sur des problèmes précis: «Comment me sortir de cette situation déplorable?» Mais dans ce chapitre, nous avons examiné certaines questions pratiques qui se trouvent à la portée de tout le monde. Peut-être ne paraissent-elles pas thérapeutiques, mais c'est uniquement parce que nous en sommes venus à considérer la thérapie comme un traitement quasi médical ou comme l'élimination des symptômes. Ces méthodes plus «artistiques» de soigner l'âme non seulement nous offrent un moyen tonique d'être à la hauteur de nos souffrances émotives, mais encore nous ouvrent la voie d'une existence plus agréable et imprégnée d'âme.

Toutes ces méthodes font appel à l'auto-expression, à la réflexion et au talent. Trouver les mots qui expriment réellement nos sentiments et nos expériences est un exploit remarquable. Donner une dimension à notre style, dans nos conversations ou nos lettres, nos journaux intimes ou nos réunions, à la maison ou sur le lieu de travail, se révélera particulièrement utile pour ancrer l'âme dans notre vie. Bien entendu, c'est en partie une question de goût personnel, mais c'est justement là que se situe le merveilleux de la chose. L'individualité est un élément important de l'âme et tout style authentique encourage l'auto-expression et la personnalité.

Les exemples de conversations ou de lettres que j'ai donnés ici relèvent de la vie personnelle, mais rien ne nous empêche d'accorder la même attention au style, à l'utilisation des mots, à l'expression de nos sentiments dans nos lettres d'affaires et dans toutes nos formes de communication. Ce que je veux dire par là, c'est que l'âme peut imprégner tous les aspects de notre quotidien et pas uniquement notre vie privée.

Comprendre que le style et l'expression du talent invitent l'âme à se manifester, enrichissant considérablement la vie, est déjà un grand pas en avant dans la direction des soins qu'il faut prodiguer à l'âme dans nos relations avec autrui. Losque le style se marie à une expression sincère, rien n'est plus puissant, plus créatif. À l'ère qui s'annonce, au cours de laquelle la résolution pure et simple de problèmes pourrait bien perdre de son importance, il sera peut-être possible de modifier notre attitude, d'estomper notre désir obsessionnel de tout comprendre et de tout changer afin de viser la beauté et la sincérité dans nos relations avec le monde en général et avec nos proches en particulier.

CHAPITRE SEPT

Illusions créatives de l'amour romantique

... et ce fut le vent d'ouest qui s'empara d'elle tandis qu'elle s'élevait depuis l'onde génitale, et qui la souleva sur l'écume délicate pour l'emporter jusqu'à son île...

... et ces amantes de la difficulté, les Heures de la journée dorée l'accueillirent, la vêtirent, comme si elles l'avaient elles-mêmes conçue, car elles avaient hâte de conduire cette nouvelle divinité née de la bordure rosée de la mer...

Charles Olson, *The Ring Of*

L'intimité naît parfois d'éléments si profondément enfouis, si proches de la nature, si étroitement enchâssés à elle, que les émotions qui l'accompagnent sont d'une puissance presque insupportable. Le poète américain Charles Olson décrit merveilleusement cette nature élémentaire dans son poème *The Ring Of*, son hymne personnel à Aphrodite Anadyomène, la déesse qui émerge de l'écume de la mer, une image rendue célèbre par le tableau de Botticelli, *La naissance de Vénus*.

Aphrodite, la déesse qui suscite les émotions sensuelles de l'amour romantique, pénètre dans la vie comme poussée par le vent et elle s'élève depuis les ondes de sentiments génitaux qui sont à l'origine de l'attirance sexuelle. Le poème d'Olson, tel un ancien hymne grec, loue cette déesse dont la complexité et le pouvoir sont difficiles à apprécier dans le monde moderne. Olson sous-entend que nos ondes de désir sexuel, cette attirance élémentaire, parfois impersonnelle que nous ressentons, ont quelque chose de divin. Les sensations évoquées par la sexualité et l'amour romantique contiennent un pouvoir éternel.

Le plus difficile, comme le suggère le poète, consiste à vêtir cette divinité des détails de la vie quotidienne, les Heures. Botticelli a peint l'une des Heures tenant une robe fleurie à la main, prête à la poser sur le corps de la déesse. Notre tâche consiste à trouver le moyen de tisser des émotions profondes dans notre vie quotidienne, à revêtir l'éternité du manteau du temps. Comment? En épousant la personne qui éveille notre passion? En vivant nos phantasmes sexuels? En passant d'une partenaire à l'autre à la recherche de la déesse? En brisant un mariage parce que le vent d'ouest a fait sont œuvre une fois de plus, apportant une autre visite de cette déesse née «de la bordure rosée de la mer»?

Nous sommes souvent déchirés dans notre interprétation de la naissance des passions d'Aphrodite. D'un côté, nous les recherchons frénétiquement, en nous joignant à des groupes pour cette seule raison, ou en faisant paraître des annonces personnelles. Les publicistes sont convaincus de pouvoir nous vendre n'importe quel produit qu'ils pourraient inventer et emballer s'ils nous promettent Aphrodite en prime. La méthode éprouvée qui consiste à placer des mannequins en tenue plus que légère — hommes ou femmes — à proximité de l'objet convoité par le consommateur est efficace parce qu'elle évoque la Beauté nue, élémentaire, surgissant de l'onde, la Beauté que tous, nous désirons, à n'importe quel prix.

D'un autre côté, les puristes religieux se plaignent de la nudité d'Aphrodite. Les psychologues eux-mêmes se font moralisateurs lorsqu'ils essaient d'expliquer à leurs patients que l'amour romantique est une illusion, une projection, une obsession, une fixation parentale ou une possession de l'*anima*. Eusèbe, historien du Moyen-Âge, raconte que lorsque les Croisés se mirent à attaquer et à raser les temples païens de la Méditerranée, non seulement détruisaient-ils les sanctuaires d'Aphrodite, mais encore retournaient-ils la terre sur laquelle ils avaient été construits, comme pour déraciner complètement tout vestige de cette scandaleuse divinité. Notre moralisme psychologique nous incite peut-être aussi à déraciner l'appel palpitant du plaisir et de la beauté.

Pour remédier à cette attitude contradictoire à l'égard de la passion romantique et de l'attirance sexuelle, nous pourrions tenter d'accorder à chaque démarche sa validité et sa valeur. Il est évident que l'attirance sexuelle peut déboucher sur l'intimité, sur le mariage et la famille. Mais l'appel de Vénus peut aussi aboutir à l'adultère, troubler et détruire un mariage et nous pouvons facilement confondre une attirance sexuelle ou romantique avec le désir du mariage ou d'une amitié profonde.

L'attirance sexuelle et l'amour romantique sont aussi séduisants que dangereux. Cette ambiguïté, qui peut aller jusqu'à la duplicité, est inhérente à leur nature. Aphrodite est parfois qualifiée de «déesse au regard trouble», ce qui suggère qu'elle n'est pas toujours franche et que sa sphère d'influence n'est pas forcément bien définie. Nous avons de bonnes raisons de nous méfier, mais la beauté, la séduction et la vitalité de la déesse sont telles, qu'en dépit des dangers, nous sommes irrésistiblement attirés vers elle.

Nous pourrions établir une distinction entre une sage circonspection et la résistance moralisatrice par laquelle nous nous défendons contre les sortilèges de la sexualité et de l'amour romantique. Le moralisme, quel qu'il soit, sert habituellement de bouclier face aux puissantes forces de la vie. Tout comme nous pourrions nous retirer dans notre coquille pour lutter contre une dépression envahissante ou rechercher le moyen le plus rapide de vaincre une jalousie inquiétante, nous pourrions tout naturellement trouver, dans le moralisme, une défense contre l'attirance sexuelle et les sentiments romanesques. Mais, contrairement à la circonspection, le moralisme nous empêche de pénétrer dans l'aspect de la vie qui se présente à nous. C'est pourquoi, en décidant de ne pas y faire appel, nous pourrions au contraire essayer de définir la situation dans laquelle nous acceptons de nous placer, sans pour autant adopter l'attitude défensive de la condamnation.

Peut-être nous faudra-t-il du temps pour découvrir dans quelle mesure nous désirons vivre une relation amoureuse particulière. Nos premières images de cette relation pourraient se révéler trop optimistes, ou trop littérales. Le «coup de foudre» n'est pas toujours le coup d'envoi d'une relation de longue haleine. Il arrive que les desseins de l'âme ne se révèlent à nous qu'au bout d'un certain temps et que la situation finale soit très différente de nos impressions et de nos espoirs initiaux. Dans l'un des Hymnes homériques à Aphrodite, que l'on date des premiers siècles de l'ère archaïque, Aphrodite, dévorée de désir pour Anchise, un simple mortel, lui conte ses déboires fictifs et lui parle de sa propre innocence, sans que son récit contienne un brin de vérité. Il est bien difficile pour ceux d'entre nous qui ont entendu, dès leur enfance, des histoires sacrées où la vérité et la vertu étaient placées sur un piédestal d'apprécier l'objectif d'un conte destiné à tromper la personne auquel il est destiné. Pourtant, je ferai ici une observation cruciale: l'attirance sexuelle, quelles que soient sa beauté et sa grâce, contient ses propres séductions et supercheries, et ce sont elles qui donnent à la sexualité sa texture et ses dimensions somptueuses tout en la rendant parfois difficile à vivre. Comme l'a observé Ficino, nous goûtons à l'amour mais nous avons du mal à en distinguer toutes les saveurs.

Cela ne veut pas dire que nous devrions tourner le dos à la sexualité et à l'amour romantique en raison de leur duplicité intrinsèque. Nous devrions toutefois comprendre que la tromperie est un ingrédient inhérent et nécessaire de l'attirance sexuelle. Sachant parfaitement qu'Aphrodite va nous tendre des pièges, nous pourrions entrer dans sa sphère d'influence sans naïveté mais en faisant preuve de discernement et de sensibilité. Nous pourrions même imaginer qu'une partie de l'initiation à une relation sexuelle consiste à aiguiser notre perception, à perdre notre innocence, à découvrir que la vie exige des jugements pénétrants et dépourvus de sentimentalisme. Ou, dans un autre ordre d'idées, l'amour romantique pourrait nous faire entrer dans un monde entièrement différent, où notre vécu se complique et s'intensifie comme il ne l'a encore jamais fait. Dans le *maelström* de cette nouvelle vie, aussi palpitante qu'elle soit, peut-être nous sentons-nous un peu perdus. Nous risquons à ce moment-là de prendre des décisions erronées, mais nous aurons franchi le seuil d'un monde plus riche, après avoir abandonné la simplicité enfantine pour découvrir la complexité de l'adulte.

L'ombre d'Aphrodite n'est pas toujours facile à distinguer. Une attirance sexuelle peut nous paraître, au départ, innocente et légère. Nous imprégnons notre nouvelle aventure sentimentale d'images positives de l'autre et de l'avenir. Pourtant, nous savons tous que les relations sexuelles et les aventures sentimentales peuvent déboucher sur des liaisons pénibles, susceptibles de se prolonger douloureusement pendant des années. La sexualité peut aboutir à une grossesse ou à un avortement, à des maladies sexuellement transmissibles ou à des relations obscures, brutales, voire meurtrières.

La séduction d'Aphrodite est parfois trompeuse et pourtant, elle remplit une fonction cruciale dans l'accomplissement des desseins bruts de la nature. Dans l'ordre des choses, Vénus se trouve aussi être la déesse des jardins et, comme l'a dépeint Botticelli dans son célèbre tableau, *Le Printemps*, elle se dissimule au plus profond des ombrages verdoyants des forêts et des parcs, déesse de la nature tout autant que patronne de la danse civilisée des grâces humaines. Les rets de l'amour romantique nous enferment dans le cycle le plus physique, le plus élémentaire, le plus vital de l'existence, des rendez-vous amoureux à l'accouchement, de la cour à la famille, des joies frivoles du flirt à la douleur déchirante de la séparation et de la mort.

Il ne sert à rien de rejeter les tentations d'Aphrodite sous le prétexte qu'elles sont illusoires. Son mythe se résume en une délicate vérité, le paradoxe selon lequel la vie s'articule autour des illusions qu'elle tisse et nous nous lançons dans les entreprises les plus ardues parce que nous acceptons l'idée d'échouer et de perdre la face. Cela nous ramène aux anciens préceptes, selon lesquels en plongeant dans une existence effrénée, nous acceptons les rites initiatiques les plus douloureux qui nous conduiront jusqu'aux mystères les plus obscurs. Les duperies superficielles, semble-t-il, sont au service des racines les plus profondes de notre nature.

Nous pouvons aussi aborder le problème de l'amour romantique dans le contexte de l'imagerie mythologique en constatant que dans toute religion polythéiste chaque dieu ou déesse a son propre code de moralité. Chacun d'eux a ses tablettes de la Loi, ses dix commandements qui, parfois, sont en contradiction les uns avec les autres. Par exemple, l'un des commandements d'Artémis interdit de se laisser aller aux désirs sexuels. Mais Aphrodite, quant à elle, nous enjoint exactement le contraire, soit de ne pas résister à ces désirs.

Comment vivre ces contradictions? Il existe plusieurs possibilités, en théorie assez simples. À un moment donné de notre vie, par exemple, nous pourrions suivre un code plutôt qu'un autre. Un jeune homme m'a raconté un jour qu'il avait essayé à plusieurs reprises de nouer une relation de longue haleine avec une femme. Il était persuadé, m'a-t-il dit, que c'était la meilleure des solutions. Pourtant, il n'y était jamais parvenu en raison de son désir réel, qui était d'avoir des relations sexuelles avec le plus de femmes possible.

En réaction, quelque chose en moi, certainement relié à mon passé catholique, s'est hérissé. Étant également sensible aux critiques féministes du comportement sexuel anarchique de certains hommes, j'ai frémi. Pourtant, désireux d'honorer les expressions de l'âme, j'ai essayé d'accepter l'idée que, chez cet homme, c'était Aphrodite qui l'emportait. J'ai essayé de l'aider à mettre de l'ordre dans ses sentiments et ses phantasmes, afin qu'il puisse vivre le code de Vénus de manière à la fois profonde et subtile, au lieu de satisfaire ses appétits aux dépens des femmes qu'il rencontrerait ou de son propre désir profond de variété.

La variété est un enchantement polythéiste. Toutefois, il peut arriver qu'un problème se pose si, au niveau immédiat, existentiel, nous oublions qu'Aphrodite est une déesse cosmique autant que personnelle. Le plaisir, la beauté, la sexualité, la sensualité, l'attirance et la concupiscence sont des attributs de la vie, de l'existence même. Ce que nous considérons comme une affaire de cœur qui nous est strictement personnelle revêt parfois des dimensions cosmiques. Si nous recherchons la variété chez nos partenaires sexuels, cela signifie peut-être que nous désirons la variété à un niveau plus profond, au fondement même de notre expérience.

En 1484, Marsilio Ficino publia un livre sur l'amour dans lequel il explorait la question de cette sexualité personnelle et cosmique dans l'imagerie de deux Vénus, l'une céleste et l'autre terrestre. Les deux, explique-t-il, vont habituellement de pair. C'est pourquoi, lorsque nous voyons une personne qui nous paraît belle, nous en venons à réfléchir sur la beauté même. Il est parfois tentant de séparer les deux et de se concentrer sur la beauté physique, en négligeant la Vénus cosmique. Mais à ce moment-là, nous nous rendons coupables de trahison envers l'amour[1].

Il est utile de se remémorer cette conception platonique de l'amour pour l'ajouter à notre expérience personnelle, plus concrète. Mon jeune patient interprétait littéralement ses phantasmes vénusiens de variété sexuelle sur un plan purement physique. En ma qualité de thérapeute, j'essayais d'évoquer l'autre Vénus, la jumelle céleste, celle qui embellit l'âme et l'assortit de plaisir. C'est pourquoi je m'efforçais de sublimer ses pensées concrètes, non pas en leur donnant des formes rationnelles et défensives, mais en suscitant des formes plus subtiles d'elles-mêmes. Ensemble, nous avons laissé ses désirs sexuels précis nous conduire vers une discussion de la beauté, de la variété, du plaisir qui finit par imprégner les tréfonds de l'âme et maints autres aspects de la vie. Il ne s'agissait pas d'éviter la question de la sexualité, en tant que telle, mais plutôt de l'approfondir, de lui donner des dimensions plus grandioses. En fin de compte, cet homme pouvait mettre son imagination au service de ses efforts pour mener une vie sexuelle qui satisferait à la fois ses désirs pressants et les besoins plus profonds de son âme.

Nous pouvons aussi respecter les contradictions de la dimension polythéiste de notre existence en acceptant les sentiments qu'elles éveillent. Il arrive que les valeurs entrent en collision. Peut-être ressentons-nous un désir profond de mener une vie sexuelle satisfaisante tout en appelant, au fond de nous-mêmes, la solitude, voire la chasteté. Dans cette collision de valeurs, la seule possibilité consiste à vivre avec la tension qu'elle suscite. La tendance moderne qui consiste à vouloir à tout prix résoudre la tension dès qu'elle surgit est si inconsciente et elle nous paraît si naturelle qu'au départ, nous risquons de trouver étrange l'idée de demeurer volontairement en situation de conflit interne. Nous recherchons des solutions, nous sommes à l'affût de tout ce qui nous permettra de résoudre nos problèmes le plus vite possible. Pourtant, nous ne perdrons pas au change en acceptant de vivre patiemment nos contradictions et nos paradoxes.

Parmi les avantages de cette patience, le premier consiste en une expansion de l'âme. Avec le temps, la tension suscite des pensées, des souvenirs et des images qui élargissent l'imagination. L'âme se dilate au fur et à mesure qu'elle accueille de nouvelles pensées au lieu de se contracter pour ne plus laisser de place qu'à une solution unique. Une âme plus riche nous permet d'accroître notre sagesse et nous apprend à accepter maints aspects de notre vie.

Ce n'est pas tout. Nous parvenons aussi parfois à cerner des solutions plus profondes, plus durables. Lorsque nous nous précipitons pour résoudre un problème, la solution sera, par la force des choses, toute faite ou rapidement concoctée, sans doute par notre *ego*. Mais si nous essayons de supporter la tension créée par le choc de deux mondes, une solution inattendue finira par émerger de la faille que cette tension a ouverte à la surface de notre âme. En tolérant des moments chaotiques, nous verrons émerger une lumière toute neuve.

Cette conception de nos contradictions implique que nous n'avons nul besoin de prendre parti, soit en rejetant les attaques moralisatrices de la sexualité ou de l'amour romantique, soit au contraire en défendant l'amour romantique sans inhibitions. Nous devons écouter avec tolérance tous les phantasmes qui se présentent à nous dans les moments confus. Une petite voix nous dit: «Tu briseras ta vie en te laissant aller à ta passion.» Une autre voix la contredit: «Mais laisse-toi donc aller, ne réprime pas tes appétits comme le faisaient tes parents. Profite de la vie et prends ce dont tu as besoin pour te sentir sexuellement épanoui.» En écoutant ces deux voix, nous atteindrons un jour ou l'autre un terrain exempt de toute opposition et contradiction, mais sans pour autant atteindre un point d'équilibre grâce auquel toute ambiguïté serait résolue. En vivant la tension créée par les diverses revendications de notre âme, nous avançons peu à peu vers une nouvelle perspective grâce à laquelle la lutte de valeurs contradictoires se transformera en une appréciation de la complexité irrésolue. À ce moment-là, les vieilles querelles deviendront désuètes parce qu'elles n'auront plus de place dans notre nouveau point de vue. Nous devrons peut-être faire face à de nouvelles tensions et ambiguïtés peu familières, mais après que notre courage nous aura conduits vers une perspective toute neuve, nous serons mieux équipés pour comprendre ce qui se passe en nous, nous saurons que les illusions et les folies ont un rôle à jouer dans la mystérieuse alchimie de la vie de l'âme.

Le futur de nos illusions

L'amour romantique est une illusion. La plupart d'entre nous découvrent douloureusement cette vérité, à la fin d'une liaison ou lorsque les suaves émotions de l'amour nous entraînent dans le mariage, étouffant les flammes. Mais certains couples ont la chance de vivre une «illusion» toute leur vie, demeurant en partie aveugles à la nature réelle de leur partenaire. Nous ferions bien de nous demander si ces illusions sont un élément essentiel de la vie ou si nous devrions les éviter à l'avenir.

Le mot «illusion» vient du latin *inludere* qui a le sens de «se jouer, se moquer». Depuis des siècles le mot français signifie moquerie, tromperie, voire hallucination. Mais gardons le latin à l'esprit pour nous souvenir que l'illusion peut avoir un caractère espiègle et même compétitif. L'ouvrage célèbre de Johan Huizinga, *Homo Ludens*, définit l'être humain essentiellement comme quelqu'un qui joue. Dans son analyse, toutes nos activités les plus sérieuses, de la guerre aux affaires en passant par la fondation d'un foyer, sont une forme de jeu. Selon lui, si nous mettons de côté les éléments sérieux de la vie au sens littéral, nous trouvons plaisir à expérimenter avec le côté théâtral de nos actes, avec les histoires que nous vivons grâce aux événements de la vie sérieuse, avec les aspects ludiques des affaires et de la politique. L'âme apprécie le côté espiègle de la vie car le jeu élève la lourdeur littérale du quotidien au rang de l'imaginaire. Quelque chose en nous — que les psychologues appellent «ego» — adore l'aspect littéral de nos activités, tandis que l'âme se délecte des éléments imaginaires qui peuvent revêtir la forme d'un poème, d'un rêve ou d'un jeu. Ce qui nourrit l'âme n'est pas exactement identique aux préoccupations et soucis de la vie quotidienne.

Le jeu est un ingrédient des aspects les plus importants de l'existence. Dans le domaine de la guerre, par exemple, les sièges des opérations, les stratégies, l'incertitude sur l'issue du combat, les uniformes, les grades militaires (général, lieutenant, caporal, etc.) sont l'indice de la présence du jeu, aussi dangereux et horrible soit-il. Dans le domaine religieux, les objets sacrés, le langage liturgique, les histoires, les gestes, les couleurs, la nourriture et les habits nous indiquent également qu'une pièce de théâtre sacrée est en train de se dérouler. David Miller, dans son livre extrêmement original, *Gods and Games*, décrit la foi religieuse comme un jeu: «La foi est saisie par une histoire, une vision ou un rituel (jeu). Elle est agrippée, empoignée par un modèle de signification, qui modifie le cours d'une vie, qui devient le paradigme de notre conception du monde[2].»

L'amour romantique est l'un des moyens les plus puissants à notre disposition pour nous extraire de la vie littérale et nous plonger dans le jeu. Lorsque nous vivons les affres de l'amour, nous négligeons nos devoirs et obligations, nous accomplissons des efforts héroïques pour passer le plus de temps possible avec l'être cher, nous avons beau examiner cet être cher sous toutes les coutures, nous sommes aveugles aux défauts qui ne manquent pas d'apparaître à un œil réaliste. Être amoureux, c'est être plongé dans un jeu, être la proie des illusions. Nous sommes véritablement trompés afin que l'âme puisse créer quelque chose à partir de nos émotions et de nos phantasmes.

La description que Freud donne de la dépression pourrait aussi s'appliquer à l'amour. En effet, une personne est déprimée lorsqu'elle rumine beaucoup de pensées, même si son apparence extérieure ne révèle rien du travail qui s'accomplit à l'intérieur. L'amour romantique fait lui aussi appel à un important travail intérieur, le travail de l'âme, même si la conscience semble en proie à une illusion et la vie sérieuse de tous les jours en subit le contrecoup. Du point de vue de l'âme, l'amour romantique est fiable justement parce qu'il met de côté les soucis concrets de la vie quotidienne. L'âme peut alors entrer en lice et son action revêt presque toujours la nature d'un jeu, comique ou tragique.

Nos aînés et conseillers nous avertissent souvent des dangers que présentent les illusions de l'amour. L'amour romantique ne peut déboucher sur une relation authentique, expliquent-ils. Nous pourrions nous égarer. Nous risquons d'épouser quelqu'un qui n'est pas fait pour nous. Nous serons désillusionnés du mariage. Il n'y a qu'un pas, préviennent-ils, de l'amour romantique au divorce.

Tout cela est vrai, naturellement. L'illusion est dangereuse et pourtant, nous continuons naïvement à faire fond sur cette forme d'amour, nous nous délectons des films et des romans qui dépeignent ces illusions. Les critiques déplorent le traitement peu réaliste de l'amour dans les intrigues sentimentales, mais le public continue de regarder ces films et de lire ces livres avec avidité. Notre amour enfantin du romanesque nous permet de défendre le point de vue de l'âme, sa soif de plaisir et son besoin inéluctable d'expériences qui n'aboutissent pas toujours à une vie productive.

Plusieurs personnes m'ont confié qu'elles avaient dû abandonner l'amour pour protéger leur famille ou leur conjoint. Ces passions enfouies ont continué de brûler dans leur cœur, produisant le fiel du ressentiment qui naît du plaisir réprimé. Leur vie est demeurée paisible en apparence, mais leur âme s'est cachée. Dans plus d'un cas, la répression s'est révélée impossible à supporter bien longtemps.

— J'étais marié depuis cinq ans, m'a raconté Étienne, lorsque j'ai rencontré une femme qui a éveillé mon cœur. J'aimais toujours mon épouse et, surtout, je voulais préserver ma famille. Mais cette nouvelle expérience était si douce, si palpitante, que j'ai couru le risque de perdre ma femme et mes enfants.

— Qu'avez-vous fait? ai-je demandé.

— Nous avons commencé par avoir une liaison, très brève. Je ne supportais ni les mensonges ni les tromperies. Je lui ai dit que je ne pouvais abandonner ni ma femme ni ma famille.

— Et ensuite?

— Je me suis senti soulagé, naturellement, de ne plus vivre une double vie. Mais j'ai aussi compris que mon mariage présentait de véritables problèmes. Rien ne s'est amélioré bien que je n'aie jamais cessé d'aimer ma femme et de vouloir garder ma famille. Je rêvais de retrouver l'autre femme, mais il me fallait choisir et c'était à ma famille que je tenais avant tout.

— Où en êtes-vous maintenant?

— L'autre femme a reparu dans ma vie. J'ai recommencé à mentir. Je me sens terriblement mal. Je déteste ce que je fais et, pourtant, je ne parviens pas à me détacher d'elle. Je n'ai plus le choix.

Au cours de mes années de travail thérapeutique, j'ai rencontré beaucoup d'hommes et de femmes dans cette situation. Il s'agissait en général de personnes loyales qui se sentaient déchirées par le conflit entre l'amour sincère qu'elles éprouvaient pour leur conjoint et leur besoin d'une autre relation. Parfois, on a l'impression qu'il s'agit d'une bataille entre l'amour et l'affection solides, profondément personnalisés par le mariage et le sentiment léger, frivole mais pourtant indispensable suscité par une liaison extraconjugale. Cette description rend d'ailleurs la situation encore plus confuse, plus douloureuse. Les prisonniers des doux rets de l'amour romantique le dénigrent parfois en théorie, mais sont prêts à s'y plonger corps et âme en pratique.

Lorsqu'un conflit de ce genre n'est envisagé qu'au plan de la relation littérale, la tension devient intolérable. À ce moment-là, on se force à trouver une solution, mais le problème n'est jamais vraiment résolu.

Si nous comprenons que l'âme a de puissants besoins qui vont à l'encontre de l'engagement de notre vie, que ces besoins ne peuvent être satisfaits sans que nous bouleversions notre vie, nous devrons alors peut-être trouver le moyen de satisfaire le désir d'amour romantique. Aussi peu réaliste qu'il soit par rapport aux bases solides de notre vie, aussi illusoire et dangereux qu'il paraisse, l'amour romantique est pour l'âme un ingrédient aussi important que n'importe quel autre type d'amour. Lorsque la pensée thérapeutique, personnelle ou professionnelle estime que sa tâche consiste au premier chef à nous faire mener une vie conforme à une idée préconçue de ce qui convenable et correct, nous balayons d'un coup beaucoup de progrès accomplis dans le domaine de l'âme. Lorsqu'il s'agit de l'amour romantique, nous n'avons aucune idée de l'endroit où l'«illusion» nous entraîne, de ce qu'elle signifie ou de la meilleure façon de la vivre.

— Ou je quitte ma femme, conclut Étienne, ou j'abandonne une relation que je désire.

Aujourd'hui, lorsque j'entends quelqu'un me présenter de manière aussi confuse et douloureuse une situation de ce genre, mes soupçons s'éveillent automatiquement. Car en envisageant la vie ainsi, nous ne faisons que préserver le *statu quo*. Nous sommes dans l'impasse, il n'y a rien d'autre à faire que de demeurer dans une situation fausse. Selon toute apparence, Étienne préférait cette situation fausse à l'autre possibilité qui s'offrait à lui, soit l'affirmation des deux aspects de sa personnalité, l'aspect émotif et l'aspect intellectuel, qui aurait permis à une solution de se présenter.

Je me souvins alors d'un autre homme, Arthur, dont l'épouse se trouvait dans la même situation qu'Étienne. Arthur m'avait affirmé qu'il n'avait que deux possibilités: une idée sentimentale, illusoire du mariage monogame parfait ou un mariage «libre» sur le plan sexuel. La première option avait abouti à un échec, la seconde ne l'attirait guère.

Dans les deux cas, ma réponse fut la suivante: «Peut-être y a-t-il une troisième possibilité.» Jamais deux sans trois.

— Comment est-ce possible? me demanda Étienne sur un ton incrédule. Je dois décider si je souhaite rentrer pour de bon à la maison ou tout recommencer avec quelqu'un d'autre.

— Il m'est impossible d'imaginer une troisième possibilité, m'avait affirmé Arthur. Un mariage ne peut être que monogame ou le contraire.

Dans son livre, *Three Faces of God*, sur la trinité de tous les aspects de la vie, David Miller nous parle de la nécessité du triangle dans toutes les relations amoureuses. «Il y a un homme, une femme et l'amour. Lorsque cette combinaison s'effondre, il reste parfois un homme, une femme et un animal familier ou un passe-temps partagé. Ou peut-être arrive-t-il un moment où la femme constate, non sans jalousie, que l'homme semble marié à son travail, qui devient le troisième partenaire du mariage. Toute relation amoureuse est un ménage à trois[3]», conclut Miller.

Le troisième partenaire, à mon avis, c'est toujours l'âme. Autrefois, on considérait l'âme comme le troisième facteur entre le corps et l'esprit, entre l'esprit et la matière. C'est l'élément intermédiaire qui sert de liant aux autres. Étienne ne parvenait pas à trouver une solution pour s'extraire de la dualité entre ses pôles d'attraction parce qu'il n'avait pas pris l'âme en considération. Arthur était incapable d'envisager autre chose que le dilemme entre la monogamie et son contraire, parce qu'il ne permettait pas à l'âme de pénétrer dans cette équation. Qu'est-ce que cela signifie pour la personne qui se trouve face au problème et comment pouvons-nous introduire l'âme dans une relation, en qualité de troisième partenaire?

La résolution de problèmes n'est pas un moyen efficace d'introduire l'âme dans la vie. En effet, l'âme se faufile par la brèche qui s'ouvre lorsque nous abandonnons nos efforts ou lorsque nous jetons toute logique aux orties ou encore lorsque la frustration atteint un degré tel que toute tentative de reprendre le dessus ne peut qu'échouer. L'âme apparaît lorsque nous passons au-delà d'un certain degré de perception. Les aspects «héroïques» de la résolution des problèmes tiennent l'âme à distance tandis que c'est la défaite même de notre héroïsme qui laisse entrer l'âme.

Arthur adoptait une attitude d'ingénieur face à son mariage. Il voulait savoir quelle *structure* était susceptible de se révéler efficace. «Je ne crois pas que ce soit une question de monogamie ou de polygamie», lui ai-je expliqué plus d'une fois. Sa première réaction fut d'essayer de m'assommer sous la logique: «C'est l'un ou l'autre. Il n'y a pas d'alternative.» Quelques semaines plus tard, il me révéla: «Je ne peux pas envisager de troisième option mais, si par hasard j'en trouvais une, je serais quand même obligé de décider si je désire un mariage monogame ou non.» Il ne parvenait pas à se débarrasser de cette conception bifide du mariage. Après plusieurs conversations sur l'intimité, je lui dis: «Et si le mariage consistait pour vous à mieux connaître l'âme de votre femme tout en lui permettant de connaître la vôtre? Si vous regardiez tous les deux la vie émerger de cette connaissance et de cet amour mutuels?»

«Peut-être», répondit-il d'une voix hésitante. «Peut-être qu'à ce moment-là nous n'aurions plus à nous préoccuper de savoir si nous voulons ou non un mariage monogame.»

«Peut-être», conclus-je. «Et vous n'auriez peut-être plus de quoi vous inquiéter.»

Tout comme l'imagination est l'indice de l'âme au travail, le souci révèle que l'*ego* fait tout ce qu'il peut, y compris par voie de la compréhension rationnelle et la domination de l'esprit, pour garder l'âme enfermée.

L'âme n'a pas besoin d'être comprise. La seule compréhension qu'elle désire, c'est l'imagination. Elle veut voir les structures se former tandis que notre amour et notre attachement deviennent plus profonds. Au niveau de l'âme, le meilleur moyen de comprendre, c'est de se rapprocher au maximum de ce qui nous intéresse. L'un des nombreux principes que m'a enseignés la psychologie archétypale, c'est qu'il est sage d'entrer plus complètement dans ce qui a fasciné l'âme, et l'un des moyens consiste à laisser la passion ou la préoccupation du moment surnager au-dessus de nous jusqu'à ce que nous puissions l'identifier.

Pour répondre par la thérapie aux besoins de l'âme, il n'est pas uniquement nécessaire d'être fidèles à son image, mais il faut aussi conserver les images précises qui gisent au cœur du problème et, par conséquent, sont généralement les plus douloureuses. Peut-être imaginons-nous l'âme comme bien des traditions ont tendance à le faire, à savoir comme un espace immense, un paysage intérieur aussi vaste que le paysage extérieur de l'univers. Ce qui nous semble être un problème trivial, une petite rayure à la surface lisse d'une relation, pourrait fort bien se rattacher à un thème grandiose de l'univers profond de notre âme. En déplaçant notre conscience jusqu'à ce niveau, nous risquons de nous sentir désorientés et, parfois, envahis par la peur et l'inquiétude. Nous souhaitons éviter ce voyage, cette visite dans des ténèbres inconnues ou terrifiantes. Pourtant, c'est précisément ce type de mouvement qui donne à l'âme l'espace qu'elle désire et qui nous fait connaître son territoire. Oser regarder en face ce que le psychanalyste britannique Neil Micklem appelle les «images intolérables» est une forme intense et exceptionnellement productive de travail de l'âme.

L'attitude d'Étienne, qui avait l'impression d'être coincé dans une liaison inconfortable et celle d'Arthur, qui voulait à tout prix choisir entre la monogamie et un mariage «libre», sont des exemples de contournement de l'âme. Je n'ai pas l'intention ici de blâmer ces deux hommes ou de critiquer leur attitude. Répondre à l'appel de l'âme n'est facile pour personne. Toutefois, les moyens de défense contre l'âme peuvent revêtir des aspects extrêmement subtils et ne seraient pas si efficaces s'ils n'étaient pas taillés sur mesure, à des dimensions si convaincantes. En demeurant coincés entre deux options inacceptables, nous évitons de nous lancer à la conquête d'un territoire vierge, celui de l'imagination et de l'expérience.

En gardant cela à l'esprit, je prends soin de ne jamais prendre parti dans ce genre de dilemme. Car si je commençais à privilégier une option plutôt qu'une autre, même avec douceur, je bâtirais des défenses contre le travail de l'âme. La seule réponse efficace que je connaisse consiste à creuser chaque option, imaginer chaque possibilité, essayer de les vivre aussi concrètement et aussi sérieusement que possible. Peu à peu, elles finissent par changer de caractère et se rapprochent l'une de l'autre. Le dilemme s'estompe un jour ou l'autre, tandis qu'une troisième option apparaît.

Étienne devait explorer plus profondément son désir d'une liaison avec l'autre femme de sa vie ainsi que l'attirance qu'elle exerçait sur lui. Il devait également tâcher d'intensifier ses sentiments sincères de révulsion à l'égard d'une liaison extraconjugale. Dans tout ce qui touche à l'âme, sentiments et phantasmes méritent d'être écoutés avec autant d'attention les uns que les autres. Le fait d'être prisonnier d'un dilemme est souvent le signe d'un engagement superficiel dans ce qui fait frémir l'âme. Nous sommes tentés d'en rester là, de consacrer des heures de réflexion et de conversation, des semaines, des mois, voire des années à nous vautrer dans le dilemme. Pendant ce temps-là, nous ne sommes pas obligés d'accepter l'invitation de l'âme d'explorer des territoires inconnus.

J'essayais d'aider Étienne à plonger plus profondément dans les deux aspects de son dilemme.

— Il n'y a pas à en douter, observai-je, votre âme souhaite ardemment retrouver l'affection et l'amour romantique qui caractérisent votre liaison. N'est-ce pas?

— J'aimerais pouvoir être fidèle et honnête, mais mes sentiments sont trop forts.

— Mais vous avez déjà essayé d'enterrer ces sentiments afin de vivre en respectant vos principes?

— Oui, mais ça n'a pas marché.

— Parlez-moi des sentiments négatifs que suscite votre liaison, demandai-je. Dans quelle mesure sont-ils sincères?

— Ils sont très sincères, répondit-il. Je ne crois vraiment pas possible de mener ce genre de vie.

— Est-ce une question de conviction, de sentiment ou simplement de désir de suivre les normes de la société?

— C'est plus qu'un désir de respecter la moralité traditionnelle, j'en suis persuadé. Je n'aime pas la personne que je suis lorsque je trompe ma femme et pourtant, je ne peux pas m'en empêcher.

— Ce sentiment pénible se répercute-t-il sur votre liaison?

— Bien entendu, répondit-il. Je passe mon temps à me dire que je devrais y mettre fin, mais je n'y parviens jamais entièrement. Ma maîtresse n'est pas non plus très satisfaite de mon attitude, mais cela ne l'empêche pas de vouloir continuer.

Nous avons poursuivi cette conversation en laissant ses émotions et ses phantasmes remonter en surface, plus en détail. Le travail de l'âme n'exige pas de grandes révélations, des interprétations supérieures ou des conclusions suprêmes. Au contraire, une exploration tranquille et ferme de la manière dont la personne s'imagine la situation est plus susceptible d'inciter l'âme à se montrer et c'est seulement à partir de là que les «solutions» deviennent envisageables. Comme l'a exprimé Charles Olson dans le poème qui entame ce chapitre, les engagements vénusiens doivent être revêtus des «heures». Cela signifie que nous devons installer nos phantasmes cachés sur la scène de la vie quotidienne, là où, visibles et tangibles, ils nous montreront les forces puissantes qui sont à l'œuvre dans nos compulsions et nos inhibitions.

Avec le temps, Étienne finit par comprendre que les sentiments de révulsion qu'engendrait sa liaison ne naissaient ni du sentiment de culpabilité ni d'une inhibition superficielle. Tandis qu'il examinait de plus près l'influence de cette révulsion et de l'amour qu'il éprouvait pour son foyer et sa famille, il découvrit que certains aspects de la vie familiale et de sa relation conjugale l'empêchaient de jouir pleinement de l'intimité du mariage. Il se rendit compte que depuis son enfance, il considérait le mariage et la vie de famille traditionnelle comme des entraves à la liberté. Ces nouvelles réflexions venaient compliquer l'image de sa relation. Il dut méditer longtemps sur son attitude à l'égard de la vie familiale. Un beau jour, il comprit qu'à un niveau au moins, sa liaison était pour lui le moyen d'éviter l'emprisonnement du mariage et de la famille et qu'il était lui-même responsable de l'absence d'affection et d'amour romantique dans sa vie conjugale. Il rompit avec sa maîtresse, retourna vers sa femme et ses enfants, mais pas avant d'avoir adopté une attitude entièrement neuve face aux limites de l'existence et aux possibilités de liberté. Il découvrit peu à peu le moyen de se sentir libre sans pour autant renier la vie de famille. Il avait compris, me dit-il, que la liberté pouvait très bien revêtir l'apparence de la vie qu'il s'était donnée, limites comprises.

Arthur eut plus de difficultés. Il ne parvenait que difficilement à faire confiance à l'âme. Il voulait tout comprendre de manière analytique. Il pouvait même réfléchir à son besoin d'analyser, mais il ne parvenait pas à le mettre de côté. Tandis que nous discutions de son attitude face à sa relation, il commença à comprendre que derrière son amour de l'analyse se dissimulait une lutte pour le pouvoir. Car lorsque nous quittons le royaume de l'âme, lorsque les opposés se mêlent l'un à l'autre, des divisions apparaissent, souvent sous forme de rapports de force. Arthur se sentait totalement détruit par l'amour de son épouse pour un autre homme et le seul moyen qu'il connût de restaurer l'équilibre des forces était de fournir des interprétations inattaquables, suivies d'attentes et d'exigences fermes.

En essayant d'interpréter rationnellement l'amour romantique, nous courons le risque de ramener l'amour à une question purement interpersonnelle aux dimensions simplement humaines. La mythologie et la poésie nous apprennent à envisager ce type d'amour sous un angle entièrement différent, parfois comme une rencontre avec une déesse. En amour romantique, nous nous retrouvons tous chez Anchise, simple mortel face à une divinité toute-puissante. L'amour est véritablement divin et si nous ne reconnaissons pas cette évidence, si nous ne le traitons pas avec la piété qui s'impose, nous en serons inéluctablement les victimes.

Une attitude non rationnelle s'impose face à ce type d'amour, car le rationnel est incapable d'appréhender le divin. Arthur commença à faire de moins en moins fond sur la raison et le contrôle, ce qui atténua son anxiété. Son épouse s'intéressa de plus en plus à lui et de moins en moins à sa liaison. Bien qu'Arthur ne parvînt pas à placer toute l'affaire dans une vaste perspective, j'avais l'impression que le conflit qu'il vivait faisait véritablement intervenir son âme, le rassurant davantage en l'obligeant à s'ouvrir à la vie. L'insécurité naît parfois de la peur de ce que l'existence nous réserve lorsqu'on laisse les événements suivre leur cours. Il avait beaucoup à apprendre sur l'amour et le mariage et la seule voie qui s'ouvrait à lui était celle de la lutte contre la jalousie. Mais ce n'était pas la capitulation de sa femme qui allait résoudre le problème, comme Arthur le supposait au départ. Il devait au contraire changer sa propre conception de leur relation. Et lorsqu'il y est parvenu, ses problèmes se sont atténués.

Rimbaud, troubadour du symbolisme, nous explique comment trouver notre chemin parmi les divisions et luttes inutiles dans l'un des poèmes intitulés *Veillées*:

C'est l'ami ni ardent ni faible.
L'ami.
C'est l'aimée ni tourmentante ni tourmentée.
L'aimée.
L'air et le monde point cherchés.
La vie[4].

Pour parvenir à la vie qui frémit dans l'amour romantique, nous devons trouver une faille à travers les rapports de force que nous entretenons avec la personne que nous aimons, à travers la douleur qui accompagne presque toujours ce sentiment jusqu'à l'amour à l'état pur, à travers ce que nous recherchons volontairement en amour et chez l'autre jusqu'à la vie et la vitalité qui ont été engendrées par les illusions de l'amour. Nos craintes de nous créer des ennuis, de perdre la face ou de commettre une erreur viennent brouiller les cartes. Nos efforts pour empêcher l'illusion nous aveuglent à l'amour présent et à la vie qui frémit. C'est pourquoi l'autoprotection ne crée que des illusions qui ne sont que des supercheries.

Je ne dis pas qu'il n'est pas important de se montrer circonspect à l'égard de l'amour, mais c'est la manière dont nous exerçons cette circonspection qui est cruciale. Si l'inhibition provient de la peur suscitée par la puissance de l'amour, si elle n'est composée que de réflexions rationnelles dont le but est de nous protéger de la véritable vie, la sécurité et l'amour tant désirés demeureront tous deux hors de notre portée. Pour commencer, nous devrons nous frayer un chemin jusqu'à la présence de l'amour. Ensuite, nous prendrons une décision. Dans toutes les questions psychologiques, il est nécessaire de faire la distinction entre l'éloignement craintif et l'intuition ferme que nous prenons la mauvaise direction.

Les austères avertissements moralisateurs à l'encontre des illusions de l'amour romantique proviennent d'un esprit étranger à l'amour. Ce ne sont pas des messages transmis par Éros mais, au contraire, par un esprit qui dévalue Éros. Lorsque nous sommes proches de l'amour, nous parvenons à distinguer un partenaire authentique d'un suppléant, l'afflux stérile de sentiments de l'invitation à une vie féconde. Le meilleur moyen de déterminer si notre prudence nous est dictée ou non par Éros consiste à cerner l'origine de notre inhibition: provient-elle de l'amour même ou se tient-elle en retrait pour émettre des jugements craintifs?

Si nous avons l'habitude de vivre un tant soit peu à l'écoute de notre âme, nous pouvons faire confiance à nos illusions romantiques et à nos désirs injustifiables. William Blake écrit qu'«il est préférable d'assassiner un nouveau-né dans son berceau que de nourrir des désirs jamais concrétisés.» Nous vivons dans un monde qui fait confiance à la logique et, à partir de là, nous nous méfions du désir. Mais si nous vivions dans un monde qui appréciait le désir, nous apprendrions à lui faire confiance.

Le désir exige souvent que nous abandonnions la logique et, parfois, paraissions ridicules face à nos amis logiques. Euripide décrit une extraordinaire scène de ridicule au premier acte des *Bacchantes*, lorsque deux vieux messieurs qui occupent des fonctions importantes dans la cité, Tirésias et Cadmos, apparaissent vêtus en femmes, prêts à célébrer les mystères de Dionysos. Ils se tiennent debout sur la scène, tels deux simples d'esprit dans un drame moderne de l'absurde jusqu'à ce que l'un déclare: «Nous sommes deux hommes sains d'esprit dans une cité folle.» C'est ainsi que nous devons traiter nos illusions; du point de vue de l'âme, notre folie est saine d'esprit, par conséquent, nous devons lui ouvrir les bras. La vie dionysiaque s'abandonne à l'illogique, à la transgression des frontières et à la poursuite de la frénésie.

Lorsque notre prudence n'est pas défensive, notre saut dans l'illusion n'est pas littéralement un signe de folie. C'est le ridicule de l'âme qui recherche la nourriture et la joie. L'âme a besoin de plaisir vrai, de joie authentique, tout comme l'esprit a besoin d'idées et d'informations et le corps a besoin d'aliments et d'exercice. L'âme supplie qu'on lui abandonne ses illusions, son espièglerie sérieuse et ses jeux au but bien précis.

Il n'est pas nécessaire d'expliquer le plaisir que nous procurent les illusions de l'amour. Flirt et amourettes ne doivent pas nécessairement aboutir à une relation de longue haleine ou au mariage afin de justifier leur existence. En gardant cela à l'esprit, peut-être pourrons-nous profiter de nos fantaisies passagères sans nous soucier outre mesure de leurs répercussions. L'âme se délecte des phantasmes éphémères de l'amour tout autant que des alliances de toute une vie.

Il est possible de discerner les mouvements d'Éros en demeurant à l'écoute de nos intuitions et des diverses petites voix qui résonnent dans notre imagination. Éros se déplace et s'installe dans la région du cœur. Si ce puissant afflux de courant nous fait perdre les pédales, c'est peut-être parce que nous connaissons mal notre propre vie intérieure. Si nous sommes incapables de distinguer l'illusion de l'occasion, peut-être est-ce que nous ne connaissons pas suffisamment bien notre propre cœur. Une liaison passionnée pourrait sans doute nous offrir la possibilité d'apprendre à nous connaître nous-mêmes, mais nous en profiterions bien davantage si nous étions déjà familiarisés avec les manigances de l'âme.

L'une des idées les plus remarquables que j'ai glanées dans les écrits de James Hillman porte sur ce qu'il appelle l'*anima*, soit l'image féminine de l'âme, le guide de la conscience, qui nous aide à nous frayer un chemin dans l'inconnu. En nous déplaçant plus loin à l'intérieur de l'âme, nous plongeons dans l'inconscient. Éros occupe une place de choix dans cette image de l'âme car lui aussi nous conduit vers des destinations mystérieuses, des sentiments et humeurs qui ne nous sont pas familiers, des relations inattendues, des complexités insondables. Les passions de l'attirance, de l'attachement et de la jalousie nous initient encore plus profondément à la vie et aux besoins de l'âme, car la compréhension nous échappe souvent et, en fin de compte, se révèle inutile.

Selon Jean de la Croix, si vous recherchez la certitude, marchez dans l'obscurité. En effet, selon une parabole que reprennent maintes traditions sous des versions diverses, un homme est accroupi sur le sol en pleine nuit sous un lampadaire, à la recherche d'un objet quelconque. Un passant lui demande: «Avez-vous perdu quelque chose?» «Oui, ma clé», répond l'homme. «L'avez-vous perdue ici?» s'enquiert le passant. «Non, je l'ai perdue plus loin, mais ici, il y a de la lumière.»

Pour comprendre Éros, nous nous efforçons de le maintenir à la lumière alors que pour une large part, il préfère l'ombre. Il nous invite dans les ténèbres parce que l'obscurité de l'ignorance est bénéfique à l'âme. Une bonne partie de notre vie se déroule dans l'obscurité, par conséquent, ce n'est pas si mal d'y être conduit. Je me souviens d'un rêve que l'on m'a raconté il y a des années — j'en ai oublié presque tous les détails — dans lequel la personne qui rêvait s'est mise tout à coup à voir une magnifique lueur bleue au fond d'un puits. Très attirée par cette lumière, elle est descendue péniblement dans le puits, en dépit de la peur considérable qu'elle ressentait.

Cette lueur bleue est une sorte de clair-obscur de la conscience, que l'amour romantique adore illuminer. Même avec les yeux bandés, nous parvenons à voir des choses que nous n'avions encore jamais vues. Les émotions sont intenses et les phantasmes se déchaînent. La conscience pratique recule, de sorte que tout est recouvert d'une certaine lueur tamisée, de couleur bleutée.

Éros nous fait voir la vie en bleu, en nous conduisant jusqu'à un degré d'esthétique où le phantasme est plus prononcé que la prétendue réalité, où nous trouvons nous-mêmes et plus que nous-mêmes, où le noir et blanc de la réalité laissent la place aux couleurs de l'imagination. Lorsque l'amour surgit dans notre vie, nous ressemblons à la personne qui descend au fond d'un puits en quête du merveilleux sous forme d'une lueur bleutée. Dans son poème, *The Man with the Blue Guitar*, qui raconte la vie dans la lumière azurée de l'imagination, Wallace Stevens décrit le bleu comme «l'adjectif incandescent de l'amour». Car l'amour incendie la vie, mais sa flamme est bleue. Ce n'est pas pour rien que l'anthologie des œuvres d'Hillman, son livre sur l'âme et Éros, s'intitule *A Blue Fire**.

L'amour romantique n'est pas seulement une illusion nécessaire, c'est une supercherie souhaitable. Naturellement, si nous accueillons cette illusion sans imagination, sans poésie et sans musique, nous risquons de perdre la face lorsque l'amour nous bouleversera. Mais en apprenant à apprécier son côté théâtral, nous pourrions approfondir considérablement notre vie intérieure. Quiconque est atteint par les flèches de Cupidon se trouve invité à vivre sur la corde raide entre l'attirance des promesses de l'amour et les exigences ordinaires de la vie, en laissant l'amour illusoire imprégner la vie de jeu et d'imagination, entretenir la flamme à l'aide des passions du cœur. C'est l'une des formes les plus puissantes et les plus efficaces de travail de l'âme. Son danger potentiel est seulement représenté par le côté obscur de sa capacité spectaculaire de transformer la vie et de ressusciter l'âme.

---

* La version française de ce livre, *La beauté de Psyché*, est parue en 1993 au Jour, éditeur.

CHAPITRE HUIT

Sexualité et imagination

Il y a déjà plusieurs années, j'allai voir une éblouissante exposition d'art sacré de Pompéi, au musée d'art de Dallas. Les salles étaient combles et, à un moment donné, je me trouvai coincé derrière un homme et une femme qui admiraient de près les superbes objets tout en discutant avec animation. Nous arrivâmes tous les trois à proximité d'une petite statue de Priape, un dieu gréco-romain. Le sculpteur avait traité son sujet selon la tradition, sous les traits d'un petit bonhomme grassouillet dont l'énorme phallus pointait vers le haut pour se recourber ensuite au-dessus de la tête, dépassant de moitié le reste du corps par ses dimensions. La femme partit d'un petit rire lorsqu'elle l'aperçut, non pas nerveux mais, à ce qu'il me sembla, plutôt appréciateur. En revanche, son compagnon parut fort embarrassé et se dépêcha de l'entraîner vers l'objet suivant. Notre groupe se scinda[1].

Je me souvins d'avoir lu qu'autrefois on plaçait souvent une statue de Priape dans les jardins. Dans certains cas, il servait d'épouvantail. Je me demandai si cet homme avait quelque chose en commun avec les oiseaux, s'il avait ressenti le pouvoir du dieu qui l'obligeait à s'éloigner. Ou peut-être avait-il simplement des goûts plus intellectuels tandis que sa compagne se sentait à l'aise parmi les choses de la vie.

Nous l'avons vu, la sexualité est l'un des grands mystères de la vie. Elle résiste à nos tentatives d'explication et de mainmise. Tout comme l'argent ou la mort, elle représente l'un des quelques éléments de la vie dont le caractère divin vibre encore puissamment. Elle n'a aucun mal à vaincre nos sentiments et nos pensées et, parfois, s'accompagne de pulsions profondes.

Les pulsions émotives sont souvent considérées d'un œil désapprobateur. Nous estimons qu'elles résultent d'un manque de sang-froid ou qu'elles sont le symptôme d'une aberration quelconque. Pourtant, il serait préférable de les considérer comme la manifestation d'un désir profond de l'âme qui essaie de s'exprimer et de se plonger dans la vie. Les pulsions sexuelles sont là pour nous montrer dans quelle mesure et jusqu'où nous avons négligé ce besoin particulier. Elles exigent une réponse, mais nous devons faire preuve de prudence, de peur de réagir uniquement au besoin ressenti. Certaines personnes répondent en préconisant l'«amour libre», comme si le meilleur moyen de se débarrasser de cette pulsion était de lui donner libre cours. En fait, il s'agit plutôt là d'une compensation, qui ne résoudra pas le problème et se contentera de le contourner. L'âme exige que nous dotions notre sexualité d'imagination afin qu'en satisfaisant notre besoin au niveau le plus profond, la pulsion puisse enfin être soulagée.

Nous pouvons essayer de tenir la sexualité à distance par d'habiles manœuvres. Notre moralisme, par exemple, nous tient à l'écart des dégâts que la compulsion sexuelle peut causer dans une vie ordonnée. L'éducation sexuelle nous apprend à prévenir les maladies «vénériennes» — la pathologie de Vénus — en installant la sexualité sous la fluorescence de la lumière apollinienne de la science. Pourtant, en dépit de tous nos efforts, la compulsion sexuelle intervient dans un mariage, attire les gens vers d'étranges liaisons, continue d'offenser le bon goût, la moralité et la religion. Sa dynamique est trop puissante pour que nous l'enfermions dans les cages que nous avons forgées pour elle.

Notre position, au regard de la sexualité, n'est pas des plus confortables. En effet, nous sommes persuadés qu'il importe de mener une vie sexuelle «saine», du moins dans le cadre du mariage. Cependant, nous sommes intimement convaincus que la tendance marquée de la sexualité de s'étendre dans des directions indésirables — la pornographie, l'homosexualité, l'adultère — est un signe de décadence culturelle ou d'effondrement des valeurs morales et religieuses. Nous voulons que notre sexualité s'affirme, sans toutefois dépasser certaines bornes.

L'homme et la femme qui se tenaient devant la statue de Priape symbolisent deux réactions habituelles face à la sexualité: l'humour et l'anxiété. Car la sexualité est extrêmement humaine, corporelle, passionnée et, souvent, satisfaisante parce qu'elle fait fi des convenances. Certaines théories de l'humour suggèrent que la sexualité prête particulièrement à l'humour parce qu'elle nous libère du fardeau des convenances et de la répression de la passion. Elle nous offre aussi le cadeau rare d'une joie sincère, inexpliquée. On sait que le rire est parfois l'expression de la joie pure. Par contre, peut-être parce qu'elle est difficile à contenir et à façonner en formes stables, la sexualité peut également susciter une anxiété considérable. Parfois, nous rions pour nous rassurer lorsque l'anxiété nous guette. C'est la puissance même de la sexualité qui suggère qu'il s'agit de l'une des sources d'âme les plus importantes de la vie moderne.

Le caractère sacré de la sexualité

Lorsque j'étais écolier, j'ai reçu deux messages à propos de la sexualité: le premier, qu'elle est sacrée et le second, qu'elle est habituellement un péché. Mon père s'efforça de m'instiller une conception saine de la sexualité. Pendant quelques-unes de mes années d'adolescence, rempli de bonnes intentions, il m'en parla avec une extrême sensibilité, chaque fois qu'il en avait l'occasion. Pourtant, en dépit de son affection et de ses efforts éclairés pour contrer les enseignements que je recevais à l'école, je me sentais coupable de mes pensées et phantasmes sexuels. Ce sentiment de culpabilité ne faisait rien pour diminuer l'intensité des images érotiques qui se glissaient dans mon imagination, mais il les volait d'une partie de leur plaisir et tout ce qui avait trait à la sexualité me mettait mal à l'aise. L'enseignement religieux que je recevais alors considérait la sexualité comme un élément sacré de la création — tout ce qui est créé par Dieu, même la sexualité, est forcément sacré — mais, à toutes fins pratiques, on considérait les rapports sexuels comme le péché suprême.

Aujourd'hui, avec l'expérience de toutes ces années derrière moi, je constate que cette division de la sexualité en deux aspects, l'un sacré, l'autre démoniaque, ne rendait justice ni à l'un ni à l'autre. Je n'ai jamais pu considérer le caractère sacré autrement que comme une approbation théologique abstraite de la création de Dieu et je n'ai jamais véritablement apprécié les pouvoirs sombres, destructeurs de la sexualité autrement que comme une source de sentiment personnel de culpabilité. Pour redonner à la fois son caractère sacré et sa sombre puissance à la sexualité — car un paradoxe est généralement l'indice de la présence de l'âme — peut-être pourrions-nous pénétrer plus avant dans le mystère qu'est la sexualité, découvrir la véritable voie vers l'intimité, avec nous-mêmes comme avec les autres.

Que signifie l'expression «pénétrer dans le mystère qu'est la sexualité»? Je ne parle pas ici d'une compulsion, bien qu'en suivant nos compulsions nous puissions effectivement parvenir à une sexualité porteuse d'âme. Cela ne signifie pas non plus tourner le dos à la sexualité parce qu'on en a peur. Nous pourrions nous demander de quelle manière nous devrions répondre de façon plus affirmative à notre propre sexualité, au désir et aux phantasmes. Nous pourrions aussi examiner les raisons à la fois évidentes et microscopiques de notre résistance à cet égard. Il ne s'agit pas ici de nous libérer davantage, sur le plan sexuel, mais de reconnaître que la vie ancrée dans l'âme est peut-être emprisonnée derrière le mur de notre résistance.

La sexualité exige quelque chose de nous. C'est peut-être le moyen grâce auquel nous permettons à l'archétype de la vie de se montrer, afin que nous puissions vivre plus pleinement et nous manifester de manière plus évidente. Cette exigence est si cruciale, si puissante que nous y résistons d'autant plus vigoureusement, en appelant à l'aide notre moralisme, des influences indirectes ou des rationalisations. Ou bien nous décidons de concrétiser nos désirs. Il serait utile de ne plus penser à la sexualité comme à quelque chose de médical ou de biologique. Car la totalité de sa sphère d'influence — les émotions, le corps, les phantasmes et la relation — relève du domaine de l'âme.

Pour élargir notre conception du caractère sacré de la sexualité, je me tourne une fois de plus vers la mythologie. Dans le panthéon grec et romain, chaque divinité se trouve être, curieusement, empreinte de sexualité, ce qui nous montre bien qu'il s'agit d'un attribut divin et qu'il y a autant de sexualités qu'il y a de dieux ou de déesses. J'utilise le terme «divin» pour décrire le mystère insondable de la sexualité et sa place profondément enracinée dans la nature. Je crois qu'on pourrait — qu'on devrait — consacrer un livre tout entier aux mythes qui font appel à la sexualité. Ici, je me contenterai de donner trois exemples pour faciliter notre démarche.

Hermès

Le dieu grec Hermès était surtout au départ le «conducteur des âmes», mais il possédait aussi de puissantes connotations sexuelles. On appelait «herm», une pile de pierres qui s'élevait depuis le sol, tel le phallus de la nature, pour indiquer la direction aux voyageurs. Du point de vue d'Hermès, la sexualité nous guide vers l'âme, notamment vers les régions les plus profondes d'où surgissent les fortes émotions. Par exemple, nous pourrions détecter, à partir des changements de nos phantasmes sexuels, les indices de ce qui se passe dans les tréfonds de notre âme, comme si ces phantasmes étaient des herms qui nous montreraient la voie. Notre tendance habituelle consiste à mal juger ces phantasmes ou à nous dépêcher soit de les censurer, soit de les vivre. Nous ne pensons pas à les considérer comme des indications du mouvement de l'âme. Pourtant, il est évident que l'âme possède sa propre poésie sexuelle. Nos phantasmes, notre curiosité sexuelle, voire nos inhibitions et nos répressions ont de lointaines répercussions et doivent être interprétés sur divers plans. Dans l'imagination sexuelle, l'âme est vivante et fertile, non seulement par rapport au plaisir physique, mais en tant qu'expression de son propre sursaut de vie.

Nous pouvons aussi considérer les rêves érotiques comme l'œuvre d'Hermès. Il est bien trop tentant de les interpréter textuellement, en supposant par exemple que le rêve de la nuit précédente, au cours duquel nous avons fait l'amour avec notre enseignante, signifie que nous sommes réellement attirés par elle. Les rêves se servent du matériel de la vie de tous les jours et lui donnent un contexte et des dimensions qui le placent au cœur même de notre identité et de nos émotions. Chaque rêve sexuel nous permet d'apercevoir notre nature profonde et notre destin. Le rêve que je viens de mentionner signifie peut-être que je suis attiré vers l'enseignement, qu'une sorte de magnétisme érotique est à l'œuvre entre moi et la profession d'enseignant ou il peut simplement faire allusion à l'enseignement que sont pour nous des relations sexuelles, à distinguer toutefois de ce qu'on appelle «éducation sexuelle». Pour Hermès, les rêves érotiques imprègnent n'importe quel aspect de la vie. Toutefois, ils font allusion aux innombrables moyens dont la sexualité dispose pour donner un sens à la vie.

Hermès était le dieu de la communication et des relations. Nous pourrions donc explorer par la même occasion ces aspects plus connus de la sexualité. Les rapports sexuels nous permettent parfois d'exprimer nos sentiments de manière plus explicite qu'au moyen du langage. Lorsque le désir et le plaisir prennent le pas sur nous, en un afflux d'émotions sexuelles, nous dévoilons des aspects de notre personnalité qui demeurent invisibles le reste du temps. Notre partenaire nous voit tels que nous sommes, débarrassés de notre *ego* et de son pouvoir manipulateur. C'est ainsi que la sexualité permet de révéler qui nous sommes, par une manifestation subite de notre imagination, exceptionnellement expressive et, de ce fait, caractéristique de l'œuvre d'Hermès.

Lorsque nous recherchons dans les rapports sexuels le sens d'une relation ou une expression d'amour, nous imaginons la sexualité à la lueur d'Hermès. Les études que l'on consacre de nos jours à la sexualité du langage subodorent également la présence d'Hermès. Non seulement la sexualité est-elle une sorte de langage, mais encore tout langage est-il sexuel. Les poètes savent bien que le langage est à la fois érotique et génital. Wallace Stevens affirme qu'un «poète regarde le monde un peu comme un homme regarderait une femme[2].» Dans *Le corps d'amour*, Norman O. Brown décrit la nature sexuelle du langage: «Le petit mot "est" se trouve être le signe d'Éros, même lorsque le petit mot "non", comme l'explique Freud, est le signe de la Mort. Chaque phrase est une dialectique, chaque mot est un acte d'amour[3].»

Chaque aspect de la vie possède des dimensions sexuelles. Au sens strict, la sexualité engendre la poésie de l'existence, que ce soit sous la forme de l'art — musique, peinture, danse — ou par l'intimité de la vie quotidienne. Les personnes qui affirment ne pouvoir exprimer certains sentiments et pensées qu'au moyen de l'amour physique décrivent en réalité le pouvoir qu'Hermès donne à la sexualité de servir de langage dans tous les sens du terme. En tant que telle, la sexualité peut nimber de magie une relation et l'ancrer comme ne sauraient le faire la conversation ou d'autres activités entreprises à deux. Toutefois, étant donné qu'elle marque de son empreinte les régions les plus profondes de l'âme, tout échec sexuel peut se révéler catastrophique.

L'image d'Hermès suggère que nous pouvons nouer des relations qui n'ont pas grand-chose à voir avec la raison ou l'intention. D'ailleurs, c'est précisément au moyen de la sexualité qu'Hermès parvient à rendre ces relations magiques. Rien ne serait plus désastreux que de vouloir «utiliser» la sexualité pour communiquer ou replacer une relation sur le plan intellectuel. Nous devons au contraire nous ouvrir à Hermès pour le laisser accomplir son œuvre. Nous pourrions apprendre à déceler les moments où nous essayons de manipuler ou de forcer le destin ou, au contraire, ceux durant lesquels nous nous laissons dévoiler et nous nous ouvrons à la communication. Ce côté passif de l'action, le fait de «s'ouvrir à la communication» est le moyen de faire pieusement comprendre au dieu qu'il peut faire de nous ce qu'il veut. Il ne s'agit pas ici de nous dévoiler, mais de nous laisser dévoiler.

Nous pourrions également nous souvenir qu'Hermès, noble guide des âmes, était aussi un voleur, un menteur, un tricheur et un coureur de jupons. Le pouvoir magique de la sexualité possède aussi son revers obscur que nous ignorons à nos risques et périls. Nous pouvons très bien être attirés sexuellement par des gens qui, sous tous autres rapports, ne feraient pas de bons partenaires. Hermès peut aussi nous mener vers les ténèbres. Je me souviens notamment d'un homme en apparence très respectable qui ne ressentait de satisfaction sexuelle qu'en allant chercher ses partenaires au sein de bandes de dangereux délinquants. J'ai rencontré plusieurs femmes dont l'expérience de la vie était fort limitée et qui se disaient attirées par des hommes violents ou des criminels. Si nous considérons ce magnétisme comme l'œuvre d'Hermès, nous pourrons évoquer ses connotations trompeuses sans nous exposer aux dangers que susciterait la fréquentation véritable de ses homologues de la pègre humaine.

Pourtant, il est pratiquement impossible d'imprégner d'âme notre sexualité sans qu'elle soit souillée par l'ombre d'Hermès. En répondant à l'appel des esprits de la sexualité, nous risquons fort de tomber dans un piège quelconque. Toutefois, cette chute dans les ténèbres n'est pas toujours à interpréter littéralement. Peut-être est-ce simplement l'indice que nous nous approchons de l'âme qui, s'exprimant par la voix d'Hermès, n'est pas toujours très reluisante.

Aphrodite

Aphrodite est, naturellement, la déesse de l'amour physique, de toutes ses connotations aguichantes et séductrices. Nous avons déjà parlé du rôle important qu'elle joue dans le domaine de l'amour. Le troisième hymne homérique en son honneur nous explique que «son visage séduisant sourit toujours et porte la fleur de la séduction». L'hymne rend hommage à cette dimension importante de la sexualité ainsi qu'à la nature sexuelle de l'existence même. Aphrodite était considérée comme la déesse de l'amour et de la beauté de l'humanité, certes, mais aussi comme celle de la séduction et de la beauté du monde entier. Lorsque nous avons envie de sentir le parfum d'une fleur, lorsque nous ressentons le désir d'admirer un coucher de soleil, nous cédons aux charmes de cette envoûtante créature et, en de tels instants, peut-être pourrions-nous réfléchir à la relation entre notre sexualité personnelle et la sexualité universelle.

Lorsque nos sentiments érotiques nous entraînent vers une nouvelle liaison ou de nouvelles expériences, nous pourrions honorer ces émotions non en nouant de nouvelles relations personnelles, mais en vivant notre sexualité à tous les instants de notre existence. Nous pouvons imprégner d'érotisme chaque minute de la journée en appréciant des plaisirs profonds, la beauté, le corps, l'ornement, la décoration, la texture et la couleur, des aspects de la vie que nous avons trop tendance à considérer comme secondaires, voire frivoles. Mais pour la sensibilité d'Aphrodite, elles possèdent une importance primordiale et méritent notre sincère attention.

S'il semble impossible de considérer la séduction comme quelque chose de sacré, essayez d'imaginer le monde sans elle: sans l'excitation du voyage et de l'exploration, sans l'envoûtement de photographies de lieux enchanteurs, sans le désir d'une riche expérience de la vie. Les enseignants savent à quel point il importe de présenter leurs idées de manière à séduire leur auditoire. Les génies de la publicité sont particulièrement versés dans les détails du monde d'Aphrodite. Tout cela relève du domaine sexuel de la déesse.

En considérant les aspects cosmiques d'Aphrodite, que dans la très haute Antiquité on appelait aussi Ouranie, soit «déesse du Ciel», nous pourrions faire éclater les cloisons qui enferment notre expérience personnelle de la sexualité. Aphrodite représente le miroir, la vanité et les plaisirs suscités par la mode, le maquillage, les bijoux et autres ornements. À titre personnel, peu d'entre nous répugnent à se laisser aller à leur penchant pour l'ornement, mais en tant que société, nous semblons incapables d'apprécier pleinement, publiquement, ces vertus d'Aphrodite. Il est bien difficile de trouver l'empreinte d'Aphrodite dans les villes modernes, dans nos édifices publics ou dans le langage de la politique. Pourtant, si nous n'imprégnons pas de sexualité tous les aspects de notre vie, comment pourrons-nous connaître l'épanouissement sexuel dans nos relations personnelles? Nous pourrions aussi acquérir une «conscience» écologique en appréciant davantage le mythe d'Aphrodite; nous prendrions mieux soin du monde naturel si nous parvenions à distinguer sa présence par monts et par vaux. Selon l'expression de Ficino, qui pourrait nous servir de «mantra», il est extrêmement important de sentir le «souffle de Vénus» sur le monde, car la déesse est l'une des principales sources de grâce dans notre vie.

Une dose de vanité représente une bénédiction de la déesse. Elle nous incite à nous entretenir, à nous rendre présentables face au monde extérieur, à devenir à la fois visibles et efficaces. La vanité peut alimenter la mode grâce à l'âme et nous motiver à introduire la beauté dans notre univers familier et à prendre soin de notre personne. Naturellement, lorsque la vanité est un symptôme plutôt qu'un trait de personnalité, elle dissimule parfois une vie superficielle, sans profondeur, auquel cas ce n'est pas la vanité même qui pose un problème. En outre, la modestie excessive peut être tout aussi narcissique et guère plus attrayante.

L'importance que nous accordons à l'ornementation et à la décoration nous est elle aussi dictée par Aphrodite, ce que nous avons tendance à oublier. Nous avons perdu cette sensibilité esthétique que bien des sociétés tenaient pour acquise. Naguère, on décorait les machines et le mobilier. Mais cette fin du xxᵉ siècle se caractérise par l'absence totale de décorations, par la fabrication de machines, d'ustensiles et d'appareils profilés, gris et sobres.

Lors d'un récent voyage à Rome, j'ai eu l'occasion d'assister à une *prezentazione*, soit un hommage public rendu à un poète qui venait de publier un petit recueil. Après une séance de lecture des poèmes, trois communications de fond présentées par deux professeurs, quelques verres de bon vin accompagnés de succulents fromages, nous examinâmes la superbe presse ancienne sur laquelle le recueil avait été imprimé. Elle se manœuvrait à la main et avait été fabriquée en fonte, décorée de jolis motifs animaliers. Le papier utilisé pour imprimer les poèmes était de qualité exceptionnelle, épais et d'une texture agréable. Ainsi, depuis les mots du poète au matériau sur lequel ils étaient présentés au public, en passant par la machine qui avait servi à les imprimer, toute l'affaire venait illustrer les possibilités d'une démarche dictée par l'amour de la beauté, d'Aphrodite elle-même.

Imaginez des terminaux d'ordinateur ornés de décorations multicolores et supportés par de petites pattes d'animaux. Si vous avez du mal à évoquer cette image, vous comprendrez à quel point nos machines en forme de boîtes sont éloignées de tout l'attirail mécanique du passé, avec son côté sensuel et rehaussé d'images. Lorsque Aphrodite s'incarne dans les objets et activités de la vie quotidienne, l'âme entre dans notre vie. Trop souvent, nous pensons que la psyché ne se nourrit que d'analyse mentale et de changements de comportement personnel mais, comme l'a dit Jung, l'âme se trouve plus dehors que dedans. Nous pouvons en prendre soin en introduisant l'érotisme dans notre vie et la sexualité dans notre environnement, en appelant la bénédiction de la déesse qui a toujours évoqué tant le scandale que la grâce.

Artémis

Artémis, que les Romains appelaient Diane, est l'antithèse d'Aphrodite car on la juge souvent dépourvue de sexualité. Pourtant, bien qu'elle soit une déesse vierge, Artémis reflète une dimension souvent négligée de la sexualité. Nous avons déjà parlé de l'une de ses filles spirituelles, Daphné, qui se trouvait en butte au désir d'Apollon. D'autres mythes évoquent des disciples d'Artémis pourchassées par des séducteurs en puissance: Britomartis essaie d'échapper aux avances du roi Minos, Atalante participe à une course à pied dans l'espoir d'échapper aux chaînes sexuelles. Ces vierges farouches doivent posséder un pouvoir de séduction incroyable pour éveiller un désir aussi puissant chez le sexe opposé.

Nous pourrions considérer les vierges mythologiques comme l'incarnation de notre modestie, de notre innocence et de notre inexpérience, ainsi que de l'intégrité de la nature. Certains de ces suborneurs ont peut-être pour but de souiller cette innocence alors que d'autres la recherchent pour en faire leur compagne, pour en tirer une leçon et pour qu'elle déteigne sur eux. Bien des gens recherchent des partenaires dont l'innocence est le trait de personnalité le plus envoûtant. D'autres s'efforcent de vivre au plus près de la nature, en croyant que sa pureté leur permettra de conserver la leur. D'autres encore aiment imprégner leurs relations sexuelles d'une espèce de virginité. Ils apprécient la réserve de leur partenaire ou sont séduits par l'érotisme qui se dégage de l'abstinence sexuelle.

La chasteté a sa place dans une relation sexuelle. Mais nous interprétons la virginité de l'âme dans un sens trop littéral lorsque nous faisons de la chasteté et de la sexualité deux pôles, deux modes de vie opposés et non deux dimensions complémentaires d'une relation. J'aime à penser qu'une déclaration aussi triviale que: «Je n'en ai pas vraiment envie pour le moment», pourrait être le symptôme d'une visite d'Artémis, qu'elle aurait donc son utilité pour préserver la relation sexuelle même. La réserve, le retrait, le recul sont des pas importants de la danse sexuelle. Lorsqu'on les considère uniquement comme des échecs ou des aberrations du comportement, il est possible que la relation sexuelle en pâtisse, car elle aura alors tendance à considérer Artémis comme une menace.

Artémis, la grande déesse, vagabonde souvent dans les montagnes. Elle a un port altier et une expression austère, tout comme certains éléments de notre vie, la méditation, la solitude, la conviction morale, l'exercice spirituel et la pureté du mode de vie. Les clochers en forme d'aiguille de nos églises représentent l'aspect spirituel d'Artémis. Près de mon domicile, en Nouvelle-Angleterre, s'élève une «pagode de la paix». Elle est posée au sommet d'une colline, très «artémisienne», entourée d'arbres et accessible seulement par un chemin qui serpente dans les bois.

Pendant les années que j'ai consacrées à l'enseignement, j'ai pu constater que la vie universitaire comportait maints aspects caractéristiques d'Artémis. La «tour d'ivoire» de l'érudition, à l'instar de la déesse, préfère contempler la vie de loin, ériger une frontière autour des limites du campus afin de le séparer du monde vulgaire. Le mot même, *campus*, signifie champ ou pâturage, soit un décor typique d'Artémis. Un administrateur a été même jusqu'à me déconseiller un jour de m'intéresser de trop près aux études pluridisciplinaires car il était important de préserver l'intégrité des départements traditionnels. Apparemment, l'alliance de diverses disciplines possédait quelque chose de dévergondé. D'ailleurs, tout empiètement de la vie personnelle ou simplement quotidienne sur l'étude pure était considéré avec autant de répulsion qu'un forfait sexuel.

Ce n'est pas parce qu'Artémis est pure qu'elle est également asexuée. Les prêtres, les religieuses, les rabbins, les ministres du culte, les infirmières, les enseignants, bref toutes les personnes qui exercent des professions nobles et spirituelles, peuvent attirer les autres justement à cause de leur pureté. Les phantasmes sexuels surgissent d'eux-mêmes en présence de la pureté. Non par esprit de contradiction, mais parce qu'ils s'inspirent de l'érotisme spécial que l'on associe à Artémis.

Nous pourrions considérer certaines difficultés sexuelles comme symptomatiques d'Artémis. La froideur sexuelle, la distanciation de nature destructrice pourraient traduire le refus de respecter les besoins d'Artémis. Si notre vie sexuelle n'accorde pas une place suffisante à l'intégrité, l'individualité et la réserve personnelle, Artémis se plaindra, parfois avec une férocité considérable. Si notre sexualité est un subtil mélange de désir et de réserve, d'intimité et de distanciation, de reddition et de sang-froid, ces qualités paradoxales indiquent peut-être la présence dans notre âme des esprits d'Artémis, qui compliquent les relations sexuelles de la manière la plus productive qui soit, en rehaussant la tension érotique.

Par conséquent, cultiver la pureté peut enrichir notre vie sexuelle. Ce n'est pas forcément par pruderie ou résistance à la sexualité que certaines personnes sont offusquées par des plaisanteries grivoises de mauvais goût ou des magazines pornographiques. Artémis a toujours un mouvement de recul face à la sexualité banalisée, bien qu'elle ait pourtant beaucoup à offrir sur le plan de l'érotisme. Son retrait de la vie pourrait être également considéré comme le moyen d'extraire la sexualité de ses expressions littérales pour la faire pénétrer dans le royaume de l'art — thème du mythe de Daphné — ou dans celui de la beauté naturelle. Elle accueille volontiers les formes les plus subtiles du plaisir sexuel.

L'imagination dans l'échec sexuel

Pour nous rendre jusqu'à l'âme de la sexualité, nous devons l'accepter telle quelle, accepter aussi son pouvoir d'attirer et de déranger, tempérer les divers moyens que nous utilisons pour nous en protéger. Je ne dis pas que nous devrions concrétiser les phantasmes sexuels en tout genre qui se présentent. Loin de là, car ce genre d'attitude est également le moyen d'éviter l'âme. Un être qui ne connaît de la sexualité que ses pulsions, n'a jamais rencontré son âme.

Et si nous agrandissions notre cœur de manière à y renfermer toutes les émotions qui auréolent la sexualité? Et si nous embrassions son anxiété au même titre que son plaisir? Je soupçonne que l'anxiété sexuelle est de même nature que l'appréhension que nous ressentons en présence de tout ce qui contient le souffle de Dieu, qui n'a pas été aplani par nos intentions et explications conscientes. Heureusement, la sexualité résiste à tous nos efforts pour la brider et lui donner des formes acceptables. En essayant de ne pas fuir notre anxiété sexuelle, nous pourrions peut-être ressentir la présence de tous ses mystères.

Dans la Rome antique, les gens croyaient que Priape, dieu de la vigueur et de la vitalité sexuelles, était également le dieu qui rendait les hommes impuissants. Ces aspects de la sexualité, la vitalité et l'impuissance, sont tous deux dotés d'une importance et d'une légitimité égales, car tous deux sont sanctionnés par le dieu. Si nous essayons de conserver l'un au détriment de l'autre, nous ne connaîtrons jamais la plénitude du plaisir sexuel. Au même titre que l'attirance ou le retrait, l'échec sexuel a sa place chez qui souhaite s'approcher suffisamment de sa propre sexualité pour lui permettre de nourrir l'âme.

Dans notre culture, nous avons tendance à juger défavorablement chaque échec sexuel et nous sommes prêts à tout pour découvrir un remède immédiat. Mais toute thérapie sexuelle qui se hâte de nous guérir sans écouter ni honorer notre échec — notre dysfonction — joue le jeu de nos valeurs inconscientes qui font du succès ininterrompu, de la performance et du bon fonctionnement universel les rouages de notre culture. Du point de vue de l'âme, l'échec d'une fonction a un sens, il est digne de notre intérêt et mérite qu'on l'étudie. L'âme s'exprime à travers la fente créée par la dysfonction, rectifie notre désir herculéen de performance à tout prix et suscite une réflexion féconde. Si tout allait bien, nous n'aurions pas besoin de marquer une pause afin de réfléchir à ce que nous faisons.

Par conséquent, du point de vue de l'âme, la sexualité est parfois plus révélatrice dans les moments de panne que lorsque tout va pour le mieux. Alors, nous essayons désespérément d'explorer notre vie sexuelle, d'étudier les expériences passées et les attitudes présentes pour déterminer ce qui nous arrive. Tout cela, c'est une manne pour l'âme. Les déboires sexuels exigent peut-être que nous fassions preuve d'imagination afin d'envisager des changements que l'âme réclame. Peut-être devrions-nous adopter une philosophie sexuelle différente, une nouvelle attitude envers les hommes et les femmes, ou nous demander si nos problèmes ne découlent pas des rapports de force qui caractérisent notre relation et que nous faisons vivre dans notre sexualité. Les possibilités sont infinies.

Il est préférable de considérer l'anxiété, le sentiment de culpabilité, la confusion, le remords et l'appréhension comme des dimensions de la vie sexuelle plutôt que comme des échecs. Cette interprétation profonde du paradoxe de Priape suggère que l'un des présents de la sexualité serait une dissolution de l'autosatisfaction, de l'égoïsme et des goûts héroïques qui compriment toute notre vie, pas uniquement nos expériences sexuelles. C'est ainsi que notre sexualité peut nous ouvrir la voie de l'âme au lieu de n'être qu'une confirmation du *statu quo*.

La sexualité imprègne toutes les relations et chaque aspect d'une relation. Lorsque je reçois, en thérapie, un couple en difficulté sur le plan sexuel, je ne concentre pas automatiquement mon attention sur la mécanique des relations sexuelles ou sur des questions évidentes, même si le couple affirme énergiquement que le problème est d'ordre physique. J'essaie plutôt de déterminer ce que l'âme présente à la vie en général, en tenant pour acquis que la sexualité est intimement liée aux autres dimensions de la vie.

Un homme vint un jour m'expliquer que sa femme et lui ne s'intéressaient plus du tout aux relations sexuelles. Je constatai qu'il rejetait tout le blâme sur sa femme. «Elle a été élevée dans une famille puritaine. Elle est "coincée". Elle veut être une mère avant tout.» Il ne manquait certes pas de raisons pour lesquelles sa femme était coupable de la «dysfonction» sexuelle du couple.

Ce genre d'attitude traduit parfois une volonté d'éviter de regarder ses propres sentiments de trop près. Je posai à cet homme quelques questions sur lui-même et, en particulier, sur ses rêves. Il m'en raconta quelques-uns, qui ne s'articulaient pas autour de thèmes précisément érotiques, mais qui révélaient l'existence d'un conflit intérieur. Dans l'un de ces rêves, il était en train de s'habiller pour assister à un dîner chic lorsque son petit garçon courut vers lui, renversant son cornet de crème glacée au chocolat sur le veston qu'il venait d'endosser. Soudain très contrarié, le père s'efforçait ensuite désespérément d'empêcher quiconque de remarquer la tache.

Je trouvai très intéressant ce souci de préserver une image de pureté et de formalisme qui se trouvait gâchée par l'enfant. Le rêve suivait une trame curieuse: le père se souciait de son image, l'enfant venait la souiller, le père craignait qu'on voie la tache sur son veston. Nous avons parlé longuement d'une contradiction qu'il portait en lui, soit le désir de paraître adulte et bien élevé, déchiré en son for intérieur par une sorte de volonté infantile de faire éclater cette image.

Je ne fus guère étonné lorsque deux semaines après cette conversation, il m'annonça que ses relations sexuelles avec sa femme allaient mieux. Du moins pour le moment. Certaines personnes sont surprises d'apprendre qu'une difficulté sexuelle parvient souvent à se résoudre sans que les principaux intéressés aient réussi à faire la lumière sur la nature du problème. Il suffit parfois d'effleurer, d'éclairer ou de faire remuer la partie de l'âme responsable de la difficulté.

Quelque chose, chez cet homme, avait besoin d'être souillé par l'aliment favori de l'enfant, la crème glacée. Notre sexualité nous fait batifoler joyeusement à l'extérieur des limites imposées aux adultes. Peut-être nous sentons-nous salis par le désordre de ce monde indiscipliné, qui est parfois celui de l'enfant mais qui, pourtant, possède des propriétés régénératrices. Ficino est allé jusqu'à affirmer que toute guérison fait appel à un sursaut de l'âme, qui nous transportera au-delà des structures familières de la vie sérieuse.

Si nous définissons trop étroitement la sexualité, nous n'atteindrons peut-être jamais les sources plus profondes, plus riches de l'échec sexuel. Un homme et une femme vivent une relation sexuelle tous les jours et toute la journée. Ce qui se passe au lit ne peut être séparé de ce qui se passe dans la vie quotidienne. Ce n'est pas pour rien que le terme «relation» s'applique aussi bien à l'amour physique qu'aux rapports d'un tout autre genre.

Le lit du mariage est véritablement l'autel sur lequel il faut rendre hommage à maints dieux et déesses. Aphrodite n'est pas seulement l'incarnation de la sexualité. Même si son esprit domine, les autres aspects de notre vie sont profondément touchés par la dévotion dont nous faisons preuve à son égard dans les rituels spéciaux de l'amour physique. En revanche, parce que la sexualité n'est pas simplement l'expression physique de l'amour mais une dimension de notre univers, d'autres aspects de notre existence peuvent se répercuter en bien ou en mal sur notre sexualité.

Sexualité, agressivité et influence d'Éros

Nous pourrions également établir la gamme des émotions engendrées par la sexualité en examinant les couples mythologiques. Vénus entretient une relation particulière avec Mars, par exemple, qui est dessiné sous des traits quelque peu ténébreux sur un autre tableau célèbre de Botticelli, *Mars et Vénus*. Edgar Wind, dans son étude fouillée de l'imagerie de la Renaissance, *Pagan Mysteries in the Renaissance*, retrace l'histoire littéraire de ce curieux tandem, destiné à nous faire comprendre que la vie est faite de contrastes, notamment celui de la beauté et de la discorde. Sur le tableau de Botticelli, Mars est assoupi, les conflits sont adoucis par le charme puissant de Vénus. La séductrice s'est révélée plus forte que le soldat.

Les écrits psychologiques d'aujourd'hui débattent cette association sur des tons et dans des langages divers. Tous cernent cependant l'importance du bon fonctionnement sexuel d'un esprit agressif. Il n'est pas nécessaire, on s'en doute, d'utiliser le vocabulaire de la mythologie. Lorsque quelqu'un vient me parler de ses problèmes sexuels, je ne pense pas toujours à Botticelli, mais je recherche son tandem sexuel personnel. Quels sont ses phantasmes en matière de sexualité, de pouvoir, de relation, d'expression de soi et ainsi de suite? Dans le cas de l'homme dont nous avons parlé plus haut, le personnage de «l'enfant malpropre» était important pour son âme et, par conséquent, pour sa vie sexuelle. À propos de sexualité, Patricia Berry affirme que lorsque nous nous marions, nous perdons habituellement le caractère polymorphe de la sexualité infantile et, de ce fait, nous souffrons d'une notion excessivement adulte des rapports sexuels. L'homme en question avait visiblement besoin d'être sali par un cornet de crème glacée brandi par un enfant pour recouvrer ses capacités sexuelles. Ses émotions devaient être «contaminées» par l'enfance.

Vénus possède un autre partenaire mythologique fascinant, Éros. Dans le vieux conte d'Éros et de Psyché, il est le fils d'Aphrodite. Toutefois, l'histoire s'attarde sur un long baiser passionné qu'il donne à Aphrodite, nous laissant entendre qu'il serait aussi son amant. C'est sans doute une lapalissade que d'affirmer qu'une vie érotique a quelque chose à voir avec la sexualité, mais il est sûrement utile d'examiner l'étendue et la profondeur de cette relation.

«Éros» signifie littéralement «désir» et «envie». La plupart d'entre nous consacrent une bonne partie de leur vie à remplir leurs obligations plutôt qu'à satisfaire leurs désirs et leurs envies. Il arrive fréquemment que lorsqu'une personne vient me confier ses difficultés, je l'interroge sur ses désirs réels au lieu de lui demander tout simplement ce qui ne va pas. Je veux savoir dans quel état se trouve son «Éros», parce que l'âme est beaucoup plus touchée par la condition d'Éros que par l'incapacité de tout réussir dans la vie.

Dans *Eros the Bittersweet*, Anne Carson nourrit sa réflexion précise de textes classiques qu'elle confronte à la littérature et à la philosophie modernes. Elle conclut ensuite sa discussion du désir érotique par une équation: «Tout désir humain se trouve en équilibre sur l'axe du paradoxe, avec, comme perches, l'absence et la présence, avec, comme énergies motrices, l'amour et la haine[4].» Éros est un mystère car il n'est jamais pleinement satisfait, pourtant il trouve toujours des satisfactions. Il semble identique à l'amour et malgré cela, il entretient une relation cruciale avec la haine. Si nous n'identifions le désir qu'en fonction de ce que nous voulons, nous risquons d'oublier que les sentiments de haine dans lesquels nous nous débattons parfois peuvent contenir un élément érotique.

Dans son excellent ouvrage sur Dionysos, Karl Kerényi, historien de la religion grecque, mentionne un autre paradoxe: Éros est l'affirmation de la vie, certes, et pourtant il entretient une relation étroite avec la mort. Kerényi décrit Éros comme le «guide des âmes[5]» et notamment de l'âme lorsqu'elle fait son chemin vers la mort. James Hillman a constaté il y a longtemps que le terme «mort» ne doit pas être interprété ici littéralement, mais plutôt comme le mouvement qui nous entraîne hors de la vie, au fur et à mesure que nous la vivons et apprenons à la comprendre, vers une nouvelle perspective qui mêle les questions éternelles dans lesquelles l'âme se complaît. En d'autres termes, Éros nous entraîne plus avant dans notre âme ou, pour reprendre le texte de Hillman, «je découvre que quelle que soit la destination d'Éros, un incident psychologique se produit et que quel que soit le lieu de résidence de la psyché, Éros le constellera inévitablement[6].»

Dans les représentations d'art classique, Éros porte des ailes. Il vole, comme l'esprit vole, et il nous touche, comme l'esprit nous touche. Il peut nous entraîner dans des endroits extraordinaires. Tous, nous pouvons soudain être la proie d'un désir irrésistible, qui fera valser nos valeurs et idéaux bien établis. Mais chaque fois que la vie subit l'empreinte d'Éros, l'âme est intervenue.

Lorsque nous nous sentons coincés dans un mode de vie ou dans une relation, nous pourrions examiner de près les désirs profonds que nous ressentons, même s'ils nous paraissent plutôt névrotiques. Rêvai-je à un voyage à l'étranger? À des rapports sexuels anonymes? Suis-je obsédé par la nourriture, l'alcool ou toute autre drogue? Suis-je un lecteur compulsif? Tous ces symptômes révèlent la présence d'un désir et nous devons essayer de les lire minutieusement pour découvrir où l'âme s'installe et où elle se cache.

Pour inclure le désir aux soins que nous prodiguons à l'âme, nous pourrions aussi lui permettre de tenir une place essentielle dans la construction de notre vie. Il est important de ne pas ignorer les envies profondes, de ne pas les repousser pour des raisons pratiques, de ne pas faire fond exclusivement sur notre bon sens ou notre raison lorsque le moment de prendre des décisions approche. Sinon, nous risquons d'exclure de notre vie les soubresauts les plus mystérieux d'Éros. Une vie érotique est entièrement différente d'une vie rationnelle. En vivant notre érotisme, nous comprendrons que les désirs sont essentiels au développement de l'âme et ne devraient pas être repoussés avant d'avoir été soigneusement examinés.

Kerényi nous offre une image intéressante à propos du rôle d'Éros qui consiste à guider les âmes. Il mentionne un vase exposé dans un musée napolitain, sur lequel est peinte une scène étrange. Un jeune homme ailé lance un ballon décoré de motifs colorés à une femme hésitante. Le vase porte une inscription: «Ils m'ont lancé le ballon». Kerényi interprète cela comme une invitation à pénétrer dans le monde des morts. Éros est le messager, l'intermédiaire. Si nous suivons Hillman dans son interprétation de ce thème général, la femme est attirée vers l'âme par Éros.

À ce propos, une femme m'a raconté un jour l'un de ses rêves: un enfant lui lance une balle multicolore sur laquelle sont peints des étoiles et autres corps célestes. La balle continue de bondir, guidant la femme d'abord vers une maison dans laquelle vit une vieille femme autoritaire, puis vers une maison vide. La femme a l'impression qu'elle est censée pénétrer dans cette maison, mais elle hésite car elle a peur d'entrer dans une propriété privée. Finalement, au moment où le rêve se termine, elle entre.

Un grand mystère est à l'origine de ce rêve et il est d'autant plus intéressant lorsque nous l'examinons sous l'angle des images classiques fournies par Kerényi. La balle bondissante, dit-il, pourrait représenter la séduction d'Éros. C'est aussi un élément cosmique, une sphère couverte d'étoiles. Dans le très ancien culte grec d'Orphée, Éros lui-même était honoré comme le créateur du monde, un démiurge.

L'expérience érotique a des connotations espiègles, en harmonie avec la balle bondissante. Des invitations à pénétrer plus avant dans notre âme nous parviennent souvent sous des formes légères, voire insignifiantes. Il s'agit d'ailleurs d'une pensée à approfondir. Nous sommes guidés vers les profondeurs de l'âme par les événements espiègles de la vie et pas uniquement par ses aspects sérieux. Héraclite nous dit: «Le temps est un enfant qui déplace des pièces sur un jeu de tric-trac.» Quel contraste avec l'idée que toute vie est régie par un vieil homme imposant et austère! En fait, Éros est généralement décrit comme un adolescent malicieux, un jeune homme qui ne tient pas en place, ou un enfant imprévisible et désordonné.

Le rêve décrit par cette femme m'était apparu comme extrêmement significatif d'un point de vue fatidique, bien qu'il donnât l'impression d'être si frivole ou peut-être même à cause de cela. Dans un essai sur les contes de fées, Jung mentionne «la balle qui sert d'éclaireur», de talisman magique qui met l'âme en branle. Joseph Campbell a souvent commenté le conte du prince crapaud au début duquel une petite fille perd sa balle qui plonge dans un étang. Campbell interprète ce fait trivial comme un exemple de l'«appel de l'aventure» mythique. «L'aventure peut commencer», écrit-il, «par une simple petite bêtise, comme celle de la princesse de contes de fées; ce qui signifie qu'au cours d'une promenade tranquille, nous pourrions avoir l'œil attiré par un phénomène passager qui nous entraînera hors des sentiers battus[7].» Une fois de plus, nous constatons que la séduction est un thème important du progrès de l'âme.

Vivre une vie érotique consiste à suivre la balle bondissante, à nous laisser entraîner sur une voie différente par quelque chose d'espiègle et d'enfantin ou, plus précisément, par la vie même dans ce qu'elle a de plus espiègle. Notre sérieux habituel peut nous empêcher de voir et, sans aucun doute, d'apprécier les sortilèges érotiques que la vie sème chaque jour sur notre passage. Le caractère froidement médical avec lequel nous appréhendons la sexualité peut également nous empêcher d'apercevoir le remède à nos maladies sexuelles et les occasions d'étendre notre sexualité. Nous prenons tout cela trop au sérieux, nous faisons preuve d'une connaissance et d'un raffinement beaucoup trop adultes. Le désir sexuel signifie parfois que l'âme reçoit l'invitation de sortir de sa cachette pour prendre du bon temps.

La sexualité et la moralité

La sexualité est étroitement liée à Éros. Par conséquent, si nous désirons accroître la qualité de notre vie sexuelle, nous devrions envisager d'introduire davantage d'érotisme dans notre vie. Naturellement, bien des gens trouveront cette suggestion peu recommandable, car nous avons été élevés de manière à considérer le désir comme suspect, voire dangereux. Il est préférable, nous a-t-on seriné, de nous conduire correctement que de chercher à obtenir ce que nous désirons.

Bien qu'il soit tout à fait compréhensible de vouloir dresser des barrières morales autour de la sexualité, compte tenu de son pouvoir et de l'étendue de son ombre, l'âme risque d'être endommagée par une sensibilité morale mal orientée. Si nous opposons la sexualité et la moralité, notre moralité sera de nature défensive, conçue pour nous protéger des dangereux envoûtements de la sexualité. Mais la moralité défensive n'est pas la bonne. Elle est autoprotectrice et narcissique, superficielle et stagnante. Nous avons besoin d'une moralité profonde, imaginative, capable de creuser en permanence. La moralité défensive non seulement frustre l'âme de sa soif de plaisir, mais encore prévient l'apparition d'un autre type de moralité, véritablement capable de nous guider, bâti sur la sagesse. Que se passerait-il si nous n'opposions pas de manière aussi catégorique la sexualité et la moralité? Si nous avions au contraire l'impression qu'en imprégnant le plus possible notre vie de sexualité et d'érotisme, nous enrichirions sa moralité?

Laissez-moi vous donner un exemple. Une femme qui est venue me consulter était mariée depuis quinze ans à un homme qu'elle aimait sincèrement. Mais elle en aimait aussi un autre, que nous appellerons Timothée. Au début de son mariage, elle avait eu une liaison avec Timothée, et, bien qu'elle fût amoureuse de lui, elle en éprouvait un fort sentiment de culpabilité. Elle avait trois enfants et ne pouvait supporter l'idée de tromper son mari et sa famille simplement pour quelques moments occasionnels d'épanouissement sexuel véritable. Elle finit par rompre avec Timothée.

Quelques années plus tard, elle se rendit compte que son mariage avait un goût de bois mort. Elle avait mis de côté le désir puissant qu'elle ressentait pour Timothée, persuadée que son mariage en bénéficierait. Mais, en réalité, rien ne s'arrangea, au contraire. Elle ne voulait pas divorcer, elle ne voulait pas non plus d'un mariage vide de sens, elle ne voulait pas céder à son désir de Timothée. Comme on s'en doute, elle avait l'impression de se trouver dans une situation sans issue.

Peu à peu, son désir gagna la partie et la liaison reprit. Elle savait que son cœur souhaitait ardemment une relation avec Timothée, mais elle ne voulait toujours pas quitter sa famille pour lui. Elle aimait ses enfants et avait peur de les perdre. Cette fois, cependant, elle s'en ouvrit à son mari. Bien que celui-ci fît son possible pour susciter en elle un sentiment de culpabilité afin qu'elle rompe et lui revienne, elle préféra continuer à se débattre dans l'embrouillamini de ses émotions. L'expérience lui avait appris que si elle se résignait une fois de plus à rompre pour retrouver un mariage vide, tant sur le plan émotif que sexuel, elle «deviendrait folle», selon ses propres termes.

Finalement, son mari et elle se trouvèrent contraints d'examiner leur mariage de plus près et d'analyser leur propre personnalité. Tant qu'ils essayèrent de trouver une solution morale ou une réponse intellectuelle, ils ne parvinrent à rien. Mais lorsqu'ils commencèrent à discuter sans essayer à tout prix de cerner une solution, une sorte de déclic se produisit, qui les ahurit tous deux. Ils se mirent à éprouver plus de plaisir à faire l'amour ensemble que pendant toutes leurs années de vie conjugale.

Cette fois, elle mit fin à sa liaison, sans regret ni rancune. Naturellement, elle éprouvait un fort sentiment de perte et elle s'inquiétait de savoir si les changements dont bénéficiait sa vie conjugale seraient durables. Mais elle était en paix avec elle-même. Quelque chose de fort et de loyal en elle voulait préserver le mariage. Son mari, pour sa part, découvrit les efforts inconscients qu'il avait accomplis jusqu'à présent pour exclure l'intimité de leur mariage. Avec le temps, il cessa peu à peu de blâmer sa femme pour tous leurs problèmes. Il pouvait même entrevoir — sans toutefois l'accepter — l'idée que c'était le caractère rigide de leur union qui avait incité sa femme à chercher de l'affection en dehors. Pendant ce temps-là, en refusant de compromettre son besoin profond d'intimité érotique, sa femme était non seulement demeurée fidèle à son âme, mais avait contribué à faire rentrer l'âme dans le mariage.

Les courants d'Éros ont leurs propres exigences. Cette femme ne s'était pas tournée aveuglément vers une nouvelle passade. Pendant longtemps, elle avait vécu les complexités douloureuses de la conscience et l'enchevêtrement de ses désirs. À partir de là, elle avait découvert un nouveau genre de mariage et, bien qu'elle fût incapable, tout comme son mari, d'expliquer ce qui s'était passé, tous deux avaient ressenti un authentique renouveau d'amour.

Cela ne veut pas dire que la situation s'est réglée selon la morale parce que le mariage a perduré. Si cette femme avait décidé, au contraire, de vivre avec Timothée, elle aurait tout de même préservé sa sensibilité morale. Ce qui comptait pour elle, c'était d'être fidèle aux exigences contradictoires de son âme. À maintes reprises, son mari et elle auraient été très heureux de trouver une solution, mais tous deux savaient à quel point il était crucial de demeurer au cœur du problème jusqu'à ce qu'un déclic involontaire se produise. Cette attitude révèle une moralité proche de l'âme, profondément enchâssée dans la vie, le destin et l'émotion.

La moralité née de l'âme est presque toujours subtile, complexe, paradoxale et individuelle. En outre, elle ne se développe que très progressivement. Il faut du temps pour découvrir, dans certains domaines, ce qui est bien ou mal, comment nous devrions vivre notre vie, quelles valeurs l'emportent sur d'autres. Les personnes dont la vie s'articule autour du moralisme, par opposition à la moralité imprégnée d'âme, s'imaginent qu'elles ont réponse à tout. Elles émettent des jugements rapides sur les affaires des autres. Des gens par ailleurs intelligents et raffinés, qui ne se considèrent pas comme moralisateurs, sont souvent entraînés vers le moralisme dans des domaines où ils se sentent émotivement vulnérables.

La réflexion morale qui respecte les soubresauts inattendus d'Éros peut engendrer l'intimité et l'épanouissement sexuel. Mais les attitudes moralisatrices qui révèlent une méfiance chronique à l'égard d'Éros ne font qu'encourager une sexualité débridée, en réprimant le rôle important qu'elle joue dans la dynamique de l'âme. Elles créent en fait la confusion morale même qu'elles sont censées atténuer.

Lorsque la sensibilité morale et le respect d'Éros se confondent, ils finissent par donner naissance à ce que l'on pourrait appeler la «moralité érotique». Il s'agit d'un sentiment très minutieusement ajusté, qui admet que l'âme est fréquemment mise en mouvement par des désirs qui, au départ, peuvent semer la confusion mais qui, plus tard, se révéleront indispensables pour donner la meilleure forme possible à la vie. Ce genre de moralité affirme la vie au lieu de se limiter à des interdits, respecte Éros au lieu de s'en méfier. Il fait confiance au désir et, curieusement, ne suscite pas la compulsion.

Du point de vue érotique, surtout lorsque nous considérons Éros comme un «guide de l'âme», la peur que notre civilisation éprouve à l'égard de la sexualité et nos tentatives anxieuses de répression de l'instinct sexuel sont, en fin de compte, provoquées par une méfiance de l'âme. L'âme est génératrice de vie, déversant l'imagination sur un monde qui s'efforce de demeurer stable et sûr. La sexualité noue constamment de nouveaux liens, emplit nos phantasmes de nouvelles possibilités d'intimité, engendre des émotions et des sensations inconnues et palpitantes, ainsi que de nouvelles façons d'appréhender l'existence. Nos attitudes trop littérales ont tendance à réduire l'importance de la sexualité. Nos lectures étroites s'efforcent de la brider, de freiner la menace qu'elle représente pour le *statu quo* en la limitant de gré ou de force à l'amour physique.

Cette vision étroite de la sexualité peut aussi transformer un mariage en un arrangement sans intérêt, en donnant l'illusion que la vie conjugale exige que nous réprimions la tendance exogame de l'instinct sexuel, qui nous pousse dans d'autres directions. En adoptant une conception érotique, ancrée dans l'âme de la sexualité, nous pourrions faire du mariage le décor parfait dans lequel tous les aspects de la sexualité ont voix au chapitre. Nous pouvons nous montrer chastes, libidineux, dionysiaques, espiègles, maternels, priapiens, désireux d'expérimenter, daphnéens, voire aimer plusieurs personnes sans avoir à concrétiser ces merveilleux phantasmes dans la réalité. Il faut une solide imagination pour inviter Éros à un mariage et, pour que l'âme le suive, nous devons réagir par la poésie à notre propre sexualité.

La moralité peut être une force puissante dans une vie imprégnée d'âme et elle peut aussi nous aider à préserver la loyauté et la fidélité de nos relations, sous réserve qu'elle ne devienne pas l'ennemie du plaisir et du désir. Si elle encourage l'entrée d'Éros dans notre vie, une forte sensibilité morale peut nous aider à le cultiver pour en faire une dimension humanitaire de l'existence quotidienne et non le destructeur de la culture. Éros revigore les structures de notre vie et parvient à revêtir de véritables formes et dimensions humaines. Nous pourrions définir la moralité comme l'imagination nécessaire pour modeler Éros afin de lui donner une forme humaine. Par-dessus tout, ce n'est pas une force négative mais, au contraire, fortement positive.

Pornographie et relations personnelles

Dans des discussions que j'ai animées sur le thème de l'âme et de l'intimité, il s'est fréquemment trouvé des participants désireux de mettre sur le tapis le sujet de la pornographie, comme problème dont souffre leur relation. Naturellement, c'est un sujet important, surtout lorsqu'on pense au rôle de l'imagination dans la vie érotique[8].

Il arrive parfois que l'un des membres d'un couple fasse preuve d'un certain intérêt pour la pornographie, tandis que l'autre est offusqué ou, tout au moins, perturbé par cette attitude. Une femme pourrait penser, par exemple, que si son mari a besoin de stimulation sexuelle sous la forme de pornographie, elle-même ne suffit pas à le satisfaire: «J'aimerais bien que mon mari trouve ce qu'il recherche sur le plan sexuel dans notre relation, pas dans un magazine ou une cassette vidéo.» Un autre homme s'est plaint en ces termes: «Je suppose que je ne suis pas ce que ma femme recherche chez un homme puisqu'elle s'intéresse au corps des autres hommes.»

Il est difficile de débrouiller les problèmes causés par la pornographie car dans notre culture, elle suscite en général deux sortes de réaction: la compulsion et l'indignation morale. Ce schisme suggère qu'il s'agit pour nous d'un problème plutôt que d'un élément intégré à la vie quotidienne. Lorsque nous réagissons par la compulsion, d'une part, et par le moralisme, d'autre part, cela signifie que nous n'avons pas encore trouvé l'âme de la dimension qui nous dérange. Nous devons l'imaginer avec suffisamment de profondeur pour nous libérer soit de son attrait compulsif, soit du dégoût ou de la peur qu'elle nous inspire. Dans le cas de la pornographie, nous pourrions examiner de près notre répulsion ou notre fascination et nous demander avec sincérité: «Quelle est la fonction de cette "chose" dans notre vie?»

Le caractère sexuellement explicite de bien des rêves suggère que l'âme prend un certain plaisir à susciter des images pornographiques, que la pornographie n'est pas un problème personnel et qu'elle a peut-être une fin bien précise. Les rêves ne sont pas des créations d'un esprit névrotique. Au contraire, ils semblent enracinés si profondément dans notre nature, si primitifs, qu'ils nous montrent plus clairement que tout le reste de quelle étoffe est faite notre âme, même si leur message semble parfois obscur. Jung a déclaré un jour dans une conférence que les rêves reflétaient certaines tendances «dont le sens embrasse toute notre vie ou les aspects qui, momentanément, revêtent une importance primordiale». Il a ensuite ajouté une réserve importante, notamment en ce qui concerne les rêves pornographiques: «Le rêve présente une déclaration objective de ces tendances, une déclaration qui se moque totalement de nos désirs et de nos convictions conscients[9].»

Des personnes extrêmement rangées, respectables dans tous les sens du terme, m'ont parlé de rêves ponctués d'expériences sexuelles, de liaisons impersonnelles ou peu convenables, de situations d'une lascivité explicite, le tout accompagné en général d'un plaisir extraordinairement intense. Si nous acceptons l'idée selon laquelle les rêves traduisent des soubresauts ou des états de l'âme, nous pourrions alors nous demander ce qui peut bien intéresser l'âme à des images pornographiques. À quoi sert l'imagination pornographique?

Les rêves sont une forme d'art créée par l'âme pour notre gouverne. Nous devons les lire à travers le langage de la poésie, comme n'importe quelle autre forme d'art. Lorsque quelqu'un rêve, comme c'est fréquemment le cas, qu'une tornade approche, cela ne veut pas dire qu'il faudrait automatiquement bâtir un abri anticyclone. Il est facile d'interpréter la tornade comme une sorte de menace qui plane sur nos émotions, notre destin, nos relations et qui pourrait causer des dégâts. Ainsi, un rêve érotique ne doit pas forcément être interprété comme un message de notre sexualité. Dans un sens plus large, il nous présente des images précises de désir, d'attirance, de plaisir, de rapprochement, d'expression personnelle ou un éventail d'autres possibilités.

Lorsque quelqu'un se sent soudain fasciné par la pornographie, il convient de garder l'esprit ouvert et d'essayer de «lire» ce qui se passe chez cette personne à l'aide du langage de la poésie. Par exemple, quelqu'un qui réprime ses propres désirs et mène une vie fondée sur l'obligation pourrait fort bien consacrer ses nuits à une *extravaganza* sexuelle. Je ne veux pas dire par là que les rêves sont toujours une compensation ou reflètent un mode de vie entièrement opposé au nôtre, car l'âme peut aussi décider de changer de direction, de s'intéresser à un autre aspect de la vie, incarné par la fascination sexuelle.

Un intérêt envers la pornographie — livres, films, musique, projections — traduit le désir évident d'une intensification de la vie érotique et notamment de l'imagination sexuelle. Lorsque nous découvrons chez nous ou chez un de nos proches cet intérêt soudain, peu caractéristique, nous devrions commencer par nous poser des questions avant de porter un jugement. Cet intérêt a-t-il une raison d'être? Les livres médicaux de la Renaissance décrivaient Vénus comme l'une des zones humides de la vie. Nous pourrions par conséquent nous poser des questions sur notre aridité. Cette fascination pour l'érotisme serait-elle une réaction contre l'aridité de nos pensées et de notre mode de vie? Il n'est pas nécessaire de justifier l'imagination pornographique mais nous nous sentirions peut-être soulagés si nous pouvions la replacer dans son contexte.

Dans l'ensemble, notre culture accepte mal Éros et Vénus, le désir et la sexualité. Notre réaction, en tant que société, est souvent moralisatrice et répressive, ce qui signifie que nous n'avons pas encore réussi à incorporer ces forces puissantes dans notre mode de vie et de pensée. À titre personnel, nous sommes touchés par cette impasse, c'est pourquoi ce qui semble être tout d'abord un problème personnel, ne fait parfois que refléter un conflit plus vaste qui se déchaîne au sein de la société. Afin de régler ces problèmes sur le plan personnel, nous devrons parfois aller à contre-courant des attitudes dominantes de notre société.

Tant que nous considérerons la sexualité comme une fonction biologique limitée, voire comme un moyen de communication ou d'intimité, nous serons déconcertés par ses louvoiements inattendus. Il serait préférable d'admettre dès le départ que la sexualité est un aspect profond de l'âme, qui réunit le corps, les émotions et l'imagination en une expérience intense, susceptible de faire frémir chaque fibre de nos sentiments, mais que nous ne comprendrons jamais tout à fait. Par sa nature, elle reste mystérieuse. En ce qui nous concerne, si nous nous sentons subitement fascinés par la pornographie, nous serons peut-être contraints de satisfaire cette compulsion, mais il serait utile de l'observer minutieusement. Lorsque c'est notre partenaire qui semble fasciné, nous pouvons soit tolérer cette compulsion et l'aider en essayant de l'interroger à ce sujet, soit ressentir une répulsion telle que nous devrons trouver les moyens de nous protéger, du moins provisoirement. Une compulsion de ce genre est parfois insupportable, aussi nécessaire puisse-t-elle être à l'âme de celui qui la ressent.

Le mot grec *pornè* (littéralement «femme de mœurs légères») était parfois utilisé pour qualifier Aphrodite, la grande déesse. Cette étrange anecdote linguistique nous suggère que la pornographie n'est pas seulement normale, mais encore qu'elle a sans doute quelque chose de valable à offrir à l'âme. Nous pourrions trouver des moyens positifs de cultiver l'appréciation des images érotiques et nous pourrions également admettre que notre résistance est soit un effort d'atténuation de la compulsion, soit une défense naturelle contre un aspect de l'âme qui nous demande d'assouplir notre sensibilité morale et de la rendre plus subtile. Ces deux dynamiques peuvent jouer un rôle important et il faut parfois consacrer du temps et des efforts d'introspection à leur interprétation. Quoi qu'il en soit, ces efforts ne seront pas perdus puisqu'ils nous permettront de mieux apprécier l'imagination érotique et d'éviter à la fois la compulsion et la défensive.

Sexualité et intimité

En général, nous considérons la sexualité soit comme un phénomène entièrement physiologique, soit comme un aspect d'une relation interpersonnelle. L'une et l'autre de ces attitudes négligent l'âme de la sexualité qui se trouve dans l'imagination et grâce à laquelle nous parvenons à vivre notre sexualité, à titre d'individus, dans le contexte d'une relation, voire d'une société. Chacun de nous possède son histoire sexuelle composée d'anecdotes où figurent, en bien ou en mal, des personnes, des lieux ou des événements, certains vibrant toujours d'émotion. Peut-être avons-nous des désirs et des espoirs d'ordre sexuel. Nous pourrions regarder toutes ces images avec poésie, comme des créations de l'âme, en sachant que chacune résonne à de nombreux paliers. Le souvenir d'une expérience agréable traduit peut-être le désir d'une vie où le plaisir tiendrait une plus grande place. Un souvenir douloureux, en revanche, symbolise peut-être la désillusion et le désespoir, l'impossibilité de connaître la joie, le plaisir ou l'intimité. L'image que nous avons de nos propres qualités d'amant ou d'amante est peut-être imprégnée de ces souvenirs. Il est possible qu'au plus profond de nous-mêmes se terrent la peur de la révélation, la vieille dynamique des relations familiales, voire l'impossibilité de vivre à l'écoute de notre corps.

L'intimité de la sexualité, bien que toujours rattachée au corps, n'est jamais uniquement physique. La sexualité évoque toujours des éléments d'anecdotes et des fragments de personnages, c'est pourquoi le désir et la volonté d'être sexuellement transparent est véritablement une exhibition de l'âme. Nous nous découvrons nous-mêmes comme nous ne l'avons peut-être encore jamais fait et, par la même occasion, nous permettons à notre partenaire d'entrevoir et d'apprendre à connaître la personne que nous sommes. En dévoilant notre corps, nous dévoilons notre personnalité.

Il est normal que cette vulnérabilité entraîne des inhibitions de toutes sortes. L'intimité sexuelle consiste en partie à protéger les inhibitions de l'autre, car cette réserve est autant une expression de l'âme que le désir apparent d'être dévoilé. Que l'inhibition donne l'impression d'être le fruit d'une névrose ou d'une psychose n'entre pas en ligne de compte. Il nous faut la respecter pour préserver l'intimité de l'âme. Une personne qui répugne à s'exposer, tant sur le plan physique qu'émotif, n'a rien d'«anormal». Pas plus qu'une autre, qui éprouve du plaisir à exhiber sa sexualité. Tant l'exhibitionnisme que la frigidité sont des états d'âme. D'ailleurs, tout est relatif car au sein d'une société puritaine, une sexualité exubérante peut paraître tout à fait anormale.

L'intimité sexuelle commence par la reconnaissance et le respect du mystère et de la folie de l'autre, car c'est seulement grâce à ce mystère et à cette folie que l'âme peut se dévoiler. Je fais allusion ici à la folie platonique, bien entendu, soit à l'expression naturelle de l'âme qu'une société «normale» juge presque toujours «anormale». Peut-être devrons-nous nous protéger, à certains moments, de la confusion sexuelle de notre partenaire, mais si nous désirons nouer avec lui une relation intime, nous devrons trouver le moyen d'accepter ses phantasmes sexuels. Dans des cas extrêmes, peut-être estimerons-nous impossible de tolérer une vision particulièrement érotique du monde ou d'adopter des pensées sexuelles qui nous paraissent présenter un danger pour nous. Mais dans la plupart des cas, nous devrions accepter d'étirer notre imagination, d'élargir notre sensibilité, de reconnaître que l'âme se montre à chacun de nous sous un visage différent, notamment dans l'orientation précise de nos phantasmes sexuels.

Pour connaître l'intimité sexuelle, nous devrons également accepter l'idée que la sexualité est souvent blessée. Nos grands mythes contiennent maintes images de blessures sexuelles: la cuisse blessée d'Ulysse, la cuisse transpercée du Fisher King de Parsifal, l'impuissance du mari de Lady Chatterley, les obsessions d'Emma Bovary. En général, notre âme se déverse par ces blessures. Et il est fréquent que l'âme de la sexualité pénètre par l'ouverture que créent ces blessures sexuelles. Car ces ouvertures et transgressions physiques sont des zones d'intimité potentielles entre nous et ceux que nous aimons même si, en apparence, elles donnent l'impression d'être exactement le contraire. Il devient donc terriblement important de résister à la tendance moderne qui consiste à vanter à tout prix les mérites de la santé et de la plénitude. Nous portons tous des blessures sexuelles. Bien qu'il ne soit conseillé ni de nous y vautrer ni de renier leur existence, l'âme de notre relation apprécierait sûrement que nous leur réservions une place, que nous les protégions, sans essayer de les comprendre ou de les résoudre, mais en leur assurant l'intimité dont elles ont besoin tout en les invitant dans nos conversations les plus ouvertes.

À l'heure actuelle, lorsqu'on parle de blessures sexuelles, on a tendance à vouloir en cerner immédiatement les causes et les effets. Nous voulons à tout prix *savoir* pourquoi nous connaissons des difficultés et nous aimerions bien pouvoir en blâmer quelqu'un. Une autre attitude, plus proche de l'âme, consiste à résister à cette tentation qui ne conduit jamais à l'âme. Il serait préférable de nous ouvrir aux pensées, aux souvenirs et aux désirs que renferment nos craintes et nos regrets sexuels. La sexualité devient alors l'un des fleurons de l'âme, un moyen de pénétrer dans les cavernes érotiques du cœur.

Quelques vers d'un poème de Mary Mackey soulignent la différence entre l'intimité de l'âme dans le contexte de la sexualité — intimité définie par «le chemin le plus intérieur» qui se trouve aussi être le plus long — et le vif-argent d'une rapide rencontre sexuelle.

> L'amour naît d'années passées à respirer, peau contre peau, enchevêtrés dans nos rêves mutuels, jusqu'à ce que chaque nuit tisse un nouveau fil de la toile du sang et du sommeil...

> mais je n'ai fait que passer rapidement à travers toi, comme un éclair de lumière et tu n'as fait que m'envelopper brusquement comme une flamme.[10]

Cela ne veut pas dire qu'une rapide rencontre sexuelle n'a pas d'âme, mais que la sexualité nous rapproche de notre âme grâce à la répétition, au sommeil et aux rêves, aux années «passées à respirer peau contre peau». Il s'agit là d'éléments de la sexualité, et ce sont eux qui, souvent, tissent autour de l'âme les fils invisibles de l'intimité. Comme l'exprime le poème, nous nous laissons hypnotiser par la lumière et la flamme, en quête de l'«expérience» exceptionnelle, étourdissante, alors que l'âme recherche plutôt un mince réseau de fils qu'elle pourra tisser lentement afin de rattacher notre cœur à notre peau.

La sexualité a des racines profondes, qui traversent rapidement notre corps pour plonger dans les sentiments enfermés dans notre cœur. Bien qu'elle soit tendre et, de ce fait, très vulnérable, elle est aussi imprégnée d'âme. La sexualité est le miroir limpide de l'âme, son ultime banc d'essai et son geste. Elle tire une large part de son pouvoir émotif des profonds réservoirs de l'âme, de ses phantasmes et de ses contacts. Nous pouvons l'exploiter, nous servir d'elle pour manipuler les autres, l'utiliser avec agressivité, nous cacher d'elle, l'interpréter de manière erronée ou nous vautrer en elle, nous ne faisons là que lutter contre l'intervention éventuelle de l'âme. Car l'âme de la sexualité a le pouvoir d'évoquer une relation, de la préserver et de lui donner toute sa valeur. Comme c'est le cas de tous les autres aspects de l'âme, celui-ci exige que nous lui ouvrions la voie et que nous ressentions son pouvoir de réveiller la vie et de faire de nous, simples survivants d'un monde matériel, les chantres érotiques de notre propre existence.

Ombres d'intimité

Nous ne sommes pas entièrement à blâmer pour une union ratée (...) Même les alliances les plus mal assorties contiennent le germe d'un vrai mariage.

Ralph Waldo Emerson

CHAPITRE NEUF

Fins

La fin d'une relation est aussi mystérieuse que son commencement. À l'origine, le destin joue souvent un rôle majeur et, au fur et à mesure que le temps passe, c'est encore le destin qui conduit la relation par monts et par vaux. Pourtant, lorsqu'un mariage ou une liaison échouent, lorsqu'une amitié se refroidit, nous avons tendance à chercher des causes rationnelles et à blâmer l'une des parties pour ce que nous considérons comme un acte répréhensible, celui de la rupture. Nous oublions le destin et son influence considérable sur l'âme, nous nous jugeons entièrement responsables d'événements qui sont clairement l'œuvre de l'âme.

Pour honorer l'âme d'une relation, il faut aller jusqu'au bout. Parfois, cela signifie jusqu'à la fin de la relation. Si nous voyons l'âme s'infiltrer dans une relation par l'entremise du destin, nous pourrons peut-être la voir s'en échapper tristement à la fin. Blâmer l'autre pour la fin d'une relation est compréhensible lorsqu'il s'agit du moyen d'éviter la douleur provoquée par les exigences inexorables, parfois impitoyables du destin. Mais en évitant cette douleur, nous risquons de nous condamner à demeurer hantés pendant des années par les émotions et les images mêmes auxquelles nous avons voulu échapper.

Un homme se plaignit un jour que son ancienne femme avait fait preuve d'un égoïsme suprême en voulant divorcer pour vivre avec quelqu'un d'autre. Cet homme laissait depuis des années son amertume l'empoisonner, comme s'il attendait que sa femme déclare un jour sa culpabilité. Il est particulièrement aisé de contourner l'obstacle du destin lorsque notre partenaire a commis un acte qui le rend coupable à nos yeux. Pourtant, après quelques conversations, il devint évident que l'homme aussi en avait eu assez du mariage. Je lui demandai pourquoi il n'avait pas le premier tenté de s'extraire d'une relation clairement stérile et dépourvue d'âme. «J'espérais toujours qu'à un moment donné, les choses s'arrangeraient», répondit-il. Le destin nous demande d'être réceptifs, mais cela ne veut pas dire que nous devrions être passifs. Il faut du courage pour lire les signes qui nous entraîneront sur la voie du changement, qui nous demandent d'accepter l'amère vérité que nous voyons se révéler à nous, lentement et douloureusement. La fin d'une relation est parfois entièrement dans la logique des choses, une expression de son *logos*, de sa nature intrinsèque, de ses propres lois et exigences.

L'âme d'une relation ne se trouve pas uniquement dans chaque partenaire, mais aussi dans la relation même. En reprochant à l'autre d'avoir mis fin à la relation, nous oublions l'âme qui est née de la première impulsion amoureuse. L'amertume qui caractérise la fin d'une relation naît parfois d'une lutte de titans, de l'*ego* contre le destin, de la volonté personnelle contre des facteurs impersonnels. Peut-être avons-nous l'impression de souhaiter la rupture de toutes nos forces, mais c'est la relation même qui, habituellement, signale qu'elle a atteint ses limites, tout comme les symptômes du vieillissement sont les signes précurseurs de la mort.

La douleur que nous ressentons lorsqu'une relation tire à sa fin est en partie causée par le souvenir d'autres fins ou simplement par l'idée même de la fin. Nous ne souhaitons pas nous laisser aller à ces sentiments profonds qui nous rappellent la mort et toutes ses variantes. Cela est compréhensible. Il peut arriver aussi que les déboires d'une relation ne soient qu'une dimension d'un problème qui imprègne d'autres aspects de la vie. J'ai déjà donné l'exemple de ce jeune médecin dont la jalousie extrême avait brisé le mariage. Pourtant, d'autres symptômes semblaient indiquer que la jalousie n'était que l'une des dimensions d'un échec beaucoup plus fondamental qui rendait sa vie difficile et qui l'empêchait d'exercer correctement sa profession. Lorsqu'une relation prend fin, nous serions bien inspirés d'examiner les autres aspects de notre vie, les autres ruptures que nous avons vécues afin de voir comment ce défi et ce mystère majeurs pourraient s'appliquer à notre relation.

Il n'est pas rare qu'un seul partenaire sur deux se rende compte que la relation a pris fin. À ce moment-là, une lutte intérieure terrifiante peut s'engager en lui, l'obligeant à prendre une décision douloureuse pour introduire de force un changement qu'il n'avait jamais souhaité. L'autre risque d'avoir beaucoup de difficulté à reconnaître les mêmes indices ou, peut-être, à supporter le poids du destin. C'est pourquoi l'un des moyens d'échapper à la douleur consiste à blâmer la personne responsable de la rupture et de la juger égoïste et insensible.

«Il n'assume pas la responsabilité de ses actes», me dit un jour une femme tourmentée que son mari venait de quitter pour quelqu'un d'autre. Lorsque l'un des partenaires détecte les symptômes d'un échec de la relation et décide de refaire sa vie avec quelqu'un d'autre, il donne peut-être l'impression de vouloir échapper aux responsabilités et de se moquer entièrement des sentiments du conjoint. La question est délicate: Quelle est la différence entre la responsabilité que nous devons à l'âme et celle que nous devons à la relation?

Nous l'avons vu plus haut, l'idée même de responsabilité doit être approfondie. Étymologiquement, ce mot rappelle les anciens rites traditionnels selon lesquels on versait des libations en l'honneur d'un dieu ou d'une déesse. Pendant les cérémonies spéciales ou simplement au cours d'un dîner, on avait coutume de remplir une coupe de bon vin et d'en répandre lentement le contenu sur le sol, afin d'honorer le dieu ou l'esprit présent à la fête. Nous pourrions adapter ce rituel à notre vie personnelle, en laissant aller certaines émotions et désirs qui nous sont chers afin d'honorer l'esprit présent au dénouement.

Dans son sens le plus profond, la responsabilité exige que nous honorions le mystère qui gît au cœur même de toute situation. Il est possible que nous ayons ainsi l'impression de déshonorer les aspects superficiels de la relation et que l'on nous accuse d'irresponsabilité. Pourtant, à un niveau plus profond, notre comportement peut être entièrement responsable. C'est d'ailleurs si souvent le cas que lorsqu'une personne vient se plaindre du caractère irresponsable de quelqu'un d'autre, je cherche immédiatement à cerner le mystère qui se présente comme un obstacle terrifiant devant la personne offensée.

Comme c'est parfois le cas de la mort, d'autres types de dénouements peuvent se présenter brutalement et démentir tout ce en quoi nous croyons. La mort nous confond, par le moment qu'elle choisit et son mépris apparent des espoirs et des projets humains. Il est possible que la fin d'une relation nous ébahisse tout autant car nous ne comprenons pas ce qui a pu se produire. Platon a dit qu'un philosophe se préparait à la mort en libérant l'âme afin qu'elle puisse contempler des idées éternelles. Peut-être devrions-nous nous préparer aux tours du destin, y compris à la fin de notre relation, en élargissant notre conception de cette relation, en voyant au-delà de nos besoins et soucis personnels. Honorer le mystère d'une relation nous permet de replacer dans un contexte plus vaste sa forme et sa durée. À ce moment-là, nous pouvons nous débarrasser d'une partie de notre anxiété et de nos efforts.

Il arrive aussi que chaque partenaire joue un rôle différent lorsqu'une relation prend fin: l'un ressent le besoin de poursuivre sa route, l'autre se sent perdu et abandonné. C'est une situation que la psychologie archétypale appelle «archétype divisé», à savoir que la réalité a deux faces et que chaque partenaire en vit une. Malheureusement, l'âme a tendance à disparaître dans ce genre de situation car ni l'un ni l'autre partenaire ne ressent la tension authentique que la vie a introduite. En fait, le schisme sert de protection contre les besoins du destin et d'une volonté plus puissante. Il serait donc utile, en l'occurrence, de chercher à récupérer la partie du mystère que nous avons perdue ou donnée à notre partenaire. En reprenant possession du tout, nous recouvrons notre âme.

Lorsque l'un des partenaires s'ingénie à tout prix à rechercher les torts de l'autre, cela signifie peut-être que la relation s'est divisée en deux. Je me souviens d'un psychiatre qui était convaincu que les difficultés de son mariage avaient pour origine le caractère dur, exigeant et glacial de son beau-père. Il commençait par me décrire sa propre dépression puis, très vite, retombait dans la vieille histoire du beau-père. Sa femme, selon lui, avait été opprimée pendant son enfance et lui-même était déprimé parce que celle-ci ne pouvait lui offrir un mariage heureux. Cette histoire lui permettait, me semblait-il, d'ignorer sa propre contribution au mariage, ses propres histoires et émotions, son propre rôle dans les difficultés de la relation et la possibilité d'apporter un changement qui aurait peut-être permis au mariage de sortir de l'ornière.

Les occasions de maintenir une relation en état de schisme ne manquent guère. Par exemple, un fils qui juge son père trop autoritaire peut adopter un mode de vie totalement irresponsable, se tenant ainsi à l'écart de l'âme qui refléterait la complexité de la responsabilité comme de l'abandon. Une fille qui a horreur de voir sa mère s'ingérer dans sa vie peut essayer de prendre ses distances par rapport à elle, ce qui la conduira à mener une vie entièrement détachée d'autrui. Lorsqu'une relation prend fin, ces vieilles dissensions, ces vieilles blessures toujours béantes finissent par revêtir une importance primordiale et sont responsables de bien des séparations et divorces douloureux, ainsi que de la rage et de la rancœur qui perdurent longtemps après. Le meilleur conseil que l'on pourrait donner à des gens qui ne semblent pas pouvoir mettre fin à une relation ratée serait de cesser d'attendre que l'autre fasse le premier pas pour rompre. L'attente risque d'être interminable et la volonté de concentrer son attention sur l'autre peut être un moyen de tenir l'âme à distance.

Ce n'est pas vers notre conjoint que nous devrions tourner notre regard, mais vers l'âme elle-même, avec tous ses mystères et toutes ses interventions.

Nous tenons souvent pour acquis qu'une fois que deux personnes se sont rencontrées, elles ne devraient plus se séparer. Pourtant, tous les jours, des relations se terminent et les membres d'un couple partent chacun de leur côté, vers de nouvelles alliances. Je ne veux pas dire par là que nous devrions simplement faire preuve de réalisme, reconnaître la vérité amère, admettre que toute relation a une fin. Le sentiment qu'elle perdurera est toujours relié à l'instinct qui nous pousse à nouer de nouvelles relations. Mais lorsqu'elles se terminent, peut-être devrions-nous faire face à la volonté obscure, autoritaire des dieux qui, souvent, est contraire à tout désir humain. Nous pouvons loger cette leçon au fond de notre cœur, car la vie est un échange constant entre la volonté humaine et la providence divine. Nous avons besoin de courage pour préparer et créer une nouvelle vie, et d'une piété extrêmement profonde pour accepter les mystères qui la soutiennent. Chacun de nous doit être à la fois existentialiste et pieux, responsable et réceptif, pratique et intensément imaginatif.

L'une de mes amies d'enfance perdit son mari il y a quelques années, à la suite d'un cancer. Elle demeura très longtemps en colère et ne manquait pas de me le faire savoir mais, avec le temps, elle réussit à retrouver l'intimité par le truchement de la providence. La lutte contre les desseins mystérieux du destin est peut-être le seul moyen de découvrir que la vie n'est pas le fruit de notre propre volonté mais plutôt d'une volonté beaucoup plus grandiose. Nous ferions preuve d'un masochisme exagéré en nous livrant simplement au destin tandis qu'en luttant farouchement contre lui, nous pourrions reconnaître son intervention avec plus d'amour. La religion, dans son sens le plus profond, prend forme alors que nous apprenons, par la douleur et la perte, que la créativité qui caractérise notre vie est éphémère, simple ingrédient d'un acte de création à grande échelle.

La perte de l'amour et de l'intimité pourrait aussi être une forme très profonde d'initiation. Paradoxalement, le mot «initiation» signifie commencement et pourtant, bien des initiations parmi les plus puissantes font appel à la mort, sous une forme ou sous une autre. Mircea Eliade, le grand historien des religions, décrit la mort telle qu'elle est vécue lors des rites de passages ou d'initiation:

La mort signifie le dépassement de la condition profane, non sancti-
fiée, la condition de l'homme «au naturel», ignorant la religion et
aveugle au spirituel. Le mystère de l'initiation dévoile au néophyte,
petit à petit, les véritables dimensions de l'existence; en l'initiant au
sacré, le mystère l'oblige à assumer les responsabilités humaines[1].»

L'idée que la fin d'une relation est une forme d'initiation n'est pas
seulement imagée. La douleur d'une rupture est aussi celle du néophyte
qui est initié à une nouvelle conscience. C'est un exercice ardu qui permet
de sortir d'une attitude pragmatique, autosuffisante afin de se diriger vers
une sensibilité religieuse, une compréhension de la dépendance suprême
et une vie véritablement responsable. Nous découvrons à maintes reprises,
avec douleur, que la responsabilité n'est pas purement subjective ou
active. Elle fait appel à la reconnaissance des mystérieux facteurs qui
influencent et structurent chaque jour la vie. Ces initiations nous entraînent au-delà de la vie «naturelle», comme pourrait l'exprimer Eliade, en
nous sensibilisant au sacré. En les vivant pleinement, nous pouvons modifier notre conception de la vie, abandonner l'égocentrisme séculier au
profit d'un mode de vie réellement religieux.

Je sais bien que les amis et les professionnels exhortent parfois les
personnes dont la relation prend fin à tenir leur partenaire pour responsable ou leur conseillent de refaire leur vie, de se réjouir d'être débarrassés d'un conjoint aussi irresponsable. Toutefois, il s'agit là d'une tentative héroïque pour surmonter la mort d'une relation, au détriment de l'initiation que ce dénouement peut offrir. Eliade tient davantage compte de
l'âme, car il explore le thème de la mort dans la vie du point de vue de la
religion. En survivant à une fin — à la mort de l'âme — sans le bouclier du
blâme, de l'explication ou de la résolution, nous permettons à notre âme
d'atteindre des sommets que seule l'initiation peut lui offrir. Dans la vie
extérieure, cet exploit peut ressembler à une défaite, mais pour l'âme, les
expériences de mort telles que celle-ci tracent le chemin unique vers un
véritable commencement.

La description qu'Eliade nous offre de l'initiation est remarquable.
Elle suggère que toutes les fins sont des commencements potentiels et
que tous les commencements portent en eux le germe de la fin. L'attitude
volontaire face à la vie ressent la fin comme une contradiction, mais
l'imagination de l'âme, bâtie à partir de maints petits actes d'initiation,
voit la situation sous un angle différent, reconnaissant que les
commencements et les fins s'enroulent les uns dans les autres en un

processus mystérieux que nous ne pouvons apprécier qu'en démontrant une grande sensibilité envers les dimensions sacrées de la vie ordinaire.

Parfois, à la fin d'une relation, nous avons l'impression que quelque chose ne va pas chez nous, que nous sommes incapables de nouer une relation durable tandis que les autres sont heureux ensemble. Nous nous répétons que nous sommes condamnés à la solitude. Il est évident que la dépression et la désillusion qui accompagnent une rupture ont leur place et qu'elles contiennent une parcelle de vérité si elles ne sont pas acceptées dans un sens trop littéral ou trop personnel. Le sentiment d'incapacité qui nous envahit répond à une nouvelle sensibilité dont nous pouvons ensuite imprégner nos relations et notre vie. À certains moments, nous avons besoin de nous sentir incapables. Mais en nous vautrant littéralement dans ces sentiments, nous risquons de porter préjudice à l'initiation qui nous est offerte. Au lieu de dire: «Je suis incapable d'avoir une relation intime» — sentiment narcissique qui ne nous mènera nulle part — nous pourrions dire: «Mon âme exige davantage de moi. J'ai maintenant la possibilité de me rapprocher de quelqu'un d'autre en nouant une relation plus profonde.»

Le seul moyen d'être initié consiste à se joindre à la procession des néophytes et de revêtir le costume des morts. Nous devons pénétrer dans les événements, les images et les sentiments qui constituent l'expérience de la fin. En résistant à ces sentiments, nous rejetterions le rite. Comme le prouvent les traditions religieuses, l'âme tire profit d'un examen de conscience. Il n'y a rien de mal à se demander pourquoi une relation a «échoué». Les problèmes surgissent lorsque cet examen n'est pas honnête ou ne va pas jusqu'au fond du problème. Alors, il se transforme en un exercice d'apitoiement sur soi et de jugement narcissique. L'examen de conscience, rite associé à l'initiation, n'a rien à voir avec le jugement masochiste. C'est une auto-exploration loyale de l'âme.

Les dénouements sont douloureux et pourtant, ils nous offrent le moyen indispensable de nous élever vers d'autres sentiments, d'autres secteurs de l'imagination. Le renouveau ne signifie pas nécessairement que nous devrions repartir à zéro; c'est plutôt la découverte d'un nouveau commencement. Non seulement devons-nous éviter de séparer celui qui rompt de celui qui se sent victime de la rupture, mais encore devrions-nous prendre soin de ne pas séparer la fin du commencement, le commencement de la fin. Les deux vont main dans la main, pas seulement parce qu'ils ont une relation de cause à effet — il faut une fin pour qu'il y ait un commencement — mais aussi parce qu'ils représentent un paradoxe émotif: la douleur de la fin ne fait qu'un avec l'exaltation du commencement.

Pour en revenir à Eliade, nous voyons que la fin d'une relation ne doit pas être interprétée littéralement comme un échec, mais plutôt comme le moyen de parvenir à un niveau plus élevé d'expérience. C'est la signification de l'initiation et c'est pour cette raison que les rites initiatiques de toutes les religions du monde emploient des images funéraires. Nous n'atteignons cet étage supérieur qu'une fois que notre âme est morte dans la douleur. Et qu'est-ce qui pourrait être plus douloureux pour l'âme que la fin d'une relation?

Si nous résistons à la douleur de la fin, nous perdons l'occasion de nous initier. Si nous enlaçons la douleur, nous trouverons non seulement un commencement qui ne sera pas seulement la répétition de ce que nous avons déjà vécu, mais encore la consolation de savoir que, mystérieusement, avec l'aide du destin et non par voie des intentions humaines, la relation a rempli son rôle. En apparence, elle s'est soldée par un échec mais, pour l'âme, elle est parvenue fructueusement à terme.

Le mot «divorce» ne signifie ni fin ni dénouement. Étymologiquement, divorcer veut dire se tourner d'un autre côté, emprunter une direction différente. «Divorce» et «diversion» ont la même étymologie, tous deux viennent du latin *divertere*, qui suggère que le divorce n'est pas l'impossibilité des parties de respecter un engagement, mais plutôt un signe du destin qui nous expédie chacun dans une direction différente. Lorsque notre conception de la fin repose sur un jugement moralisateur, nous créons une culture bourrée de sentiment de culpabilité, de phantasmes perfectionnistes et d'une responsabilité qui n'est pas la bonne. Victimes du sentiment de culpabilité, il nous est impossible d'être véritablement responsables. Si, en revanche, nos idées de la fin sont nimbées d'une piété authentique et reconnaissent les forces centrifuges de la vie, nous pourrions alors voir la sagesse qui imprègne la fin d'une relation, sans pour autant renier la douleur.

«Divorce» est un mot teinté d'opprobre, alors que «diversion» est léger jusqu'à la frivolité. Je me souviens d'une femme qui est venue un jour me trouver, désireuse de divorcer. Elle avait épousé un riche cadre supérieur d'entreprise et en avait assez de n'être qu'un élément secondaire de sa vie, bien moins important que sa carrière. Elle était fatiguée de ce traitement si cavalier. Mais bien qu'elle désirât ardemment le divorce, son sens limité de la responsabilité l'empêchait de prendre ses puissantes émotions au sérieux. Pour elle, le désir du divorce n'était qu'une sorte de diversion. Ce désir ne faisait pas le poids, comparé à l'importance de ses vœux matrimoniaux. Durant nos conversations, elle me donna l'impression de rechercher une raison de divorcer qui donnerait suffisamment de poids à ses sentiments.

Nous avons généralement tendance à chercher en dehors de notre âme le poids qui justifierait nos sentiments. Malheureusement, les raisons que nous invoquons pour justifier nos actes tiennent notre âme à l'écart. Si nous pouvions sentir le sérieux de notre imagination, nous n'aurions pas besoin de rationalisations pour prendre des décisions sans nous sentir coupables; et nos décisions ne nous paraîtraient pas incomplètes si nous les prenions en collaboration avec notre âme, en accordant à nos intuitions et à l'expression de nos sentiments intérieurs toute l'autorité qu'elles méritent.

L'avenir de relations passées

En apparence, la fin se définit d'une manière nette: la relation n'existe plus. Du point de vue de l'âme, en revanche, la fin n'est pas une description littérale de la situation. C'est plutôt un changement radical au niveau de l'imagination.

Prenons par exemple le décès d'un père. Dans l'âme de la fille, la relation pourrait fort bien s'intensifier et devenir le mythe primordial à travers le filtre duquel devront passer toutes ses autres relations, sa carrière, ainsi que tout autre aspect de sa vie. Les souvenirs de son père deviendront plus vivaces que jamais et de nouveaux sentiments apparaîtront. Le père pourrait acquérir sur la vie de sa fille une influence beaucoup plus étendue que lorsqu'il était en vie.

Un homme divorce, persuadé que ses pensées emprunteront désormais une autre voie. Curieusement, il rêve à son ex-femme, il rêve qu'elle le séduit, ce qui lui suggère qu'elle ressent à ce moment-là un renouveau de désir pour lui. Maintenant qu'il est débarrassé des sentiments conflictuels suscités par la décision de divorcer et la séparation, il constate que de nouvelles émotions, autrefois mises de côté, reparaissent sur le devant de la scène. Des années plus tard, il dira, comme bien des gens: «Je n'étais pas vraiment obligé de divorcer... Si j'avais alors su ce que je sais maintenant...» Apparemment, chaque relation contient une parcelle d'éternité qui fait obstacle à la décision raisonnée de rompre tous les liens.

Il est évident que nos relations ne sont ni aussi simples ni aussi limitées que nous voulons bien le croire. Au cours de notre vie, nous ne ferons la connaissance que d'un très petit nombre de gens et c'est seulement avec quelques-uns d'entre eux que nous aurons des relations intimes. Ces relations sont cruciales pour l'âme, quelle que soit la décision que nous prenions en apparence. Elles nous initient à nous-mêmes. Elles façonnent notre vie, non seulement notre biographie officielle, mais encore la personnalité de notre âme. Le changement et l'oubli peuvent donner l'impression que les relations sont provisoires, inféodées aux événements, mais, pour l'âme, le souvenir et le rapprochement éternel sont plus importants. La fin d'une relation pourrait fort bien lier l'âme encore plus étroitement, l'emprisonner dans une émotion encore plus intense et non le contraire. Pour vivre à l'écoute de notre âme, nous devrions respecter les préférences particulières qui vivent au plus profond de notre cœur.

C'est pourquoi il est important d'honorer les morts, notamment ceux avec lesquels nous avons eu une relation intime. L'âme ne limite pas son expérience aux confins de l'existence. La mort n'efface pas une relation, elle la place dans un contexte différent, tout simplement. En respectant notre relation avec les morts, nous offrons à l'âme sa nourriture d'éternité, de mélancolie, de mystère et le type de rapprochement qui n'est littéralement pas de ce monde. Bien des histoires à propos de l'âme nous démontrent qu'elle n'est pas entièrement à son aise dans cette vie et qu'elle s'efforce constamment de s'évader de la prison que représente pour elle le monde des vivants. Nous pouvons l'honorer en protégeant notre relation avec les morts, que ce soit en allant décorer leurs tombes, en priant pour eux lorsque leur souvenir nous traverse l'esprit, en donnant leur nom à nos enfants, en conservant et en utilisant des objets qu'ils ont laissés, en racontant des anecdotes à leur sujet et en gardant à portée de la main des photos et des tableaux qui les représentent.

Nos ancêtres nous donnent quelque chose d'irremplaçable et de précieux lorsque nous entretenons notre relation avec eux. Ils sont nos liens véritables avec l'éternel et il n'est pas étonnant que maintes religions mettent l'accent sur les hommages qui leur sont dus. Ces rituels et pratiques peuvent nous apprendre comment nous pourrions honorer nos ancêtres, nos parents et amis disparus.

Au cours de l'une des premières séances de thérapie que j'ai suivie en tant que patient, le thérapeute, qui subodorait apparemment chez moi une espèce de complexe du père, commença à m'interroger à ce sujet. Immédiatement, je pensai à mon grand-père paternel, qui était mort pour me sauver la vie lorsque j'avais quatre ans. Au fur et à mesure que le souvenir de l'accident se faisait plus net dans mon esprit, je me sentais envahi par un profond sentiment de gratitude. Pour la première fois, je sentis le poids et les répercussions de ma relation avec mon grand-père. Je fondis en larmes, à la grande contrariété du thérapeute qui tenait absolument à son complexe du père. Il m'adjura d'ignorer les sentiments qui m'envahissaient afin de passer à des questions plus importantes. Et pourtant, aujourd'hui encore, lorsque je me souviens de cette illumination, je ressens encore une profonde gratitude. J'entretiens cette relation intime avec mon grand-père, je sens son souffle donner vie à mon corps et je conserve le souvenir vivace de son don de vie.

Le soin de l'âme diffère radicalement d'une large part de la psychothérapie moderne parce qu'il offre une profonde appréciation des personnalités importantes de notre vie, même si elles ont leurs défauts, même si la relation n'est pas parfaite. La psychologie préfère analyser pour accroître la compréhension. Pourtant, la compréhension n'intéresse guère l'âme. Imaginez-vous en train de raconter des anecdotes sur les morts, non pour en apprendre davantage sur vous-mêmes, mais simplement pour nouer une relation profonde et durable avec vos ancêtres. L'âme reçoit alors l'éternité, tandis que la compréhension ne lui procure qu'une parcelle supplémentaire de logique qui n'a pas grand-chose à voir avec l'accueil de l'infini dans nos vies finies.

Quoi qu'il en soit, il n'est pas question de décider si oui ou non nous devrions nous intéresser aux morts. Ils se présentent spontanément à nous dans nos souvenirs, nos rêves et des apparitions momentanées, diurnes ou nocturnes. Parfois, ils apparaissent au cours d'un événement qui nous transporte dans le passé. Ils peuvent aussi habiter le corps des vivants; par exemple, je revois mon grand-père dans certaines expressions du visage de ma fille, notamment lorsqu'une situation quelconque suscite son amusement. Lorsque je pose la tête sur l'oreiller, le soir, il arrive que le visage de l'une de mes tantes apparaisse, ou parfois celui de mes grands-parents maternels. Quelles que soient nos convictions métaphysiques ou théologiques, quels que soient nos croyances et nos espoirs, nous devons laisser notre cœur accueillir ces apparitions sans vouloir à tout prix faire intervenir notre intellect.

Le grand mystère de la mort et de l'après-vie défie perpétuellement notre souci de compréhension. Bien que la science et certaines pratiques spiritualistes essaient de percer le mystère, il est possible, voire fructueux, de lui donner une place importante dans notre vie. Qui sait quel type de relation avec les morts est véritablement efficace? En demeurant dans l'ignorance à ce propos, nous pouvons cultiver avec succès cette relation. Une profonde sensibilité religieuse pourrait surgir dans notre vie, simplement parce que nous essayons de nous souvenir de nos amis et parents disparus. Une fois de plus, c'est la relation qui sert l'âme plutôt que l'inverse.

De nos jours, on nous recommande de tirer profit de nos relations passées en essayant de ne pas réitérer les mêmes erreurs. Mais cette démarche utilitaire ne renferme pas beaucoup d'âme. Au demeurant, l'histoire de notre vie révèle que nous continuons de commettre les mêmes erreurs. Ce qui compte, ce n'est pas tant d'apprendre à partir de nos prétendus échecs, mais de leur permettre de nous initier aux rouages de l'âme. En accueillant les sentiments qui se présentent à nous au moment des ruptures, ainsi que les pensées et sentiments qui perdurent ensuite, nous nous renouvelons. L'âme n'apprend pas, mais elle est capable d'effectuer sa propre métamorphose, de chenille en papillon, pour reprendre la métaphore d'Emerson. L'âme effectue ces «ascensions de l'état», subit ces rites initiatiques en se prêtant aux expériences de la vie, y compris les relations et leur dénouement.

Chez beaucoup de gens, la colère qui accompagne la fin d'une relation fait obstacle à l'initiation et au renouveau. Ils se sentent victimes l'un de l'autre et restent coincés dans cette situation. Bien des thérapeutes encouragent ces personnes à ressentir et à exprimer leur colère et leur fureur. La psychologie moderne a tendance à résoudre les émotions de cette manière, en intensifiant l'expérience et l'expression des sentiments comme s'ils étaient une fin. Mais l'âme se trouve souvent délaissée par cette auto-expression simpliste.

Il est possible qu'en exprimant notre colère, nous demeurions dans le domaine des rapports de force interpersonnels: mettons les choses au point, ne devenons pas victimes, ne laissons pas l'autre prendre le dessus. Pourtant, si nous n'exprimons pas de colère, nous ne pouvons que la refouler et chacun sait à quel point la colère refoulée peut être dangereuse. Nous pourrions peut-être nous extraire de ce dilemme en suivant l'exemple de nos ancêtres de la Renaissance, qui ne parlaient pas de la colère comme telle. Ils utilisaient l'image mythologique de Mars, le dieu de la guerre et du conflit, comme figure grandiose, «transpersonnelle», qui permettait de replacer la colère dans un contexte beaucoup plus vaste. En général, tout ce qui surgit de l'âme, qu'il s'agisse de l'émotion, de la pensée ou du phantasme, apparaît d'abord sous une forme brute. Notre tâche consiste à raffiner cet aspect brut, parfois pendant plusieurs années, en nous servant de la réflexion, de l'expérience et de l'expérimentation jusqu'au moment où les sentiments seront devenus suffisamment subtils pour s'intégrer à notre personnalité et à notre vie. La colère n'est pas nécessairement créative en soi. Nous pouvons l'utiliser comme matière première pour protéger notre ignorance. Mais à ce titre, elle peut être le point de départ, le germe d'un ingrédient essentiel d'une vie à l'écoute de l'âme, que nous pourrions imaginer avec poésie comme l'esprit de Mars.

Les philosophes de la Renaissance enseignaient que la colère pouvait être une invitation lancée à Mars de consteller notre âme. La tradition nous révèle que la présence de Mars permet d'accomplir bien des choses. En effet, il réchauffe, renforce, solidifie et intensifie tout ce qu'il touche. La colère peut s'exprimer soit comme une simple réaction aux événements, soit comme une manifestation de Mars qui s'est réfugié dans notre personnalité. Ces deux expressions de la colère diffèrent considérablement l'une de l'autre. La première est une explosion d'émotion entièrement dépourvue d'imagination. L'autre, en revanche, est une expression des qualités de Mars, soit la fermeté, la vigueur morale, l'intensité, la clarté et la précision.

La colère que suscite en nous une relation peut être résolue de cette manière, ni par un refoulement défensif ni par une expression simpliste. Elle peut nous permettre d'introduire la force et la fermeté dans notre personnalité et, ainsi, nous préparer à une relation fermement ancrée. En recueillant la colère qui gronde au plus profond de nous-mêmes, en faisant de sa force et de son intensité un élément intrinsèque de notre caractère, en lui permettant de cuirasser notre cœur, nous faisons subir à notre âme une initiation indispensable pour nouer une autre relation intime.

Lorsqu'une relation se termine, d'autres sentiments puissants bouillonnent parfois, en sus de la colère. À un niveau plus profond, notre espoir de l'avenir, notre confiance en nous, nos efforts pour bâtir une vie réussie sont ébranlés. Nous nous sentons envahis de chagrin et de désespoir. L'attitude la plus fructueuse pour l'âme, mais aussi la plus difficile à adopter, consiste à admettre que nos pensées optimistes de l'avenir et notre confiance en nous ne pourront survivre, voire prospérer qu'en étant parfois ballottées par ce genre de tempête et que ces qualités ne sont peut-être pas aussi solidement enracinées en nous que nous le souhaiterions. Nous devrions peut-être les intensifier en nous livrant à la réflexion occasionnée par l'échec. Et nous devrions peut-être reconnaître que le chagrin et le deuil sont des éléments essentiels de la vie de l'âme.

J'aimerais reprendre l'idée que nous avons explorée plus haut dans ce chapitre, à savoir que la fin d'une relation peut être vécue comme un difficile rite de passage de l'âme. Dans l'un des rituels décrits par Mircea Eliade, un jeune garçon de douze ans est conduit dans la brousse puis couvert de sang. Ensuite, on lui transperce la peau avant de lui donner un nouveau nom. Son clan le pleure comme s'il était mort. Pendant la nuit qu'il passe en forêt il entend les chants sacrés. Le lendemain, on lui bouche les oreilles et on lui bande les yeux. Un adulte guide ses pas[2].

Tout comme les initiations, quelles qu'elles soient, reproduisent une fin, toutes les fins sont des initiations. Alors que nous pensions avoir atteint le succès, nous nous retrouvons brusquement sur terrain inculte. Peut-être éprouverons-nous un sentiment de perte et de régression, peut-être aurons-nous l'impression d'avoir perdu du temps, de nous retrouver à la case départ, à la traîne de ceux qui semblent avoir réussi leur vie. Peut-être nous sentirons-nous sourds et aveugles, obligés de rechercher le réconfort auprès de nos amis, de solliciter leurs conseils. Peut-être aurons-nous l'impression de baigner dans le sang des émotions et des sentiments à l'état brut, après avoir été battus, fouettés, martelés.

Je ne veux pas dire par là que lorsqu'une relation se termine, nous devrions retomber dans l'impuissance de l'enfance. Tous, même les personnes les plus fines, qui vivent à l'écoute de leur âme, connaissent des ruptures. Il est impossible de s'immuniser contre les fluctuations de l'âme, car sa capacité d'enrichissement est infinie. La matière première fournie par notre vie et notre personnalité est renouvelable à l'infini.

Il est important de comprendre que ce n'est pas le soi qui est initié, mais l'âme. Ce n'est pas «je» qui a besoin de grandir pour entendre les chants sacrés qui illuminent les arcanes de la vie adulte. Mes précieuses théories sur les relations, l'assurance de mes qualités, ma certitude arrogante d'être le parfait compagnon, la mainmise que je souhaite avoir sur mon propre avenir, ma conception de ce qui est ou n'est pas une relation saine... toutes ces réflexions et tous ces phantasmes doivent être assujettis aux rites de passage avant de pouvoir servir à quelque chose dans la vie adulte et de prendre leur place dans les mystères sacrés de l'intimité. Eliade explique que le néophyte subit «les révélations du sacré, de la mort et de la sexualité». Une rupture peut être l'occasion de découvrir la vie, sous ses aspects les plus élémentaires et les plus redoutables, y compris ceux de la mort et de la sexualité.

Considérer la fin d'une relation comme une initiation de l'âme peut se répercuter sur la psychothérapie. Il est fréquent que nous appelions la thérapie à l'aide lorsqu'une relation est sur le point de se terminer ou dans le sillage d'un divorce. Certaines personnes consultent un thérapeute dans l'espoir futile d'éviter la rupture. Dans chaque cas, on peut considérer la thérapie comme le moyen d'aider le patient à vivre l'initiation de son âme. Dans le récit d'Eliade, les aînés du clan établissent les rites et guident le jeune garçon. Ils prennent soin de s'assurer que le néophyte ressent toute la peur et les frissons qui l'accompagnent, en sachant que l'initiation ne peut être efficace en l'absence de ces émotions puissantes, «négatives». Un thérapeute pourrait agir de même, en aidant le patient à vivre pleinement les émotions et les images qui accompagnent la fin d'une relation. Non seulement l'expérience serait-elle particulièrement précieuse pour l'âme, mais encore la décision d'en finir avec la relation, le traitement réservé aux détritus de la rupture pourraient-ils s'enraciner plus profondément dans l'âme. En fin de compte, le travail de l'âme est plus efficace pour enrichir notre vie que nos réactions habituelles, prétendument «utiles»: épargner la douleur aux gens, vouloir à tout prix maintenir une relation en vie, ne pas se retrouver victime de quelqu'un d'autre, désirer comprendre pourquoi telle ou telle chose est arrivée, et ainsi de suite.

Je ne veux pas suggérer que nous devrions laisser les relations pourrir et prendre fin simplement parce que ce phénomène nous serait salutaire. Il est évident qu'en agissant ainsi, nous utiliserions l'autre personne à nos fins. Un véritable dénouement n'est pas une retraite défensive. Il se produit à la suite d'une décision, certes, mais il est aussi le fruit des manigances du destin et des tournants de la vie. Lorsqu'un attachement profond caractérise une relation matrimoniale, amicale, familiale ou communautaire, on ne doit pas l'abandonner facilement. Même si la rupture suscite notre colère, celle-ci ne doit pas nous empêcher de connaître l'initiation. Ficino s'exprime avec éloquence à ce sujet et ses paroles sont aussi pertinentes aujourd'hui qu'elles l'étaient à son époque:

> Pythagore nous supplie de ne pas laisser un ami s'éloigner de nous sans réfléchir, quelle que soit la raison. Au contraire, nous devrions rester avec cet ami aussi longtemps que possible, jusqu'à ce que nous soyons contraints de l'abandonner complètement, contre notre volonté. C'est une chose grave que de jeter l'argent par les fenêtres, mais abandonner un ami est encore plus grave. Rien, dans l'existence humaine, n'est plus rare, n'est plus cher à notre cœur que la possession d'un ami. Nulle perte n'est aussi redoutable, plus dangereuse que celle d'un ami.

La fin d'une relation donne le coup d'envoi d'un moment difficile où les émotions douloureuses viennent défier nos phantasmes et où la vulnérabilité la plus «dangereuse», pour reprendre le terme de Ficino, s'empare de nous. C'est aussi un moment crucial pour l'âme, l'occasion d'atteindre un degré nouveau d'ouverture d'esprit ou, au contraire, de plonger dans la rigidité. Si nous pensions à notre âme et pas seulement à notre personnalité ou à notre protection émotive, nous pourrions comprendre que la fin d'une relation peut nous ouvrir la porte d'un monde inconnu et prometteur. Nous pourrions découvrir qu'il est possible de danser en suivant la cadence du destin, et non seulement de survivre, mais aussi de pénétrer dans un monde d'une vitalité jamais surpassée.

CHAPITRE DIX

Pathologie de l'amour

Pathos est l'un de ces grands mots, au même titre que *logos, eros, dharma, tao* ou *esse*, qui refusent d'être emprisonnés dans une définition stricte parce qu'ils évoquent des mystères d'une étendue et d'une profondeur infinies. Les Grecs de l'Antiquité utilisent le terme *pathos* pour désigner l'émotion, le vécu, le sentiment, voire l'empreinte divine sur la vie humaine. Le *pathos* imprègne l'art, notamment la musique. Prenons par exemple l'émouvante sonate *Pathétique* de Beethoven, ou la *Symphonie Pathétique* de Tchaïkovski. Il serait judicieux de garder ces usages à l'esprit lorsqu'on examine une variante plus moderne, moins esthétique de ce terme, créée par la médecine et la psychologie, soit la «pathologie».

Bien que les dictionnaires considèrent généralement le préfixe «patho» comme évocateur de la souffrance ou de la maladie, il s'agit là d'une définition à la fois limitée et trompeuse. Lorsque nous subissons un choc, par exemple à la mort d'un proche ou lorsqu'un amour puissant s'empare de nous, ou encore lorsqu'un changement important s'installe dans notre vie, nous pourrions réunir toutes ces expériences sous le vocable «souffrance», parce qu'elles nous surprennent, elles nous désorientent et éveillent en nous la douleur causée par l'incertitude du lendemain. Mais d'un point de vue moins subjectif, le *pathos* se définit plutôt comme une visite angélique, fatidique ou surnaturelle. Il est à la fois moins personnel et plus suggestif que le terme «souffrance».

Si nous prenions en considération l'emploi de ce mot dans les religions antiques, nous réunirions sous l'appellation «pathologistes psychologiques» toutes les personnes qui s'intéressent aux troubles de l'âme à la suite d'une intrusion divine ou d'un traumatisme psychologique. Nous pourrions définir les états pathologiques qui accompagnent fréquemment l'amour par les sensations que provoquent les changements profonds ainsi que la restructuration de la vie et de la personnalité.

Les états pathologiques en tous genres sont généralement destructeurs et douloureux, mais nous avons vu qu'il était possible de les considérer également comme des soubresauts de l'âme. La maladie apporte elle aussi quelque chose de précieux à l'âme et toujours, en dépit de nos efforts pour cerner une cause matérielle, nous offre des mystères auxquels nous ne pouvons faire face qu'en appelant nos émotions à la rescousse. Le simple fait de se rendre à l'hôpital ou chez le médecin, de passer des radios ou de subir une prise de sang incite notre imagination à détaler dans toutes les directions, souvent dans un cortège d'émotions diverses. Ce *pathos* réveille des souvenirs d'enfance ainsi que l'espoir et la crainte du futur. Bien entendu, plus la maladie est grave, plus elle secoue l'âme, en lui offrant en pâture une nourriture particulièrement riche.

Dans son journal de 1975, Mircea Eliade relie l'aspect initiatique de la maladie à la carrière spirituelle du chaman:

> (...) les problèmes liés à la maladie, tels que les crises psychiques, mais aussi les douleurs d'origine physiologique (fièvre, migraine, douleurs rhumatismales) peuvent être considérés comme autant d'épreuves initiatiques. La découverte de la signification religieuse de la maladie et de la souffrance physique constitue en fait la principale contribution du chamanisme à l'histoire de l'esprit[1].

Les remarques d'Eliade sont aussi cruciales que fécondes. Si le chaman est supérieur, c'est parce qu'il a trouvé le moyen de vivre profondément dans l'imagination sacrée. Mais chacun de nous peut le considérer comme un modèle, ce qui nous permettra d'entrer plus profondément, à une échelle plus modeste, dans le royaume de l'âme grâce à notre maladie. Nous trouvons d'autres témoignages de la relation entre la maladie et les soubresauts de l'âme dans la biographie de maintes mystiques médiévales, qui présentaient, parfois pendant des années, de puissants symptômes physiques avant de vivre l'expérience de l'amour divin. (Sainte Thérèse d'Avila et Hildegarde de Bingen sont les plus connues.)

Il n'est guère difficile de passer de la maladie physique aux états pathologiques de l'amour et de comprendre qu'eux aussi sont des épreuves initiatiques vers une condition spirituelle qui nourrit l'âme. La tradition nous enseigne que l'amour est un daïmon, un esprit, un ange, un farceur, une maladie ou une folie. Il n'est donc pas étonnant que parfois, l'amour se résume à un état pathologique. L'amour et l'attachement peuvent éveiller des sentiments aussi douloureux que la mélancolie, la crainte de la séparation, la jalousie, une solitude particulière, le chagrin, la désillusion, la perte d'affection, la rage, l'insécurité, la perte d'identité, un sentiment d'étouffement... La liste est infinie. Simplement, nous sommes surpris lorsque la dimension obscure de l'amour apparaît à nos yeux pour nous faire comprendre que ce sentiment n'a que rarement sa place dans une vie calme et rangée.

L'insécurité

L'une des émotions qu'entraîne l'intimité dans son sillage est une insécurité tout à fait inattendue. Plusieurs personnes m'ont raconté la même histoire. Célibataires, elles menaient une vie heureuse et sans soucis. Elles avaient confiance en elles-mêmes, se sentaient satisfaites de leur indépendance, très à leur aise. À partir du moment où l'amour est entré dans leur vie, elles ont perdu ce sentiment de sécurité qui a été aussitôt supplanté par un état jusque-là inconnu d'anxiété.

L'insécurité qui accompagne l'intimité se traduit parfois par un intérêt morbide envers les précédentes relations du nouveau partenaire. Un médecin m'a parlé un jour de la jalousie intense que provoquait chez lui la simple idée des nombreuses relations amoureuses que son épouse avait eues avant de le connaître. Il était extrêmement sensibilisé à la présence, dans leur maison, de tout objet qui pouvait avoir quelque rapport avec un ancien amant. Par masochisme, il s'évertuait à interroger son épouse sur les hommes qu'elle avait connus, se réjouissant lorsqu'il découvrait de nouvelles preuves tout en ressentant une douleur déchirante à l'idée qu'elle les avait aimés. Chaque fois qu'elle recevait du courrier ou un appel téléphonique de quelqu'un qu'il ne connaissait pas, il éprouvait des soupçons. Dans ses rêves, il voyait son épouse dans des situations compromettantes avec d'autres hommes et son estomac se tordait de jalousie.

Un nuit, il fit un rêve différent, dans lequel il remarquait soudain que sa braguette était ouverte. Il la remonta. Puis l'un de ses cousins, un homme plutôt timide, vint lui parler. Pendant la conversation, mon patient vit dans un miroir que sa braguette était toujours ouverte. Son cousin lui racontait que leur grand-père venait de mourir. «Comme c'est triste», déclara mon patient, «qu'il soit mort sans que sa femme eût été avec lui.»

Ce court rêve, bourré de mystères, nous amena à une discussion des miroirs, du reflet, de la conscience de soi. Le médecin était particulièrement ébranlé par l'idée qu'il ne pouvait rien faire pour obvier à sa vulnérabilité, symbolisée par la braguette ouverte. Je m'inquiétais plutôt de la mort du grand-père, qui traduisait peut-être la perte d'une source profonde de paternité dans sa vie, assortie à la difficulté de réunir le grand-père et la grand-mère. Tous ces thèmes, dont quelques-uns suggéraient que le problème existait depuis longtemps, traduisaient le besoin d'un travail de l'âme particulièrement fouillé. Je me demandais notamment si mon patient pourrait utiliser une autre voie que le reflet narcissique (le miroir) pour comprendre à quel point il était exposé et vulnérable.

J'avais l'impression, compte tenu du caractère répétitif de ses pensées et de ses rêves, que l'insécurité provoquée par son mariage avait en fait des racines beaucoup plus profondes et des répercussions beaucoup plus vastes. Il s'agissait, selon moi, d'une insécurité qui ne pouvait manquer de se révéler dans d'autres aspects de sa vie. Et d'ailleurs, bien qu'il réussît parfaitement sur le plan professionnel, il manquait de confiance en lui. À l'hôpital où il travaillait, il se sentait parfois écrasé sous la responsabilité, au point qu'il envisageait d'abandonner sa profession. Il me raconta qu'il s'imaginait parfois en chauffeur de taxi, métier dépourvu de soucis ou de responsabilités excessives.

L'amour intense qu'il éprouvait pour sa femme avait, me semblait-il, réveillé chez lui son masochisme et son insécurité intrinsèques. Il prenait ses pensées et émotions jalouses au pied de la lettre — il était persuadé qu'il avait commis l'erreur d'épouser une femme de petite vertu — mais d'autres rêves dans lesquels il était attaqué, blessé, battu ainsi que certains épisodes de sa vie caractérisés par la méfiance et la timidité révélaient que son obsession était davantage le fruit des problèmes de son âme que des antécédents de son épouse. Son récent mariage ne faisait qu'aggraver un état qui caractérisait déjà tous les autres aspects de son existence.

En explorant nos états d'âme plutôt qu'en essayant uniquement de trouver une «solution» aux douloureux conflits de la vie, nous avons la possibilité de creuser jusqu'au fond du problème, d'utiliser l'intellect pour repérer et définir les difficultés. Si nous avions concentré notre attention sur la relation conjugale, nous n'aurions jamais touché le fond de l'insécurité de mon patient. Distrait par les détails particuliers de sa jalousie, il n'avait jamais pu l'intégrer à un tableau plus vaste et plus profond. En creusant davantage, nous pûmes examiner les domaines dans lesquels il avait perdu confiance depuis plus longtemps et s'efforçait de trouver des portes de sortie. Par exemple, l'idée de devenir chauffeur de taxi était un mythe qu'il avait vécu de différentes manières et, d'ailleurs, cette idée s'était présentée à lui dans des situations différentes.

Un amour intense peut ramener l'âme sur le devant de la scène. Lorsque le drame du mariage et celui de la séparation se déroulent, les vieilles tendances remontent en surface. Dans ces circonstances, il serait peut-être utile de se souvenir que l'âme embrasse toujours plus que les faits réels, immédiats, pour couvrir une période bien plus vaste que l'aujourd'hui d'un problème inquiétant. J'imagine l'âme un peu comme l'enfer étagé de Dante, contenant différents degrés de joie et de souffrance. Un problème qui perdure toute la vie, aussi aigu semble-t-il, nous permet peut-être simplement d'entrevoir les épisodes d'une lutte qui se déroule dans l'âme. C'est à nous qu'il incombe de faire preuve d'imagination pour apercevoir les autres étages et pour soigner judicieusement les tourments de notre âme. Ici aussi, nous pourrions appliquer à notre âme la cosmologie personnelle de Rilke: «Tous les mondes de l'univers plongent dans l'invisible comme dans la réalité suivante, vers les profondeurs.» Les rêves conduisent les événements de notre vie dans la réalité suivante, vers les profondeurs et, en utilisant courageusement notre imagination, nous pourrions en faire autant avec nos insécurités conscientes. Nous pourrions nous souvenir que l'amour n'est pas seulement ce qui caractérise une relation entre deux personnes, c'est aussi un état d'âme qui embrasse tout ce qui compte pour l'âme, même si une partie de cela n'a pas grand-chose à voir avec la relation.

Je pourrais également émettre quelques remarques sur la sensibilité exacerbée de cet homme à tout ce qui aiguillonnait sa jalousie. Ce que nous désignons sous le terme étroit d'insécurité servait principalement à intensifier le travail de son imagination et dotait de vie le monde qui l'entourait. Il ne serait pas exagéré d'affirmer que les objets acquéraient une âme grâce à ses pensées jalouses. Ils étaient dotés de grandes connotations émotives et stimulaient son imagination, grâce à laquelle il inventait toutes sortes d'anecdotes et de scénarios. J'avais l'impression que l'éveil de ses phantasmes était important parce qu'à la racine, l'insécurité de cette homme n'était pas tant le fruit d'un manque de confiance, que celui d'une faiblesse de son imagination. Il n'avait pas le cœur d'entrer dans le monde avec courage, car il ne parvenait pas à s'imaginer à la hauteur de la situation. Il semblait préférer une vie médiocre et consacrait une large part de son énergie à une introspection qui paraissait aussi stérile qu'elle était inefficace. La première étape de notre travail consistait donc à en arriver à un stade où nous pourrions tous les deux comprendre parfaitement sa paralysie, sans lui permettre de se diluer dans une introspection stagnante et sans qu'il puisse s'apitoyer sur lui-même jusqu'au désespoir.

L'amour sert l'âme, même dans sa jalousie, en nous rendant fous, d'une manière ou d'une autre. Cette folie n'est que l'effondrement de nos défenses habituelles. Le médecin en question recherchait une cachette dans chaque aspect de sa vie, y compris celui de sa profession et de son mariage. Sa jalousie, aussi destructrice qu'elle fût, l'invitait à vivre dans un monde plus vaste où ses soupçons et sa peur pourraient enfin s'estomper. Peu à peu, tandis qu'il explorait des épisodes de son passé et de l'époque actuelle au cours desquels un manque de courage et d'imagination était apparent, il trouva le moyen d'ouvrir son cœur. En vivant pleinement d'autres aspects de son existence, il finit par acquérir une certaine confiance en lui par rapport à sa femme. Ses pensées jalouses étaient les débris sanglants de sa confiance perdue. Il lui suffisait de les récupérer pour découvrir un mode de vie plus ouvert, plus transparent. Ainsi, il commença à courir de plus en plus de risques, dans tous les aspects de sa vie et, face à ce courage, sa jalousie finit par disparaître même si tout le processus prit un temps considérable.

Lorsque nous la laissons nous toucher au point de déclencher un changement en nous, la jalousie peut être supplantée par le courage. Parce qu'une personne jalouse a généralement tendance à s'apitoyer sur elle-même, elle résiste à l'idée de toucher du doigt ses propres manquements et échecs. Mais lorsqu'elle parvient à les accepter en se disant qu'ils ne sont que des éléments normaux d'une vie humaine complète, elle ouvre la porte au courage qu'il est pourtant possible de tenir à l'écart en adoptant le faux rôle d'un personnage fort. Les gens jaloux se livrent souvent à des accès de colère et de violence qui trahissent leur incertitude profonde. Mais, grâce à l'initiation de la jalousie, ils peuvent acquérir une force de caractère qui leur permettra de ne plus vivre constamment sur la défensive. À cet égard, nous pourrions considérer le problème de la braguette de mon patient à la fois comme le symbole de sa vulnérabilité — soit un problème douloureux qu'il ne parvenait pas à résoudre — et l'indice de la qualité dont il avait besoin pour faire face à cette insécurité. Nous devons d'abord nous sentir inconsciemment exposés et vulnérables, transparents, «la braguette ouverte», avant de trouver le véritable courage.

Le pouvoir et la force

Un autre type de pathologie susceptible de se développer dans une relation intime s'articule autour du pouvoir. Lentement, silencieusement et sans le vouloir, l'un des partenaires peut s'arroger le pouvoir tandis que l'autre prend l'habitude de se soumettre à cette autorité. Dans certains cas, le pouvoir oscille d'une personne à l'autre, mais il se trouve si polarisé que l'un des partenaires est toujours dominant tandis que l'autre est dominé.

Chaque relation et interaction humaine fait appel à l'exercice du pouvoir grâce auquel une personne détient un certain degré de mainmise sur une autre. Nous pourrions nous livrer à une analyse microscopique d'une conversation entre deux personnes et tracer à l'aide d'un graphique les changements des rapports de force. Le pouvoir se détecte dans l'autorité, la puissance de la personnalité, l'émotion, l'éloquence, la manipulation, l'orientation, la connaissance, la position... Les possibilités sont infinies. Le degré de domination et de soumission varie également dans de larges proportions, au point que dans certaines interactions, le déséquilibre est minime tandis que dans d'autres, il est extrême.

Dans une relation intime, qu'elle soit matrimoniale, familiale ou amicale, les fluctuations du pouvoir sont souvent difficiles à déceler et, donc, à influencer. En thérapie, j'ai souvent entendu des gens se décrire comme les victimes de quelqu'un d'autre. Pourtant, au bout de quelques conversations, parfois au bout de quelques phrases, il devient évident que la prétendue victime est elle aussi capable de bander ses muscles. Le partenaire qui détient en réalité le pouvoir n'est pas toujours celui qu'on pense. Ce sont les personnes qui démontrent le masochisme le plus flagrant qui sont souvent la proie d'un sadisme extrêmement destructeur parce que bien caché.

Dans l'un de mes livres précédents, *Dark Eros*, j'ai étudié de manière approfondie les relations sadomasochistes[2]. Ici, je me contenterai de proposer quelques recommandations. Tout d'abord, la leçon peut-être la plus ardue: sachez que les problèmes posés par le pouvoir sont bourrés de paradoxes. Par exemple, la personne qui se sent persécutée et impuissante a peut-être justement besoin d'apprendre à se montrer vulnérable et réceptive face au pouvoir sans être littéralement détruite. En demeurant coincés dans notre impuissance, nous évitons ainsi de détenir le pouvoir. Chez une personne qui se croit victime, le pouvoir ne disparaît pas nécessairement. Au contraire, il demeure présent sous une forme brute qui se manifeste par une émotivité à fleur de peau, des accès d'agressivité ou de colère, des menaces vides, du mépris, des condamnations, etc.

Pour remédier à un déséquilibre du pouvoir, il ne faut pas commettre l'erreur de tenter une compensation superficielle. Les gens qui s'identifient à la victime pourraient alors estimer qu'ils ont le droit de répondre par une colère et une agressivité extrêmes. Étant donné que ces émotions ne donnent nullement l'impression d'avoir été malaxées dans l'âme et n'ont que peu d'effet, sinon aucun, elles feront seulement empirer la situation. La personne en question se sentira de plus en plus impuissante au fur et à mesure que ses accès de colère se révéleront essentiellement infructueux.

Le remède est délicat et paradoxal. Les gens qui ont l'impression d'être des victimes ne veulent pas entendre parler de la vulnérabilité. Ils ont peur d'être encore plus persécutés. Pourtant, la seule solution consiste à pénétrer encore plus profondément dans l'âme pour l'imprégner à la fois de la vulnérabilité et du sentiment de puissance. Contrairement à ce que semblerait nous indiquer le bon sens, les expressions de colère brute ne font qu'aggraver la situation. Je ne recommanderais à personne d'exprimer de la colère. L'émotion brute n'a presque jamais accès à l'âme. En revanche, l'émotion est véritablement la matière première d'un sentiment de plénitude. La colère est importante, exactement comme les aliments bruts sont nécessaires à l'organisme avant d'être broyés pour être digérés. La colère aussi a besoin d'être digérée, comme tous les sentiments de persécution.

Nous avons déjà étudié la question de la colère, dans le contexte du dénouement d'une relation. Mais étant donné qu'il s'agit d'un élément crucial de toute relation en général, il me paraît utile de l'examiner un peu plus à fond ici, sous la forme d'un état pathologique. Nous avons vu que lorsque la colère se divisait en plusieurs sentiments et phantasmes plus subtils, elle pouvait être digérée de plusieurs manières: sous forme de fermeté, de force, de certitude, d'autorité, de connaissance de soi, de confiance, d'intuition et de plénitude. Ces versions raffinées de la colère ont des répercussions sur notre vie et sont attirées dans l'âme pour former la personnalité. Ce ne sont pas des éclairs momentanés mais des ressources permanentes. Elles sont reliées aux autres aspects de l'âme: la pensée, l'imagination, les valeurs et l'esprit de décision.

La colère ancrée dans l'âme est importante pour nous protéger et pour accroître notre efficacité. James Hillman fait bien remarquer que la colère nous indique ce qui ne va pas et que si nous la refoulons ou l'ignorons, le monde qui nous entoure risque de se ranger face à nous, en une authentique opposition. De manière plus générale, ce type de colère, comme nous l'enseigne la tradition, nous donne une longueur d'avance. Elle stimule notre volonté et notre vivacité. La force martiale de vie nous introduit efficacement dans le monde et nous installe solidement à notre place.

À l'instar de la colère, le sentiment de persécution — si souvent un dérivé de la rage — a aussi besoin d'être cultivé et raffiné, de mûrir dans le sens alchimique du terme et de devenir plus complexe. Le désir de ne plus être la victime est aussi précieux que la colère à l'état brut. Il nous montre la bonne direction, mais il serait peu recommandé de suivre ses conseils à la lettre en nous identifiant à la victime. La psychanalyse reconnaît que l'identification est une forme de défense, en l'occurrence contre notre propre esprit martial. Nous devons accepter le sentiment de persécution, le faire pénétrer dans notre cœur et le transmuter en émotions plus subtiles telles que la vulnérabilité, la réceptivité et la capacité de ressentir.

Il faut du courage et de la patience pour exécuter l'opération alchimique que je viens de décrire. Peut-être est-il plus facile de se vautrer dans les émotions plus simples de la colère justifiée ou du sentiment de persécution destiné à susciter la compassion d'autrui. Nous devrons découvrir qu'il nous est possible de nous ouvrir à quelqu'un d'autre, d'admettre nos propres erreurs et notre aveuglement, de dépendre des autres, tout cela sans perdre notre pouvoir personnel et le sentiment d'une puissante identité. Peut-être devrons-nous aussi comprendre qu'il est possible d'être volontaire, individualiste, intense, résolu, voire dans certains domaines intolérant sans pour autant perdre sa sensibilité.

Dans le meilleur des cas, lorsque l'opération alchimique semble bien se passer, il devient difficile de distinguer l'ouverture personnelle de la confiance et de la force. Ces qualités sont évidemment complémentaires. La colère n'est pas forcément réactionnaire et, en nous ouvrant aux influences extérieures, nous ne faisons pas preuve de passivité pas plus que nous ne sommes persécutés.

Les sociétés traditionnelles qui font appel à des images plutôt qu'à des concepts abstraits pour disséquer leurs émotions ont bien des avantages sur nous. Qu'il s'agisse de Mars, d'Héra, de Kâli ou de tout autre personnage poétique, tous offrent les moyens d'accueillir dans l'imagination les contradictions et les paradoxes toujours présents lorsqu'une dimension aussi cruciale de la vie n'est pas divisée en deux. Nous pouvons apprendre à imiter ces traditions, à faire preuve d'une plus grande subtilité dans l'imagination de nos sentiments, à ne pas diviser la vie selon un schéma moralisateur et dualiste, à vivre chaque jour dans la sagesse qui permet de voir au plus profond de tous ces sentiments, au lieu de les reléguer dans des catégories rationalistes. La manière même dont nous imaginons la colère et la persécution représente à la fois la maladie et son remède.

L'amour obsessionnel

Bien que l'âme ait soif d'attachement et d'amour, il est possible que, pour une raison ou une autre, ce désir ne porte pas sur un aspect de la vie ordinaire et ne puisse donc pas être satisfait par des relations ordinaires. C'est pourquoi certaines personnes deviennent obnubilées par un amour dont l'objet est invisible ou difficile à replacer dans le contexte de la vie réelle. Le désir intense de l'âme ne parvient pas à s'exprimer dans la vie de tous les jours.

J'ai eu comme patient un homme qui aimait appeler un service téléphonique d'entraide. Il était tombé amoureux de la personne qui avait régulièrement répondu à ses appels. Durant des semaines, il ne fit que penser à elle et parler d'elle. Le règlement de l'organisme d'entraide interdisait à l'employée de rencontrer l'un de ses clients. Mais l'attirance étant mutuelle, tous deux décidèrent de faire connaissance malgré l'interdiction. Ils se rendirent vite compte que leurs conversations téléphoniques étaient bien plus palpitantes que leurs rencontres et, au bout de quelques semaines, la «relation» prit fin.

J'ai également connu une femme qui occupait un poste de cadre supérieure dans une grosse compagnie de la côte est. Un homme entra un jour dans son bureau, en réponse à une offre d'emploi, et ce fut le coup de foudre. Ils passèrent deux merveilleuses journées ensemble, puis il rentra chez lui, sur la côte ouest. Ils s'écrivaient presque chaque jour, ils se ruinaient en communications téléphoniques interurbaines. Au bout de six mois de passion à distance, ils se rencontrèrent de nouveau. Cette fois, ce fut elle qui lui rendit visite. Quelques heures après son arrivée, elle en était à se demander qu'est-ce qu'elle avait bien pu trouver à cet homme.

Troisième exemple: une thérapeute était extrêmement troublée parce qu'elle était tombée follement amoureuse d'un patient. Lorsqu'il était entré dans son cabinet, elle l'avait mentalement qualifié de psychopathe. C'était un étrange personnage, porté sur la violence physique, totalement indifférent aux valeurs qu'elle-même jugeait importantes. Pourtant, elle s'imaginait en train de mener une vie exaltante à ses côtés. Il lui était impossible de se confier à lui, en raison de leur relation professionnelle. Par conséquent, elle était contrainte de refouler ses émotions au plus profond d'elle-même chaque fois qu'il se présentait à son cabinet pour une séance de thérapie.

Ce genre d'obsession érotique suscite maintes réactions différentes. Il est facile à un ami ou à un parent d'adopter une attitude moralisatrice et d'avertir la personne en question des dangers et des pièges d'une telle situation. En général, elle est déjà parfaitement consciente du péril. Mais cela ne fait rien pour estomper l'attirance.

Une autre réponse, de type psychologique, consisterait à expliquer à cette personne qu'elle n'est pas véritablement amoureuse de l'homme ou de la femme mais des qualités qu'ils représentent. Adoptez vous-même ces qualités, pourrait-on suggérer, et l'obsession s'atténuera. C'est une version de ce que l'on appelle, dans le domaine thérapeutique, le «retrait des projections». Selon cette théorie, la projection est une erreur de perception que l'on peut rectifier à l'aide d'une réflexion intellectualisée.

Et si nous considérions les attirances obsessionnelles non comme des aberrations mais comme des manifestations de *pathos* au premier sens du terme? Comme une parcelle passionnée de vie qui s'efforcerait de faire surface? Le fait que nous mettions volontiers de côté les aspects «réalistes» de l'objet de notre désir pour concentrer notre attention sur les délices de sa compagnie suggère que l'œil amoureux voit quelque chose que l'œil de la réalité ne voit pas. L'être aimé n'est pas seulement un écran sur lequel s'agitent nos projections. La personne amoureuse s'est trouvée éjectée du cercle de la raison au point de considérer l'être aimé comme une incarnation d'un ange ou d'un démon. L'âme, naturellement, est attirée par l'un comme par l'autre.

Du point de vue de l'âme, il est désastreux de «retirer la projection». En effet, nous savons que l'âme est assoiffée du *mundus imaginalis*, du monde de l'imaginaire, évoqué par le personnage aimé. L'âme a besoin d'être unie à ce monde et non éloignée de lui. Cette union ne peut se produire si nous ramenons une apparition mystérieuse, faite d'émotions et de phantasmes, à quelques qualités abstraites. La vie humaine ne suit pas des principes aussi simplistes. Que faire, par conséquent, lorsque nous n'acceptons ni de nous vautrer dans des émotions envahissantes, d'une part, ni de nous en extraire volontairement, d'autre part?

L'une des possibilités consisterait à vivre dans la tension créée par les deux extrêmes, soit l'abandon et le retrait. En nous abandonnant à nos émotions, nous demeurons dans les eaux dangereuses du désir de l'âme, tandis qu'en nous en éloignant, nous ne parviendrons jamais à satisfaire ce désir et notre imagination aussi en pâtira. Mais en vivant dans la tension, nous pourrions permettre à notre imagination de prendre le dessus en racontant à maintes reprises l'histoire de notre obsession, en laissant les souvenirs s'échapper librement, ainsi que les idées, les images et tous les autres désirs. La qualité même de l'obsession suggère que l'âme fait ce qu'il faut pour pallier la fragilité de l'imagination. Par conséquent, notre tâche consiste à conduire l'imagination à l'endroit exact où le caractère statique d'un phantasme démontre qu'elle est absente.

Le jeune homme amoureux de sa correspondante téléphonique se trouvait en mesure de réfléchir aux voix, notamment à celle de sa bien-aimée, aux avantages d'une relation à distance ainsi qu'à tous les autres fruits de son imagination qui éveillaient chez lui le désir. Il pouvait considérer son attirance comme le reflet d'un besoin positif de l'âme et non comme un phénomène négatif. Sa liaison téléphonique avait finalement réussi à enlever tout caractère littéral à son imagination.

La femme qui s'était lancée dans une relation épistolaire pouvait, quant à elle, réfléchir à la curieuse voie que l'âme avait empruntée pour traverser sa vie. Une relation à distance enrichit parfois bien davantage notre cœur que la vie à deux. Pour commencer, comme nous l'avons déjà vu, les lettres sont un moyen particulièrement utile pour révéler nos pensées et nos sentiments de manière précise et ordonnée, dans un style généralement bien supérieur à celui de la conversation. Cette femme a peut-être aussi eu l'occasion de comprendre qu'elle avait créé l'image idéale d'un amant adoré par son âme, mais qui ne pouvait exister en réalité. Ces images reflétaient peut-être certaines valeurs qui lui étaient chères, mais qui seraient demeurées cachées et obscures.

Les relations obsessionnelles peuvent revêtir des formes très variées. En général, toutefois, elles démontrent une fois de plus à quel point les frémissements et les soubresauts de l'âme peuvent être puissants. Lorsque l'âme se réveille, la sagesse ordinaire de la vie rationnelle s'éclipse. En réponse, nous sommes parfois tentés de cerner à tout prix une conclusion rationnelle, nous essayons de nous contenir, de nous dominer, mais aucune de ces réactions n'est en fin de compte très efficace. Le refoulement ne fait qu'intensifier la pression exercée par l'âme tandis qu'elle se fraye un chemin vers la vie.

La seule attitude qui nous sauve du vide d'une existence sans âme ou de la folie consiste à être fidèles à notre âme. Nos émotions les plus fortes subissent la pression de l'âme qui nous demande de lutter à l'aide de valeurs qui contredisent la raison mais reflètent l'évolution de l'âme. Une vie à l'écoute de l'âme est ponctuée de plaisir et a un sens, même si elle exige de nous un certain degré d'excentricité et d'irrationalité inhabituelles comme prix à payer pour que notre cœur vive en paix. Il peut d'ailleurs arriver qu'après avoir pris soin d'écouter notre âme, nous soyons victimes de l'une de ces obsessions, car nul ne peut prédire les exigences de l'âme, nul ne peut limiter son destin. Certains semblent destinés à une vie de lutte intense contre leur daïmon — la face opposée de l'âme — tandis que d'autres s'en tirent par une vie d'une relative sérénité. À chacun son destin.

Le retrait de l'amour

Le retrait ou l'absence d'amour s'enfonce profondément dans notre cœur ou dans notre vie. C'est une maladie terriblement douloureuse. Un individu peut se sentir indigne d'amour, dépourvu d'amis, solitaire, sans désir ou impuissant. L'amour donne à la vie tant de vitalité, de sens, de raison d'être que lorsqu'il s'évanouit — même temporairement —, l'existence peut nous paraître insupportablement vide et nous sommes parfois tentés de prendre des mesures extrêmes pour combler ce vide.

Tous, nous ressentons les hauts et les bas du désir sexuel et des saisons au cours desquels le besoin de compagnie ou, au contraire, le besoin de solitude s'intensifie. Il est tentant de donner des causes physiques à ces fluctuations et d'expliquer la perte de l'intérêt sexuel par la fatigue ou la maladie. Mais il existe une autre réponse qui s'oriente vers l'un des axiomes de la psychologie archétypale: n'allons pas plus loin que le symptôme. Si notre désir varie, peut-être est-ce simplement en suivant les fluctuations de l'âme. Si nous considérons ces fluctuations comme des problèmes, à savoir lorsque nous sommes préoccupés par notre inertie sexuelle ou notre retrait émotif, nous serons peut-être contraints de les analyser de manière plus approfondie. La perte de désir n'est pas forcément le symptôme d'un échec personnel, mais doit plutôt être interprétée comme un retrait d'Éros qui, du point de vue mystérieux de l'âme, a sa propre raison d'être et sa propre valeur.

Presque tous, nous pourrions apprendre à vivre au rythme de l'âme. La médecine médiévale dressait un parallèle entre les rythmes musicaux, la ronde des saisons et les fluctuations de l'âme. Car l'âme a sa propre musique, ses propres rythmes et tempos, que nous ne pouvons expliquer par des causes externes. Pour reprendre l'analogie musicale, il y a des moments de repos, exactement comme les repos métronomiques, les soupirs et les pauses de la musique. Lorsque nous sentons que l'amour s'atténue, nous pourrions examiner ce sentiment pour découvrir les fluctuations de notre âme, exercice déjà précieux en soi. Il est possible que l'âme décide de faire passer au second plan l'amour, le désir et la sexualité afin de pouvoir se consacrer à un autre travail.

Même s'il n'est pas «normal» que l'amour disparaisse ou se taise provisoirement, il serait judicieux de pénétrer dans ce silence. En psychologie archétypale, nous considérons le symptôme parce qu'il nous montre exactement comment l'âme s'exprime à ce moment-là. Tout autre geste serait dicté par l'esprit et destiné à tromper l'âme afin de nous ramener à la vie «normale». La *seule* solution à l'écoute de l'âme consiste à suivre le symptôme.

La perte de désir fait partie des fluctuations du désir et l'échec, en amour, est l'un des moyens grâce auxquels nous vivons l'amour. En nous protégeant des émotions pénibles qui accompagnent le recul de l'amour, nous nous abritons de l'âme. Pourtant, c'est bien souvent ce que nous faisons. Nous nous abritons de nos sentiments douloureux, sans comprendre qu'ainsi, nous nous séparons de l'âme. Alors, nous constatons que nous sommes victimes d'un cycle infernal qui peut nous entraîner pendant des années. Lorsque nous sentons l'absence d'amour, nous nous protégeons en nous raccrochant à un substitut commode. À ce moment-là, la perte se fait encore plus durement sentir. Toute l'affaire est aussi douloureuse que décourageante.

En tant que thérapeute, j'ai découvert que pour respecter l'âme, je peux seulement essayer d'analyser la situation telle qu'elle m'est présentée. Par exemple, un homme vient me trouver pour me dire ceci: «Je n'en peux plus, tous mes amis sont mariés, ils peuvent aller tous dîner ensemble ou partir pour la fin de semaine, moi je reste seul. Aidez-moi à trouver quelqu'un.» Si j'estimais que mon rôle consistait à satisfaire le vœu de mon patient, je n'aurais plus qu'à me laisser aller avec lui au cycle insensé du désespoir. Au contraire, je me tiens éloigné des gestes désespérés et j'essaie de comprendre ce que qui se passe dans son âme: «Je n'ai personne dans ma vie. Je suis seul. Je ne connais aucun des plaisirs de la vie de couple. Quelle leçon puis-je tirer de cela? Que dois-je faire pour découvrir le moyen d'atténuer mon désespoir?» C'est le genre de réflexion qui aide à bâtir une relation compatissante entre le patient et ses propres sentiments.

Ce n'est pas en prenant la fuite que nous découvrirons de quoi nous avons besoin. En d'autres termes, se défendre contre la solitude n'est pas le meilleur moyen de nouer une relation. Nous devrons au contraire nous lier d'amitié avec notre solitude, voire avec notre vie sans amour. Toute autre attitude irait à l'encontre de ce que l'âme essaie de nous dire. En outre, le fait de s'apitoyer sur son sort en ressassant ses malheurs est symptomatique d'un certain type de narcissisme, d'un désir larmoyant de parvenir à ses fins alors que l'âme exige une ouverture de l'esprit et du cœur ainsi que l'acceptation du destin. Le narcissisme évoque toujours une certaine déficience dans l'amour que nous portons à notre âme. Peut-être n'aimons-nous tout simplement pas le yin et le yang de l'amour et de la perte, ce qui nous incite à gémir et à nous plaindre de manière narcissique. Mais ce que l'âme exige de nous, c'est une image de la vie humaine suffisamment grandiose et profonde pour accepter ces paradoxes et en apprécier la sagesse.

Éloignement et tiédeur dans une relation

Les membres d'un couple sont souvent étonnés lorsque s'installe en eux non pas une douleur déchirante, une obsession ou un conflit brûlant, mais plutôt une froideur progressive, le désintérêt, la distance et une disparition progressive des sentiments et de l'intimité. Nous venons de voir comment un être peut réagir lorsque l'amour disparaît peu à peu de sa vie. Parallèlement, les membres d'une famille, les couples et les amis peuvent éprouver, comme jamais auparavant, un engourdissement inattendu de leurs sentiments, le désir de prendre leurs distances. Malgré le sentiment de vide qui s'installe à ce moment-là, cette expérience possède aussi son dieu, une source archétypale, nécessaire, voire productive du cœur. Car le cœur n'est pas que chaleur et eau vive. Lui aussi possède ses courants froids et ses banquises.

Il est parfois impossible de découvrir pourquoi une relation s'engourdit. Après des débuts brûlants, nous pourrions nous attendre à ce qu'elle demeure raisonnablement chaleureuse et il est tentant de se demander ce qui ne va pas chez nous ou chez notre partenaire. Mais la réponse peut demeurer à jamais un mystère, un soubresaut insondable de l'âme qui résiste à toute tentative de compréhension.

En étant persuadés qu'une relation sentimentale, pour demeurer saine, doit toujours être chaleureuse, nous négligeons la partie de l'âme qui appelle la fraîcheur. Pendant des siècles, médecins et philosophes ont cru en la théorie des quatre humeurs dont l'une, l'humeur flegmatique, était de nature humide et froide. Cette ancienne sagesse pourrait nous inciter à offrir une place aux émotions froides et aux cycles de refroidissement qui ne peuvent manquer d'apparaître dans une relation. Nous pourrions interpréter l'arrivée de la fraîcheur émotive comme une phase flegmatique de la relation et nous pourrions nous laisser entraîner par cette émotion pendant tout le temps qu'elle durera.

Il est important, quoique difficile, pour prendre soin de notre âme, de faire un effort pour distinguer clairement ce qui se passe. Il faut peut-être du temps, de la réflexion, maintes conversations, voire une forme quelconque de thérapie pour distinguer les sentiments et les phantasmes qui font partie d'un cycle. Parfois, l'émotion est reliée non seulement au propre mouvement de l'âme, mais encore à nos réactions face à ce mouvement. Un sentiment de froideur et d'éloignement, différent de la température habituelle de l'âme, pourrait devenir caractéristique de notre relation.

Il est possible, par exemple, de calmer l'âme en résistant fortement à ses soubresauts. Parfois, nous avons l'impression d'avoir fait match nul, tandis que l'âme s'efforce de nous ouvrir de nouveaux horizons qui ressemblent à autant d'épreuves à surmonter. Cette résistance peut être l'œuvre de l'un des membres du couple, ou une condition de la relation même. Les couples, les familles et les communautés peuvent résister, aussi longtemps que possible, à certains progrès de l'histoire, de la société, voire à leurs propres interactions. Un quartier urbain, par exemple, peut très bien avoir échappé pendant des années aux luttes d'intégration raciale ou aux changements de son infrastructure économique. La tentation est grande de refuser tout défi, de craindre intérieurement le changement sans vouloir s'y adapter ou, simplement, de supporter la colère provoquée par cette intrusion des événements dans la vie quotidienne. En refusant d'affronter le destin, nous affadissons la vie.

Aller à l'encontre de l'âme dans un domaine précis risque d'endormir notre relation avec elle, car même si l'âme se présente à nous par de petits détails, c'est le tout qui est présent dans chacune des parties. Lorsque notre partenaire décide soudain de se lancer dans une nouvelle carrière, par exemple, peut-être sommes-nous tentés de réinterpréter toute notre relation à travers le filtre de ce changement. En voulant y résister, nous risquons de provoquer le refroidissement et l'éloignement de notre partenaire.

Une vie à l'écoute de l'âme se présente comme une course à obstacles car elle est constamment en mouvement, elle bouge et elle se transforme. Intérieurement, les humeurs, les phantasmes et les pensées empruntent aussi de nouvelles directions. Peut-être préférerions-nous que notre famille, notre entreprise, notre mariage ou nos enfants demeurent ce qu'ils ont toujours été, mais cette préférence n'a pas grand-chose à voir avec la nature changeante de l'âme. Il vaudrait mieux s'attendre à des changements en tout genre, pas seulement des progrès, mais aussi des reculs et des contretemps. Si nous refusons d'entrer dans la danse avec l'âme, nous finirons par nous aliéner de nos propres sources les plus profondes tandis que notre vie sombrera dans la grisaille et l'ennui.

Nous pouvons également imaginer l'engourdissement d'une relation comme une période de transition, vide et aride, entre deux cycles de l'âme. Pendant un certain temps, tout nous semble décousu. Les relations aussi ont leurs cycles et les périodes de transition sont parfois difficiles à vivre en raison de leur froideur.

Lorsque le refroidissement des sentiments semble faire partie des fluctuations naturelles de l'âme, nous pourrions l'honorer, voire suivre son exemple lorsque nous cultivons notre vie. Par exemple, nous pourrions apprendre à mieux nous connaître, à mieux connaître notre partenaire et notre famille en accueillant les images et les pensées qui se présentent à nous pendant une période de froideur. Nous pourrions noter jusqu'où ces sentiments nous entraînent dans notre souvenir, dans nos pensées et dans nos phantasmes. Nous pourrions faire confiance à ces images car elles contiennent l'intuition nécessaire pour que nous comprenions la situation et elles nous fournissent un point d'ancrage important dans un moment de confusion.

Les couples qui sentent la froideur et l'ennui s'installer entre eux pourraient se demander non pas pourquoi cela leur arrive, mais ce que cela exige d'eux. En s'abandonnant à cet engourdissement, peut-être découvriront-ils certaines vérités à propos de leur mariage et d'eux-mêmes, vérités qu'une vie commune, active et enthousiaste, leur aurait cachées. L'engourdissement est un chemin à emprunter, le moyen plutôt contradictoire de connaître une vie plus profonde et, peut-être, plus franche. Paradoxalement, des terres qui n'avaient jamais été cultivées parce qu'elles étaient jugées stériles et improductives pourraient fort bien jouir d'un type particulier de fertilité.

L'arrivée d'une saison morte dans notre existence peut rendre un grand service à l'âme. En nous empêchant de vivre comme nous l'avions imaginé, l'âme, dont la perspective et le potentiel sont tellement plus vastes, a enfin la possibilité de s'affirmer. Une période d'engourdissement, tout comme une parcelle de terrain totalement plate, est idéale pour la construction.

Les états pathologiques de l'amour ne sont pas nécessairement hostiles aux relations. Ils ont une place bien définie, une œuvre à accomplir, une couleur à ajouter. Ils nous permettent de nous rapprocher plus que de coutume de l'âme de notre relation, par exemple lorsque nous parlons avec franchise du refroidissement apparent de nos sentiments ou lorsqu'une famille fait cause commune pour retrouver un membre égaré ou encore lorsque les gens se tournent vers la thérapie pour y voir clair dans leurs problèmes. Si nous pouvions considérer les écueils sur lesquels trébuche notre relation comme le signe que l'âme désire se mettre en branle, nous leur accorderions davantage d'attention, en laissant de côté toute mesure de réparation ou de replâtrage. Nos sentiments demeureraient sincères et étroitement liés, même lorsque la relation semble traverser une période difficile.

Les états pathologiques représentent la voix du dieu ou de la déesse qui s'efforce ainsi de capter notre attention. Le dictionnaire grec donne à *pathos* un sens passif, comme «quelque chose que nous subissons». Il est aussi dérivé du passif du verbe *poiein*, qui signifie entre autres «écrire des poèmes». Nos états pathologiques font de nous des poèmes. Notre vie devient une histoire et les soubresauts de l'âme semblent parfois étrangement dramatiques. L'âme est véritablement la poésie de notre vie, et nous ressentons surtout sa présence lorsque le dieu demande à entrer en nous. C'est sur nous que l'âme imprime ses thèmes. Si notre pensée demeure essentiellement séculière, nous considérerons les états pathologiques de l'amour comme des problèmes et nous aurons l'impression de commettre des actes répréhensibles. Mais si nous avons le sens du sacré, nous interpréterons ces états comme l'occasion pour l'âme de nous rendre visite, depuis l'éternité où germe la relation et où elle est en partie créée. Pour comprendre les états pathologiques de l'amour nous devons manifester une immense foi en nous-mêmes, en notre âme et ses mouvements, ainsi qu'en la personne que nous aimons. Nous pouvons recevoir une initiation et un enseignement des périodes de tourment si nous prenons soin de planter une fleur devant le sanctuaire de l'âme ou de répandre quelques gouttes de vin à l'endroit précis où notre intimité s'est douloureusement ouverte pour que nous puissions la contempler et l'étudier.

Plaisirs d'âmes sœurs

Elle n'aimait rien tant en ce monde que le fils de cette femme, elle le voulait vivant plus que personne d'autre, mais ne possédait pas le moindre moyen de dominer le prédateur qui vivait en elle. Entièrement absorbée par son amour anaconda, elle n'avait plus de soi, plus de désirs, plus d'intelligence à elle.

Pour honorer les mystères de l'amour et de la relation
Toni Morrison

CHAPITRE ONZE

Une relation à l'écoute de l'âme

Que ce soit dans les enseignements traditionnels, dans la psychologie jungienne ou dans la psychologie archétypale, certaines qualités sont ordinairement associées à l'âme. Car l'âme est individuelle, vernaculaire, cyclique, éternelle, en partie intéressée par la vie matérielle et en partie plongée dans ses mystères intrinsèques, recherchant la poésie et les nuances plutôt que les explications. Elle apparaît souvent à l'état brut, nécessitant l'intervention alchimique de l'affinage. En examinant ces qualités l'une après l'autre, nous pourrons peut-être comprendre comment il serait possible de façonner une relation à l'écoute de l'âme.

Individualité

Bien que l'âme nous permette de nouer des relations intimes et, donc, de donner naissance à une communauté — même au sens mondial et universel de la vie partagée — elle est également responsable de notre sentiment profond d'individualité et d'unicité. Car ces deux caractéristiques, individualité et communauté, vont de pair. Il est impossible de créer une communauté autrement qu'à partir d'individus authentiques; il est tout aussi impossible d'être un individu sans avoir le goût profond des affaires communautaires.

Comme l'a fait remarquer Héraclite dans une phrase souvent citée, l'âme est si profonde que ses limites sont insondables. L'une des métaphores antiques de l'âme, le ciel nocturne parsemé de planètes et d'étoiles, décrit notre subjectivité et notre intériorité infiniment mieux que toutes les images du xxe siècle qui illustrent le côté mécanique de l'être humain, qui en font un objet à traiter ou une combinaison ingénieuse de produits chimiques.

En nous imaginant aussi vastes, aussi profonds, aussi mystérieux et aussi redoutables que le ciel nocturne, nous commencerons peut-être à apprécier davantage notre complexité individuelle, à comprendre que le mystère enveloppe encore ce que nous sommes, non seulement aux yeux des autres, mais encore à nos propres yeux. Nous ne parviendrons jamais à comprendre entièrement notre nature. Si nous cessions de faire obstacle au vaste potentiel de l'âme, nous parviendrions sans doute à réaliser des exploits sans limite, alimentés par une fontaine de vie dont le débit demeure malheureusement inconnu.

Notre individualité permet à la qualité intrinsèque de notre âme de se frayer un chemin dans notre vie. Cicéron, orateur romain du Ier siècle avant notre ère, estimait que pour connaître quelqu'un, il fallait découvrir ce qui motivait cette personne. J'étendrais volontiers cette constatation à toutes les manifestations de l'âme, les humeurs, les phantasmes, les souvenirs, les désirs, les passions, les émotions et les craintes. Lorsque nous apercevons une parcelle de l'âme de quelqu'un d'autre, nous apprenons à connaître cette personne comme elle ne se connaît peut-être pas elle-même.

Le type d'individualité engendré par l'âme est profondément enraciné. Il ne servirait à rien de vouloir s'en fabriquer tout au long de sa vie. Ce n'est pas non plus le soi existentialiste fait de choix, pas plus que le soi façonné par les influences familiales qu'entrevoit le psychologue. Son existence n'est pas le produit de la volonté. Il ne peut être modelé ou entretenu ni intentionnellement ni consciemment. C'est une apparition mystérieuse qui a sa source dans l'éternité et se trouve être véritablement illimitée. Le pouvoir de cette individualité n'est pas forcé; il émane de sa propre profondeur et de son authenticité intrinsèque.

Lorsque nous vivons à l'écoute de nos phantasmes et de nos désirs, même lorsqu'ils contredisent nos intentions et préférences conscientes, nous leur permettons d'influencer notre mode de vie. Ainsi, nous faisons preuve de créativité dans le sens que l'âme donne à ce mot. Nous laissons l'âme engendrer notre individualité à sa façon et sculpter notre vie. L'identité qui apparaît ainsi provient des mystérieuses profondeurs de nous-mêmes que nous ne parviendróns sans doute jamais à sonder entièrement.

Notre problème consiste à vivre dans l'intimité d'une autre personne, tout en invitant cette profondeur totalement imprévisible à se tailler une place importante dans notre vie. Il n'est pas facile de vivre avec la puissance et le mystère de la personnalité de l'âme de quelqu'un d'autre. Tout d'abord, nous ne pouvons nous fier aux promesses de cette personne, étant donné que l'âme répugne à se laisser enchaîner par des intentions, voire par des engagements. Si l'individu lui-même ne comprend pas tout ce qui se passe dans son âme, comment quelqu'un d'autre, quelqu'un de proche, dont la vie est mêlée à la sienne, pourrait-il commencer à en entrevoir la plus petite lueur?

La seule solution que je connaisse consiste à inciter les deux parties à respecter l'âme, à admettre l'existence du mystère immanquablement contenu dans une vie à l'écoute de l'âme et à chérir ce caractère imprévisible. Il est possible que cela entraîne une modification radicale des valeurs. En temps ordinaire, sans même y penser, nous respectons nos engagements, nos promesses, la parole donnée. Nous sommes des gens fiables. Lorsque ces valeurs sont transgressées par autrui, nous nous indignons, nous avons l'impression que notre relation est un échec. Mais si nous avions à l'esprit une image plus vaste, si nous rendions hommage à l'âme parce qu'elle a tendance à emprunter des voies mystérieuses, nous finirions peut-être par comprendre que les événements imprévus qui sont indubitablement provoqués par l'âme pourraient avoir des répercussions bénéfiques sur notre relation. Ils exigent une grande faculté d'adaptation et un esprit large, mais ils permettent aussi à la relation de s'approfondir en permanence et de s'enraciner dans l'âme plutôt que dans la volonté de l'un ou de l'autre. En outre, la volonté individuelle est habituellement teintée de peur et de désir de manipulation. C'est loin d'être un terrain assez solide pour y bâtir une relation intime.

L'unicité de la relation même est une autre manifestation de la présence de l'âme. Chaque relation possède son âme propre, qui l'imprègne de ses qualités intrinsèques, y compris l'individualité. Elle n'est guère portée à suivre des règles et à se comporter selon ce que nous attendons d'elle. Elle a ses hauts et ses bas, elle penche parfois dangereusement vers l'abîme, mais elle a ses propres raisons pour protéger l'union. N'est-il pas ébahissant de voir parfois le destin réunir deux personnes totalement incompatibles? En voyant certains couples se former, ne sommes-nous pas éberlués? N'est-il pas surprenant que des gens apparemment incompatibles s'associent en affaires et parviennent à mener à bien certains projets communs sans pour autant cesser de se quereller?

L'idée de base est bien simple: chaque relation est unique. Mais aussi simple qu'elle soit, si nous la prenions au sérieux, peut-être parviendrions-nous à modifier radicalement la manière dont nous appréhendons la famille, le mariage, les enfants, l'amitié. Nous nous débarrasserions de toutes nos généralisations, de tous nos idéaux, de toutes nos attentes et de toutes nos comparaisons. Nous permettrions à l'autre — parent, enfant, conjoint, ami, voisin ou amant — d'être véritablement lui-même, différent de nous, et c'est dans cette différence que nous pourrions enchâsser le don de notre intimité. Lorsque nous respectons l'individualité, nous préparons le nid de l'âme, nous lui facilitons le passage. Les normes, conventions et attentes traditionnelles servent un intérêt différent et sont étrangères aux expériences uniques de l'âme. L'âme et l'individualité vont de pair, chacune fortifiant l'autre.

Les valeurs vernaculaires

Le terme «vernaculaire» signifie propre à une région, domestique, indigène. Lorsque j'affirme que l'âme est toujours vernaculaire, je veux dire par là qu'elle s'enracine quelque part, dans une vie, dans un quartier ou dans une région, dans une culture ou dans une communauté. C'est une simple variante de l'affirmation de Hillman, soit que l'âme est toujours reliée à la vie réelle, et de l'opinion de Jung, selon qui l'*anima*, ou âme, est l'archétype de la vie, soit, en ses propres termes, «la terre, la nature, la fertilité, tout ce qui fleurit sous la lumière moite de la lune[1].» Cette «lumière moite de la lune» contraste avec la lumière sèche du soleil, soit celle de la raison et de la classification.

Selon Jung, le sentiment d'une signification est un archétype différent de l'archétype de la vie. Quelque chose en nous se repaît d'ordre et de signification, de changement et de transcendance. Le désir de donner une signification à tout n'est pas seulement un acte conscient, une volonté ou un désir. Il est profondément enraciné dans la psyché. En fait, il est pour une large part inconscient et spontané. Parfois, Jung compare cet amour de la signification à l'image du Vieux Sage, mais les métaphores possibles sont nombreuses: l'esprit vif de Mercure, la sagesse d'Athéna, les méditations intuitives de Lao Tzu, et ainsi de suite. Malgré les avantages de la quête archétypale du savoir, les détails humides, lunaires de la vie individuelle sont façonnés par la connaissance sèche qui s'obtient directement à partir du vécu.

La vie que nous découvrons est moite, ce qui signifie qu'elle ne possède pas en elle-même la sécheresse de la signification. Au VIᵉ siècle avant notre ère, Héraclite déclara que l'âme prenait plaisir à devenir moite. Au XVᵉ siècle, Ficino répartit les planètes astrologiques en deux catégories, les sèches et les humides. Selon lui, la conjonction de la Lune et de Vénus représentait la possibilité la plus «humide». La Lune est la planète la plus proche de la Terre et c'est traditionnellement par son entremise que toutes les autres apportent leur contribution. Bien qu'elle ne soit pas identique à l'existence terrestre, puisqu'on la considère comme une sublimation quelque peu éloignée, la vie lunaire constitue l'écho permanent de la vie réelle. Quant à Vénus, telle que Botticelli l'a représentée sur la toile du *Printemps*, c'est la luxuriance moite, fleurie et verdoyante de la vie sur Terre.

Rendre hommage aux goûts vernaculaires de l'âme d'une relation consiste tout d'abord à éviter de placer notre partenaire ou la relation même sur un plan abstrait. L'âme ne se retire pas de ce qui est, elle habite nos corps. S'efforçant de déceler les mouvements de la Lune dans son poème mystique *A Vision*, W. B. Yeats déclare:

> Toute pensée devient une image et l'âme
> devient un corps.

Nous cultivons l'âme d'une relation en rendant hommage à sa vie vernaculaire. Nous explorons la relation telle quelle et non telle que nous aimerions qu'elle soit, meilleure ou différente. Nous respectons son style et la manière dont elle se développe. Ces qualités vernaculaires de la famille, du mariage ou de l'amitié n'apparaissent pas toujours immédiatement. Il leur faut parfois des années pour se révéler. C'est seulement avec le temps et l'expérience que nous découvrons la nature et le style de chaque individu.

Certaines personnes n'ont pas la patience d'apprendre à se connaître progressivement. Elles recherchent la satisfaction immédiate et, si elles ne parviennent pas à l'obtenir, ne pensent plus qu'à l'avenir ou au monde idéalisé qu'elles n'atteindront jamais. Un acteur d'une grande créativité m'a dit un jour qu'il aimait sa compagne, mais qu'en dépit de son désir conscient de s'installer dans leur relation, il ne parvenait pas à empêcher son imagination d'évoquer perpétuellement d'autres femmes. Il avait l'impression qu'une partie de lui-même vivait sa relation réelle tandis que l'autre existait dans une union idéalisée. Il était profondément troublé par ce dilemme indésirable.

Il est tentant, dans un cas semblable, de verser dans le moralisme pour essayer de convaincre la personne de redescendre sur Terre. Mais si nous essayons de comprendre la valeur des deux aspects de sa vie, nous devrons explorer le désir de l'âme à l'égard d'une personne qui n'existe pas. En l'occurrence, j'étais persuadé que le problème sentimental n'avait pas grand-chose à voir avec la relation, mais était provoqué par la conception que cet homme avait de sa propre vie. Son imagination l'empêchait de se ranger; elle ne cessait de lui proposer d'autres possibilités. Sa douleur était causée par les mouvements de son âme qui étaient contraires à sa volonté. Il avait envie de se ranger, mais son âme continuait à rôder. Il finit par trouver un certain apaisement lorsqu'il décida de prendre au sérieux les symptômes qui le tracassaient. Il abandonna provisoirement toute idée de mener une vie rangée et se laissa aller au mouvement et au changement. Il prit ses dispositions pour pouvoir voyager, visiter des pays qui l'avaient toujours attiré et il expliqua à la femme qu'il aimait pourquoi il renonçait provisoirement à se ranger, à se marier et à fonder une famille. Toute cette restructuration fut douloureuse, mais elle lui permit ultérieurement de se rapprocher de son propre cœur.

Bien qu'une relation crée sa propre culture, elle présente aussi des caractéristiques directement dérivées du vernaculaire, au sens plus habituel du terme. Nous pourrions évoquer l'âme en appréciant les éléments culturels traditionnels que chaque partenaire peut offrir. Il est parfois difficile de comprendre des gens d'une autre race, d'une autre religion ou d'un autre pays, mais ces différences ouvrent d'admirables horizons à l'âme. Un mariage ou une amitié n'est pas seulement l'union de deux personnes. C'est aussi le rapprochement de leurs antécédents. Nous pouvons offrir de précieux présents culturels à une relation: des rites traditionnels, des vieilles histoires, des recettes ethniques, des icônes, des tableaux, de la dentelle et des meubles.

L'âme n'est pas spécialement impressionnée par les gens qui vivent leurs idéaux et leurs principes. Même une relation saine n'est pas forcément ancrée dans l'âme. En revanche, une relation qui apprécie la nourriture de générations et de traditions culturelles différentes pourra enrichir l'âme. Si je décidais de planifier une fin de semaine de renouveau pour couples, j'accorderais bien plus d'importance aux aspects concrets, culturels et vernaculaires de la relation, y compris à la nourriture et aux traditions, qu'aux idéaux et aux moyens efficaces de s'aimer.

Lors d'un repas pris en famille, l'âme est parfois aussi affamée que le corps. Ce jour-là, à cet endroit précis, l'âme a peut-être terriblement envie du goût et des couleurs vernaculaires de la cuisine italienne, d'un cari indien ou d'un hamburger des plus ordinaires. Lorsque le corps absorbe la nourriture, l'âme se nourrit des phantasmes culturels qui enveloppent les mets. Une certaine partie de ces connotations peut être purement ethnique tandis que d'autres sont reliées au type de cuisine, aux souvenirs et aux goûts de la relation même.

Aussi curieux que cela puisse paraître, une relation trouvera peut-être plus facilement son âme dans un repas partagé ou une journée consacrée à repeindre le plafond de la chambre que dans des séances d'introspection mutuelle. Ce qui est manne pour l'esprit ne l'est pas forcément pour l'âme. Nous devons donner à l'âme ce dont elle a besoin et il faut admettre qu'en général, ses besoins sont plutôt vernaculaires. Lorsque j'écris ou que je m'adresse à un public, je m'efforce de faire allusion à des écrivains originaires des États-Unis et plus particulièrement à ceux qui ont entretenu une relation avec ma propre région. Je passe presque chaque jour devant la maison d'Emily Dickinson après avoir déposé les enfants à l'école. Emerson donna des cours dans les villes proches de chez moi, sur des sujets semblables aux miens. Lui aussi était un ancien homme d'Église, un érudit indépendant, travailleur autonome et amateur de poésie.

Mes amis Alice O. Howell et Walter Andersen vivent dans une confortable demeure des Berkshires, dans l'ouest du Massachusetts. La richesse de leur existence demeure largement colorée par leur affection et leur attachement pour l'Écosse. Chez eux, on peut entendre des chants celtiques qu'on trouve difficilement ailleurs, des histoires traditionnelles et des anecdotes personnelles qu'ils ont glanées lors de leurs nombreux voyages en Écosse. Les livres d'Alice tirent leur profondeur du terroir écossais et des descriptions sans ambages de sa relation sentimentale avec son mari qui a maintenant plus de quatre-vingts ans. Tout cela est délicieusement vernaculaire. C'est une leçon extraordinaire pour qui souhaite apprendre à façonner une relation et l'œuvre d'une vie en rendant hommage aux lieux, aux personnalités et aux histoires que le destin a placés entre nos mains.

Nous avons ici un autre exemple de la fabrication de l'âme, pour reprendre l'expression chère à John Keats. Car l'âme ne pousse pas toute seule dans la nature. Une relation à l'écoute de l'âme n'est pas un acquis. Elle doit être soigneusement cultivée. N'importe qui peut découvrir les sources vernaculaires de l'âme dans le monde familier qui l'entoure, mais notre époque semble se méfier du vernaculaire. Elle préfère l'abstrait, le générique et l'insignifiant numérique. Cet esprit d'abstraction imprègne peu à peu nos relations et rétrécit l'espace vital de l'âme. C'est une philosophie qui trouve son bonheur à savoir ce que la majorité ressent ou pense. C'est un moralisme qui nous dicte, à partir de l'opinion de la majorité, le comportement que nous devrions adopter dans une relation. Mais pour vivre une existence vernaculaire et découvrir l'intimité vernaculaire, nous devons aller contre vents et marées afin de chérir tout ce qui nous appelle en particulier, qu'il s'agisse ou non de valeurs prisées par la société qui nous entoure.

Une vie vernaculaire est intime par sa nature même. Elle est proche de chez nous, proche du terroir, de la famille et de notre cœur. Elle encourage l'amour et l'attachement dont l'âme a besoin en nous offrant un univers de détails. Si nous voulons vivre notre attachement et notre désir, nous avons besoin d'un corps. La vie vernaculaire est l'incarnation rêvée. Comme l'exprime le philosophe Edward Casey, l'habitat privilégié de l'âme n'est pas «spatial», mais «placial». L'âme n'est pas facile à repérer dans un espace infini, mais on peut toujours la découvrir à un emplacement particulier.

Les cycles de l'âme

Il y a plusieurs années, je reçus une carte d'anniversaire qui représentait, dans le style de Toulouse-Lautrec, une superbe bicyclette aux couleurs vives. Le mot «CYCLES» était inscrit en travers sur le tableau. Pour moi, cette carte originale évoqua immédiatement des images d'Inde, où se déroulèrent les deux grands cycles de ma vie, l'éternel et le temporel, tous deux suggérés par les roues d'une bicyclette ordinaire.

Parfois, nous essayons d'avancer sur un monocycle. La plupart des gens, j'imagine, choisissent la roue du *samsara*, soit celle de la vie quotidienne. D'autres choisissent la roue de l'éternité et s'intéressent surtout aux nourritures spirituelles, omettant quelquefois de prêter suffisamment attention aux choses de la vie. Il est peut-être préférable de considérer l'existence comme une bicyclette, dont les deux roues du temporel et de l'éternel tournent inlassablement, supportent notre poids, nous maintiennent en mouvement et en équilibre.

Une relation a aussi ses cycles routiniers et ses cycles éternels. En vivant à l'écoute de notre âme, nous accordons une valeur et un respect égaux aux deux roues. C'est là une excellente raison pour ne pas négliger les simples rituels qui marquent les cycles les plus évidents d'une relation, les anniversaires — de mariage ou de naissance — ainsi que d'autres dates qui reviennent régulièrement. Naturellement, les cycles de l'âme se déroulent en fonction d'un calendrier beaucoup moins prévisible.

Certains états d'âme vont et viennent, nous nous rapprochons l'un de l'autre pour mieux nous en éloigner ensuite. En demeurant à l'écoute de notre âme, nous comprenons qu'elle ne se déplace pas en suivant une ligne droite. Lorsqu'ils discutent de leur relation, les couples aiment à ressasser des thèmes familiers, dont certains remontent à des années. Ces thèmes sont l'indice de la présence de l'âme dans la relation et ne révèlent pas forcément, comme nous aurions tendance à le croire, l'existence de conflits non résolus ou de questions en suspens. Peut-être confondons-nous le goût de l'âme pour l'«éternel retour» avec l'impossibilité d'effacer un thème en résolvant un problème.

La nature tant éternelle que cyclique de l'âme transparaît également dans les phantasmes, les souvenirs et les thèmes émotifs que nous apportons à notre relation. Certains rêves, craintes et autres sentiments sont parfois si profondément enracinés en nous que nous avons l'impression qu'ils remontent à notre petite enfance, voire que nous les portons dans nos gènes. Ces thèmes, qu'exsudent parfois les anecdotes, les souvenirs ou de fortes réactions émotives peuvent être considérés comme les motifs particuliers qui décorent notre âme. Nous pourrions apprendre à les respecter chez notre partenaire, parce qu'ils forment l'étoffe de son âme, et comprendre qu'ils risquent de refaire régulièrement surface, parfois sous des apparences déplaisantes, et qu'ils auront toujours besoin de s'exprimer.

Dans mon cas, l'un de ces thèmes est représenté par mon goût pour la campagne. J'adore les champs, les collines ondulantes et les bois verdoyants. Un jour, j'ai emmené un ami en promenade dans l'une de mes régions favorites du nord de l'État de New York. J'étais persuadé qu'il serait aussi émerveillé que moi par le paysage champêtre. Nous vivions tous deux au Texas à l'époque, et les ondulations du relief, ainsi que les nombreuses nuances de vert que l'on pouvait admirer dans l'État de New York me manquaient beaucoup. Malheureusement, mon ami réagit avec dégoût. Pour lui, les terres cultivées représentaient un viol de la nature primitive. Il préférait les formes arides, rougeâtres et accidentées des déserts intacts du sud-ouest. Il n'avait qu'une hâte, quitter les prospères exploitations agricoles du nord. J'ai découvert au cours de ce voyage à quel point mes amours les plus fervents pouvaient être individuels et j'ai compris qu'il était tout aussi difficile de défendre ses goûts que de les faire partager.

Ma mère a un jour émis une remarque anodine qui m'a beaucoup marqué: «C'est à cause des moments que tu as passés à la ferme que tu aimes tant la campagne.» Elle faisait allusion aux semaines ou aux mois d'été que j'avais effectivement passés à la ferme de mes oncles et tantes. Curieusement, je n'avais pas songé que ces expériences de jeunesse pussent encore colorer mes désirs et mes goûts. Pourtant, les souvenirs d'enfance reflètent généralement les désirs les plus profonds de l'âme. Si mon expérience était demeurée à jamais gravée dans mon cœur, c'était parce qu'elle correspondait à une nuance bucolique qui se trouvait déjà dans mon âme. Les souvenirs platoniques remontent bien au-delà de notre histoire personnelle.

Dans un mariage, l'un des partenaires apprendra peut-être, en écoutant attentivement l'autre raconter ses souvenirs et parler de ses réactions émotives, à quel point ces désirs et phantasmes omniprésents sont importants pour façonner notre vie. Pour prendre soin de notre âme, il est parfois nécessaire de prendre des décisions davantage fondées sur les mouvements cycliques que sur des raisons pratiques, en tenant pour acquis que ces cycles sont aussi générateurs de vie et portent en eux le germe de valeurs profondes. En amitié, nous pourrions aussi respecter les différences qui s'enracinent profondément dans l'âme, même si l'amitié semble reposer sur la complémentarité et la compatibilité. En ne voyant que la vie, nous risquons d'accorder trop de valeur à la compatibilité. Les différences entre les gens peuvent apporter davantage à une amitié que les points communs, précisément parce que l'âme est unique en son genre.

L'âme ne voit pas l'éternité sous le même angle que l'esprit. Il est possible que l'esprit considère l'éternité comme un moment infini. Nous pourrions imaginer un état spirituel dans lequel le temps même serait transcendé, par exemple la béatitude du Paradis chrétien, ou la sérénité du nirvâna dans les religions orientales. L'éternité de l'âme, en revanche, est plus proche de nous. C'est le moyen de nous ancrer dans le présent, en sachant que des forces qui se trouvent hors du temps, qui ne sont ni manipulées ni touchées par les événements temporels, sont en action. Ma relation avec les paysages champêtres est éternelle. Elle ne s'explique pas entièrement en termes temporels. Elle est pleine de mystère et, en tant que telle, je ne peux que la respecter sans la comprendre. Pourtant, c'est aussi un élément important de ma vie et de ma personnalité.

En respectant les éléments éternels d'une relation nous parvenons aussi à replacer la situation dans son contexte. Les querelles sont souvent fondées sur une personnalisation des questions litigieuses. Si nous reconnaissons leurs dimensions éternelles, nous comprendrons qu'en prenant tout comme une insulte personnelle, nous ne faisons que nous défendre contre le mystère. D'un point de vue positif, lorsque l'âme trouve sa place, la relation s'enracine dans le sacré. Nous pouvons entretenir une relation en dépit de la présence de forces et de questions conflictuelles, justement, peut-être, parce qu'elles nous viennent de l'extérieur.

Un couple dont le mariage semblait au bord du gouffre est venu un jour me consulter. La femme s'était réveillée un beau matin, quelques années auparavant, dévorée du désir de se lancer en politique. Bien qu'elle eût toujours démontré un grand intérêt pour la politique nationale et locale, elle n'avait jamais donné l'impression de vouloir en faire une véritable carrière. Son mari réagit en la jugeant personnellement responsable des problèmes que cette situation avait suscités dans le couple.

«Elle ne se préoccupe ni de la famille ni de notre mariage», répétait-il. «Elle ne fait que ce qu'elle veut. Elle sait bien que cette histoire sera fatale à notre mariage et pourtant, elle continue. Il est impossible de lui faire entendre raison.»

Ni l'un ni l'autre n'avait la moindre idée des forces mystérieuses qui se trouvent à l'origine de tout désir puissant. Cette femme n'avait pas inventé son amour subit de la politique. Elle ne l'avait pas volontairement fait émerger depuis les profondeurs de son cœur. En fait, comme elle l'expliqua à maintes reprises à son mari, elle n'avait nullement besoin de ce qui lui arrivait, mais elle était incapable d'y résister. Maintes cultures possèdent des techniques et des méthodes philosophiques pour accueillir un désir de ce genre, mais notre société considère l'irruption de ces esprits impersonnels, éternels, comme des aberrations personnelles et, souvent, fait tout ce qu'elle peut pour les étouffer. Beaucoup de nos théories et remèdes psychologiques sont de nature apotropaïque, à savoir qu'ils sont conçus pour éloigner ce que nous considérons comme malicieux ou déplaisant. Nous avons tendance à juger trop rapidement les incursions de l'éternel, sans leur donner le temps de révéler leurs présents et leurs besoins.

Une relation à l'écoute de l'âme envisagerait l'approche d'un esprit aussi puissant avec respect. Les membres du couple ou de la famille pourraient trouver le moyen d'accueillir l'esprit, du moins pendant un certain temps, afin de déterminer si cette «visite» est sacrée ou non. Il est évident que pour adopter une attitude réceptive, il faut faire preuve d'une grande capacité d'adaptation. Mais c'est justement ce que l'âme réclame... une capacité d'adaptation, une ouverture d'esprit parfois exceptionnelles. Il n'est pas facile de bannir un ange porteur d'une mission. Parfois, c'est carrément impossible. Ce que nous considérons comme une irruption dans une phase confortable d'une relation pourrait être, du point de vue de l'ange, l'occasion d'un progrès créatif. Ces rebondissements sont révélateurs des cycles de la vie.

La poésie de l'intimité

Notre âge pèche gravement par son amour du littéral. Les gens qui professent des convictions religieuses en surface, qui donnent un sens concret à des textes sacrés, s'appellent des fondamentalistes. Ils ne veulent rien savoir des nuances, des lectures ou des interprétations multiples, des contextes, des études de textes, des analyses comparatives. En bref, ils condamnent toute démarche qui risquerait de les éloigner de l'interprétation littérale des écritures. En psychologie, le fondamentalisme fait aussi des ravages, notamment dans la formulation de systèmes théoriques qui ne présentent qu'une explication aux expériences humaines, que ce soit par la génétique, le conditionnement, le destin, les traumatismes, l'enfance ou autres facteurs. Nous pouvons également interpréter au sens littéral nos relations et c'est pourquoi je tiens à insister sur l'appréciation de la poésie qui enveloppe nos relations et nos rencontres intimes.

Pour adopter une démarche poétique, nous pourrions d'abord imaginer qu'une personne représente un texte, enrichi par ses anecdotes, ses théories, ses idées, ses souvenirs, ses vœux, ses intentions... tout ce que cette personne exprime. À l'instar de tout texte riche, un être humain peut se prêter à des interprétations multiples, dont la plupart lui sont peut-être même inconnues. Lorsque nous nous exprimons par une affirmation telle que: «je t'aime» ou «je te déteste», nous pourrions comprendre, en étant sensibles à la poésie personnelle, que ces déclarations et professions de foi se prêtent à la discussion, à la réflexion, au changement et à l'accentuation. La poésie d'une relation est l'un des aspects de son mystère, car nous ne pourrons jamais découvrir le pourquoi et le comment de nos pensées et émotions. Chaque relation est si bourrée de mystère que toute discussion de certains de ses éléments ne peut être, dans le meilleur des cas, que conditionnelle. Nous pourrons toujours approfondir la question à la prochaine occasion et nous ferons inévitablement d'autres découvertes.

Certaines personnes mentionnent leurs parents et leur enfance comme si cet aspect de leur existence suffisait à lui seul à expliquer leur comportement d'adultes. Comparer la vie adulte à l'enfance peut effectivement satisfaire une exploration poétique de la vie, mais cette attitude se transforme trop souvent en une sorte de fondamentalisme. Bien que Jung puisse nous aider à découvrir les thèmes archétypaux et mythologiques de notre vie, bien que ses écrits puissent nous amener à percevoir des qualités obscures qui se trouvent mises en évidence, il serait «anti-poétique», et donc, fondamentaliste, de mener une vie jungienne.

Pour apprécier pleinement la poésie de notre vie ou de celle d'un autre, nous devrions éviter d'épuiser les sources éventuelles de comparaison ou les «causes» que nous attribuons à la personnalité. Nous trouverons des images vivaces et profondes dans les œuvres de Shakespeare, Dante, Basho, Li Po, James Baldwin, Virginia Woolfe, James Joyce, Gertrude Stein, Stravinski, Ingmar Bergman et ainsi de suite. La liste est infinie. Nous pourrions aussi découvrir la poésie de notre vie dans la musique country, le jazz, les œuvres de Bach, le rap ou la musique d'ambiance. En laissant notre imagination s'imprégner jusqu'à saturation d'images mouvantes, instructives, sages et propices à la réflexion, nous apportons à notre relation intime un esprit et un cœur ouverts à la variété de l'expression humaine, à l'individualité, à l'excentricité, au *pathos*, à la joie et à toute la gamme des émotions.

L'appréciation des arts constitue l'une des meilleures préparations qui soit à une relation, bien plus efficace que l'interprétation purement psychologique de notre conception de la vie. En sus des thèmes particuliers que nous glanons dans les arts et qui nous aident à mieux comprendre notre relation, nous y apprenons la pensée poétique et le mode de vie fondé sur la poésie. En nous immergeant dans les arts, nous élargissons notre réflexion sur la vie, de sorte que le jour où naît une relation, nous disposons déjà d'une imagination luxuriante et d'une réflexion poétique pour résoudre les problèmes éventuels.

Au fondamentalisme s'allient plusieurs autres ennemis de la pensée poétique: les préjugés, les idées reçues, le chauvinisme, l'ethnocentrisme et toute une horde de points de vue dangereusement limités. Lorsqu'un homme qui vit une relation difficile avec une femme résume son problème en s'exclamant: «Ça, c'est bien les femmes!», il enferme la femme dans une catégorie créée par ses préjugés. Cette attitude réductionniste est totalement dépourvue d'imagination et sert en fait de moyen de défense contre la menace de l'individualité. Mais en mobilisant pleinement notre imagination, nous accueillerons avec plaisir les contradictions et les défis personnels que nous présente la relation.

Il nous arrive parfois de circonscrire la relation et de perdre l'occasion de l'enrichir de notre imagination. À ce moment-là, nous avons tendance à ne plus voir que les personnalités. À l'occasion, lorsque je discute de l'âme avec un groupe, il arrive que l'un des participants ramène la conversation à ma vie personnelle: «Mais que croyez-vous? Comment vivez-vous?» me demande-t-il. J'apprécie certainement cet intérêt pour mes expériences personnelles, mais ce genre de question risque de déplacer une discussion sur l'imagination fertile et complexe des idées pour l'enfermer dans les limites de la personnalité.

Lorsqu'elle est utilisée pour dominer la discussion, cette réflexion réductionniste est un parfait exemple de l'argument *ad hominem*, artifice rhétorique que dénoncent les philosophes classiques. L'expression *ad hominem* signifie que la discussion s'articule autour de la personne plutôt que des idées. Cette règle de logique est fréquemment transgressée pendant les discussions. Par exemple, l'un des participants s'exclame: «Mais vous n'avez jamais vécu cela, comment pouvez-vous en parler?» Ou: «Vous pouvez dire ça parce que vous êtes un homme.» À ma suggestion d'offrir à la dépression une place dans notre vie, quelqu'un pourrait rétorquer: «Avez-vous jamais travaillé au pavillon des urgences d'un hôpital?» Ces questions contiennent peut-être une parcelle de vérité, mais elles ont pour objet de river son clou à la personne à laquelle elles s'adressent. Par conséquent, elles empêchent les participants de se livrer à une exploration imaginative des idées.

Notre culture accorde une grande importance aux faits, à l'expérimentation et à l'expérience. Mais tous les trois peuvent être dangereux pour l'imagination s'ils sont utilisés uniquement comme preuves à l'appui et non comme tremplins d'une discussion. Nous retrouvons ce préjugé culturel en faveur des faits dans notre habitude de considérer des relations sur le plan factuel. Comme pourrait l'attester tout conseiller matrimonial ou familial, les discussions entre conjoints ou membres de la même famille se résument souvent au désir d'amonceler des preuves à l'appui ou de remporter un débat en écrasant les autres sous des arguments logiques. Toutes les relations souffrent de cette combativité intellectuelle parce que l'âme se nourrit de poésie et non pas uniquement de raison.

Il serait peut-être préférable de traiter un problème de famille comme un poème plutôt que comme un trouble psychologique. Nous pourrions par exemple inclure à la poésie familiale les histoires relatives aux parents et aux enfants, les rôles joués par chacun dans les drames familiaux, ou certaines expressions devenues caractéristiques de certains membres de la famille, du genre «ma fille si douée», ou «mon vieux père démodé». Lorsque j'enseignais des cours de première année à l'université, je reçus un jour un devoir d'étudiant qui commençait par ces mots: «Venez rencontrer ma mère la bouche!» Cette ouverture ne manquait pas de résonance poétique.

Il m'est arrivé de consulter une thérapeute qui n'était pas spécialisée dans la «thérapie profonde», mais qui, au contraire, était extraordinairement perspicace pour déceler la poésie dans les événements les plus superficiels. Un jour, alors que je la suivais dans son bureau, je trébuchai sur un paillasson pour atterrir sur le canapé, les quatre fers en l'air. Immédiatement, elle découvrit un aspect important de mon mode de vie dans ce geste maladroit. Nous avons longtemps parlé de ma tendance à suivre une personne de trop près, de m'aveugler. Je n'ai jamais oublié cette heure de thérapie si féconde, autre indice de sa substance poétique.

Nous nous exprimons avec poésie par nos vêtements, notre langage, nos manières, tout ce que nous faisons. Si nous accordions plus d'attention aux éléments poétiques de notre relation, en nous autorisant à les explorer avec une patience infinie, l'âme de la relation aurait alors la possibilité d'apparaître plus clairement. Cette apparition enrichirait, enracinerait la relation, au point que l'activité stérile qui dévore tant de notre temps et de notre attention, la résolution de problèmes, finirait par s'estomper pour passer à l'arrière-plan. L'âme est sa propre résolution et sa propre récompense. Lorsque nous l'évoquons en adoptant une pensée et un mode de vie poétiques, nous faisons plus pour nos relations intimes qu'en nous abandonnant à la psychanalyse.

L'alchimie de l'intimité

L'âme est avant tout une matière première que l'on soumet ensuite à un processus d'affinage. C'est l'une de ses caractéristiques les plus fascinantes. Nous rencontrons quelqu'un, une amitié naît et nous nous retrouvons à la fois dans les délices de l'intimité et dans les sables mouvants de l'âme de notre partenaire. Il en va de même d'un emploi. Le premier jour, tout nouveau tout beau. Les perspectives sont excellentes, le salaire nous convient, les collègues ont l'air charmant. Puis, en peu de temps, nous découvrons le bourbier qu'est le lieu de travail: un collègue est lunatique, un autre autoritaire; les amitiés se font et se défont, les cliques apparaissent. Le travail de l'âme consiste généralement en un long processus d'affinage de la matière première que la vie nous offre. Les alchimistes l'appellent *prima materia* et dans l'un de ses livres sur l'alchimie, Jung décrit le caractère brut de l'âme à l'aide d'images extrêmement vivaces:

> La prima materia se trouve être, pour employer un adjectif très seyant, extrêmement «provocante»; elle est bon marché, on peut la trouver partout, mais personne ne la connaît. Elle est vague, elle nous échappe autant que le lapis qu'elle doit servir à produire; elle a «un millier de noms». Pire encore, sans elle, on ne peut même pas commencer à travailler... C'est la chose la plus méprisée, la plus rejetée, «abandonnée à la rue», «jetée sur le tas de fumier», «trouvée dans le ruisseau» [2].

Les expressions qu'il cite proviennent de textes alchimiques qui décrivent la *prima materia*. L'âme brute se trouve partout... dans la famille que le destin nous a donnée, chez nos amis, anciens et nouveaux, dans la première étincelle de l'attirance que nous éprouvons pour quelqu'un d'autre. Elle est bon marché, elle a le don d'ubiquité, elle est souvent jugée banale et insignifiante. Mais en vérité, l'univers entier et tout ce qui vit ne sont rien d'autre que la matière première de l'âme.

Cette idée est importante pour une relation. L'intimité n'apparaît pas toute faite, elle doit être affinée pour devenir véritablement précieuse. Peut-être avons-nous l'impression, au début d'une relation amicale ou amoureuse, que l'avenir est plein de promesses, mais ce qui nous est ainsi donné a besoin d'être façonné, affiné. La joie de la vie consiste à faire de cette matière première si volatile des gemmes étincelantes et des tapisseries aux mille motifs. Nous retrouvons ce mystère dans l'histoire de la jeune fille cochiti qui a épousé Coyote. Ses travaux de couture sont à l'image des travaux auxquels nous nous adonnons tous. Nous cultivons la matière première que la vie nous offre en abondance pour faire de ce labour un élément de nos relations. Le travail quotidien étant l'un des moyens de façonner notre âme, les relations que nous entretenons avec nos collègues de travail sont particulièrement importantes. Les relations familiales forment évidemment une matière première cruciale, qui doit absolument être affinée même s'il faut plus d'une vie pour le faire. Beaucoup d'entre nous ont dû atteindre un certain âge avant de pouvoir considérer leur famille d'un regard neuf et de découvrir une nouvelle richesse dans cette relation fondamentale.

Nous pourrions penser également qu'en raison de l'abondance de matière première, les relations risquent d'avoir du mal à décoller. Les émotions sont fortes, certes, mais sans but précis et parfois confuses, privées du phantasme et de la pensée susceptibles de les étoffer. Les jeunes, notamment, ont des difficultés à nouer des relations intimes, parce qu'ils n'ont aucune expérience des travaux nécessaires pour affiner l'âme. Bien sûr, il peut y avoir des exceptions, des jeunes gens qui, à l'instar de John Keats, sont particulièrement doués pour découvrir les secrets de l'alchimie de l'âme ou des gens plus âgés qui semblent à jamais incapables d'apprendre. La jeunesse qui freine l'affinage de l'âme est archétypale, à savoir qu'elle n'est associée à aucun âge, au sens littéral du terme.

Si nous pouvions comprendre cette pensée fondamentale, nous convaincre que l'âme nous est d'abord livrée à l'état brut, peut-être pourrions-nous nous pardonner et pardonner aux autres, à quiconque n'est pas spontanément capable d'accepter gracieusement une relation. Nous pourrions comprendre que bien des problèmes ne sont pas causés par la malice, mais par le fait que l'âme nous est offerte sous forme de cailloux grossiers et doit être assujettie à un long processus de tri, de modelage, d'affinage, voire de transmutation, soit toutes les opérations alchimiques traditionnelles. Une relation en difficulté ressemble au morceau de marbre qui n'a pas encore été affiné par le marteau et le ciseau de Michel-Ange. La silhouette intérieure qui attend d'être sculptée n'est pas facile à discerner. Elle risque de n'être visible qu'au regard poétique.

En thérapie, j'ai souvent eu l'occasion de bavarder avec des gens intelligents qui ne parviennent pas à s'abaisser jusqu'à admettre qu'ils sont prisonniers des types de situations et sentiments dans lesquels nous finissons tous par nous engluer. Une femme très instruite m'a un jour affirmé qu'en dépit de la douleur que suscitait en elle la liaison de son mari, elle refusait de se considérer ouvertement comme une victime et répétait à ses amis: «Je peux me débrouiller, je domine la situation, je me suis préparée à cela.» J'avais cependant l'impression qu'elle ne parviendrait pas à découvrir son âme tant qu'elle n'accueillerait pas en elle la matière première qui se révélait à elle sous forme de «déchet». «Je suis féministe», disait-elle. «Je ne peux accepter que le comportement débridé de mon mari fasse de moi une victime.» Dans ces circonstances, nous avons tous tendance à vouloir faire preuve de noblesse, nous élever au-delà de la situation. Mais cette attitude nous empêche de prendre la *prima materia* dans nos mains, d'être salis par elle et de découvrir un jour ou l'autre qu'elle est aussi malléable que l'argile d'un sculpteur. L'un des nombreux paradoxes du travail de l'âme est représenté par l'écart entre la récompense qu'il promet, parmi les plus précieuses et les plus extraordinaires, et la matière première qu'il emploie, parmi les plus méprisées et les plus triviales.

Qu'il s'agisse d'une relation familiale, amicale ou matrimoniale, il nous serait utile de nous souvenir de ces secrets immémoriaux, car l'intimité nous invite à plonger dans l'épais bourbier de l'âme, ce que savent bien tous ceux qui se sont aventurés profondément dans une relation. L'âme se sent plus volontiers lourde, épaisse, grise et pâteuse, plutôt que légère et aérienne. Parfois, elle se refuse à nous fournir un quelconque indice qui pourrait nous placer dans la bonne direction. Peut-être nous sentons-nous souillés par les pensées communes, les émotions vulgaires, les situations de mauvais goût que l'âme conjure, mais il est inutile de vouloir nous élever au-dessus de cette fange car c'est d'elle que l'âme se nourrit, de notre banale humanité au fond de laquelle se dissimulent les joyaux de notre individualité et de nos relations intimes.

L'intimité proche de l'âme ne se trouve pas dans les unions idéales, propres, bien structurées, significatives, calmes et sans rides, si tant est qu'une telle union puisse exister. La perfection plaît peut-être à l'esprit, ou à cette partie de nous-mêmes qui a soif de transcendance spirituelle, mais l'âme ne s'y sent guère à son aise. Pour une raison contradictoire, elle préfère les couleurs des sentiments, les camaïeux des états d'âme, les aberrations des phantasmes et les nuances de la désillusion. Bien que ces caprices de la vie à l'écoute de l'âme puissent nous paraître troublants, voire douloureux, nous pouvons tirer une certaine consolation du fait que tel un tas de compost, ils sont fertiles et nous promettent un riche avenir.

À ce stade, toutefois, j'aimerais éviter tout malentendu: mener une vie ancrée dans l'âme, nous vautrer dans «tout ce fumier», comme dirait Samuel Beckett, n'est pas le moyen idéal pour atteindre les objectifs que nous poursuivons dans maints autres domaines à l'aide de méthodes différentes. L'âme se complaît à frustrer perpétuellement l'ego. Ses récompenses ne coïncident pas toujours avec les objectifs que nous avons intentionnellement choisis. Je ne propose pas ici un cheminement par étapes vers des relations à l'écoute de l'âme. Car chaque relation est unique et nous ne savons jamais à l'avance ce que l'avenir réserve à un lien intime. En vivant proche de notre âme, nous laissons à l'espoir, à la foi et à l'amour la possibilité de venir imprégner notre existence. Nous n'avons parfois ni foi ni espoir particuliers, nous aimons ce que la vie nous envoie. L'âme embrasse aussi le côté obscur de ces «vertus», car il est important de connaître le désespoir ou le doute et de lutter parfois contre les caprices du destin.

La meilleure solution consiste peut-être à accueillir le paradoxe, à lutter jusqu'à la fin tout en reconnaissant et en honorant la providence divine qui fait de nous des mortels. Cette question est semblable à celle que soulève W. B. Yeats lorsqu'il avoue sa lutte immémoriale contre le daïmon même qui est à la source de son inspiration poétique. Comme la mort, ce daïmon est un adversaire dont aucune tentative d'«intégration» psychologique ne pourrait venir à bout. La relation que nous entretenons avec ces adversaires ne peut être que houleuse et il est possible que ce que nous percevons comme une lutte au sein d'une relation ne soit que l'écho lointain de ce duel profond et créatif qui se déroule en permanence dans notre âme.

Aussi délicat qu'il paraisse parfois, le travail de l'âme n'a absolument rien à voir avec la conception actuelle de la vie moderne, faite de correction et de succès dans tous les domaines: moral, psychologique, théologique, social. On pourrait en dire autant des relations ancrées dans l'âme. Elles ne sont pas nécessairement les plus saines, les plus fécondes, les plus paisibles. L'âme, en raison de ses vastes dimensions et de ses mystères, injecte dans une vie et dans une relation des motifs et des actes qui sont souvent contraires au bon sens, à l'intelligence, à la circonspection. Toutefois, cela ne veut pas dire qu'une relation proche de l'âme est volontairement perverse. Au contraire, elle présente les qualités du paradoxal et de l'inattendu. Un jour ou l'autre, nous décelons dans ses caprices un filon subtil de sagesse et de bienveillance. Elle oscille entre l'agonie et l'extase et peut nous empêcher à tout jamais d'acquérir cette compréhension rationnelle qui nous semble si satisfaisante.

Il ne nous reste plus qu'à adopter une attitude entièrement différente: ne pas essayer de dominer la situation, ne pas raisonner, ne pas idéaliser nos relations. Le destin fait apparaître une relation intime qui se développe peu à peu pour entrer, sous nos yeux, dans le royaume de l'imagination, là où nous parviendrons peut-être à entrevoir son esprit unique. Il y a plus de cinq cents ans, Nicolas Cusain, théologien et philosophe, nous suggéra de considérer l'expérience comme un paradoxe d'*implicatio* et d'*explicatio*, comme un tissu qui se fait et se défait, qui s'enroule et se déroule, comme Pénélope défaisait la nuit la tapisserie qu'elle brodait le jour. Il ne suffit pas d'affirmer, comme certains le font, que lorsque nous entretenons une relation intime, nous sommes prisonniers du dilemme qui nous accouple un jour et nous éloigne le lendemain. Une relation a des racines plus profondes. La vie même va et vient, tel un métier à tisser. De puissants sentiments d'insatisfaction ou d'échec, le désir implicite de nous échapper, le sentiment que tout est fini ne sont peut-être que les échos lointains d'un courant beaucoup plus profond qui entre et sort de notre vie.

L'intimité de l'âme nous demande d'imaginer que nos relations familiales, amicales ou amoureuses revêtent des proportions cosmiques. Cette perspective grandiose n'enlève rien aux valeurs et émotions personnelles. Au contraire, elle les enracine pour les rendre encore plus robustes. Si une relation était un moyen de défense contre le mystère de la vie qui gît au plus profond de chacun de nous, contre le destin et la fatalité, elle n'aurait guère de chances. Si nos engagements et nos espoirs, notre colère et notre exaspération étaient les moyens de dominer l'âme toujours mouvante d'un autre être ou d'un groupe, ils n'auraient rien de sacré et ne seraient plus que des moyens narcissiques de défense.

Le paradoxe final exige de nous, si nous souhaitons allumer les feux de l'intimité, que nous honorions l'âme de l'autre. Nous devons non seulement nous rendre à notre partenaire, mais encore reconnaître l'existence d'une âme qui mêle les protagonistes et respecte ses propres exigences imprévisibles. Tous ces paradoxes font tourbillonner l'âme, revêtant le cœur d'une insécurité superficielle mais malgré tout, profondément confiante. Nos relations intimes s'étendent au monde qui nous entoure et le protègent afin que nos désirs d'union, étroitement liés aux fils de l'âme qui se tendent bien au-delà des mortels, empêchent l'univers de se désagréger.

ÉPILOGUE

La grâce d'une relation

Lorsque nous cessons de concentrer notre attention sur la mécanique et la structure d'une relation pour examiner son âme, plusieurs changements se produisent. Nous pouvons nous débarrasser du fardeau de culpabilité qui nous accable lorsque nos relations échouent. Nous pouvons nous pardonner d'avoir commis des folies dans notre jeunesse, nous goûtons à la saveur aigre-douce d'une rupture sans en assumer la responsabilité jusqu'à la névrose et nous parvenons enfin à goûter les plaisirs que les relations nouées au cours de toute une vie nous ont procurés. Nous abandonnons notre quête de la structure parfaite, de la famille sans histoires, du mariage idéal, de l'amitié éternelle. Nous comprenons que les échecs ont leur raison d'être, que les relations intimes qui n'ont jamais décollé ou les possibilités qui ne se sont jamais concrétisées ont un but. L'âme ne partage pas l'amour de la perfection et de la plénitude qui nourrit l'esprit, mais se repaît, au contraire, du fragmentaire, de l'incomplet et des promesses non tenues.

Je ne veux pas dire qu'une vie à l'écoute de l'âme est l'excuse parfaite pour renier, éviter, mentir et exploiter. En suivant l'âme, nous devenons au contraire plus réceptifs aux problèmes de ceux que le destin a placés sur notre route. Mais en évitant d'assumer une responsabilité exagérée pour des erreurs commises dans le contexte de nos relations personnelles, nous parvenons à mieux cerner ces erreurs et ces mauvais jugements, nous acquérons sagesse, sensibilité et perspicacité. Le sentiment de culpabilité émousse la sensibilité au lieu de l'aiguiser. C'est uniquement en accueillant les aspects obscurs de l'amour et de la proximité que nous parviendrons à une véritable union des âmes.

Une relation n'est pas un projet, mais une grâce. La différence est infinie. Étant donné que notre culture se plaît à considérer toutes les étapes de la vie comme des projets qu'il faut entreprendre avec effort et perspicacité, et à traiter de raté quiconque ne parvient pas à la conclusion attendue, il ne nous est pas facile de voir l'intimité comme une grâce.

Même si nous sommes particulièrement versés en projets, nous n'avons guère l'habitude d'accueillir la grâce. Pour répondre à la grâce d'une relation, il convient d'apprécier, de remercier, d'honorer, de célébrer, de soigner et d'observer. Nous ne pouvons pas nous plaindre lorsque la grâce se retire. Nous ressentons la douleur mais cela ne signifie pas que nous devrions nous reprocher vertement d'avoir échoué. Les reproches sont un moyen d'éviter la douleur et l'initiation qui l'accompagne.

L'âme d'une relation n'a pas de but. Elle ne représente pas non plus une entité étroite, clairement définie. Il n'est pas nécessaire qu'une amitié dure toute la vie pour laisser son empreinte éternelle sur l'âme. Il n'est pas nécessaire qu'un mariage dure toute la vie pour engendrer une union éternelle. Une famille rongée par la trahison et le malentendu peut malgré tout offrir à l'âme le berceau qu'elle recherche avidement. Une association professionnelle peut très bien se dissoudre, mais cela ne l'empêchera pas d'offrir à chacun des associés le don du souvenir.

L'âme d'une relation ne s'intéresse pas à ce qu'il est «correct» de faire. Elle se livre à une quête plus difficile, celle du respect de son autonomie et de son mystère. La relation doit être respectée pour ce qu'elle est et non pour ce que nous aimerions qu'elle soit. Elle n'a pas grand-chose à voir avec nos intentions, nos attentes ou nos exigences morales. Elle a le pouvoir de nous conduire vers des mystères qui élargiront notre cœur et transformeront nos pensées, mais uniquement si nous cessons notre quête des idéaux favoris de l'amour, de la famille, du mariage ou de la communauté. Une relation n'est pas destinée à nous mettre à l'aise, mais à nous conduire vers les tréfonds alchimiques de l'âme, là où s'illumineront bien des arcanes de notre potentiel et de notre destinée.

Enfin, une relation nous rapproche de la famille suprême, de l'amant absolu qui se trouve être anonyme et indescriptible. Nous savourons le goût de cet amour éternel lorsque nous vivons un dénouement et apercevons l'obscurité profonde qui l'accompagne. En ce qui me concerne, je ressens ce dilemme pendant les moments heureux que je passe en compagnie de ma fille. Tout en éprouvant l'indicible bonheur de sa présence, je crains pour sa sécurité et j'espère ne jamais la perdre.

Une relation n'est pas simplement l'interaction de deux personnes. C'est aussi le moyen d'atteindre les facteurs absolus qui façonnent la vie humaine. Chaque relation qui touche l'âme nous entraîne dans un dialogue avec l'éternité de sorte que même si nous sommes persuadés que nos émotions les plus puissantes sont engendrées par les personnes qui nous entourent, nous nous trouvons face à la divinité elle-même, quelle que soit la manière dont nous comprenons ou exprimons ce mystère. Rabi'ah bent Ka'b, poétesse soufie, écrit:

> L'amour
> un océan
> aux rivages invisibles,
> sans rivages.
> Si vous
> êtes sage,
> vous n'y
> nagerez pas[1].

Peu de gens sont sages au point d'éviter l'amour et c'est justement notre folie qui nous permet de vivre toutes sortes d'amours, d'être transformés en amants par les acides alchimiques de l'amour. Nous sommes les métaux qui doivent être transmutés. Tout amour évoque une divinité qui lui donne sa profondeur insondable.

Une relation avec le divin est un élément, voire le point culminant de cette discussion de l'amour et de la perte, de l'amitié et de la solitude. Ce genre de relation, que l'on ose à peine explorer en cette ère laïque, axée sur la personnalité, n'a pas son égale pour satisfaire l'âme. Peut-être sommes-nous préoccupés par le thème de la relation interpersonnelle justement parce que nous nous noyons dans un étang peu profond d'amour, incapables de nager jusqu'à la vision mystique grâce à laquelle le divin est le seul amant satisfaisant, la seule âme sœur.

Qu'est-ce que la divinité? Quelle est la nature de cette relation suprême? Celui qui parle, nous dit le *Tao te Ching*, ne sait pas. Elle ne peut être décrite à l'aide de mots. Maintes religions nous enseignent que cette intimité suprême est inséparable, voire indiscernable de nos relations quotidiennes avec notre famille, notre conjoint, nos amis ou notre communauté. Pourtant, une dimension manque à notre âme si nous nous refusons d'admettre sa présence. Nous pourrions nous tourner vers les religions du monde, source immense de poésie, de confession, de prière et de rituel pour nous instruire. Mais, en fin de compte, nous découvrirons ce courant divin dans toutes nos relations, à notre manière. Pour certains, il apparaît dans des moments d'extase, pour d'autres, dans des moments de souffrance. Il peut revêtir la forme d'une communauté entièrement satisfaisante ou d'une minute de solitude au cours de laquelle, comme nous le rappelle Emily Dickinson, les collines sont nos meilleures amies.

En sachant que toute relation possède cette connotation divine, nous pourrions en goûter plus librement les éléments humains. Nous ne serions pas distraits par les imperfections de notre partenaire ou de notre famille. Nous n'exigerions pas d'une relation qu'elle se déroule selon nos attentes ou nos idéaux. Nous ne nous sentirions pas obligés de dominer la situation, dans l'anxiété ou le jugement. Peut-être même pourrions-nous découvrir qu'en faisant preuve de bonté à l'égard des autres, nous faisons preuve de bonté envers nous-mêmes, vertu peu courante en cette époque de moralisme psychologique à tous crins.

Nous tirerons profit des soins prodigués à l'âme de nos relations tant sur le plan pratique que sur le plan mystique, car nous saurons nous montrer véritablement tolérants envers l'individualité des autres et de la relation ainsi qu'envers notre propre individualité. Nous pourrons laisser des événements non prévus se dérouler et les gens changer. Nous accepterons plus facilement nos propres besoins et désirs, nous apprendrons à aimer la vie au sein d'une communauté d'individus qui pensent différemment de nous, qui ont un mode de vie farfelu et qui ne s'expriment pas forcément de manière très rationnelle. Car c'est justement cela qu'une relation peut nous faire découvrir: la multitude des incarnations de l'âme en ce monde.

Chaque relation, qu'elle soit intense comme celle qui lie les parents à leurs enfants ou les membres d'un couple, ou beaucoup plus distante comme celle que nous entretenons avec des collègues ou des connaissances professionnelles, voire avec le chauffeur de l'autobus que nous prenons tous les matins, est un enchevêtrement d'âmes. Non seulement cet enchevêtrement est-il capable d'engendrer l'intimité entre les personnes, mais aussi parvient-il à révéler l'âme même, tout en nous invitant à pénétrer plus profondément dans ses mystères. Qu'est-ce qui exprime le mieux la raison d'être de la vie humaine que l'engagement envers cette âme, envers ses qualités évidentes ou occultes, ses mystérieux processus alchimiques et sa piété capable de tout transmuter? Si nous pouvons voir le monde entier dans un grain de sable, nous pouvons aussi découvrir l'âme à l'intersection minuscule du cœur et de la destinée.

Notes

CHAPITRE PREMIER

1. Texte du poème extrait du livre de Richard B. Sewall, *The Life of Emily Dickinson* (New York: Farrar, Strauss & Giroux, 1974), p. 434.

2. Toutes les références à Samuel Beckett sont extraites de sa biographie, *Samuel Beckett*, de Deirdre Bair (New York: Harcourt Brace Janovich, 1978).

3. James Hillman, «Peaks and Vales». Dans *Puer Papers*, sous la dir. de James Hillman (Irving, Texas: Spring Publications, 1979), p. 66.

4. Cette distinction entre l'âme et l'esprit est difficile à apprécier de nos jours, car nous avons tendance à donner un sens religieux au terme «esprit». Hillman l'emploie dans le même sens que les philosophes du Moyen Âge et de la Renaissance: une dimension de l'expérience qui se trouve être verticale, tendant vers l'abstraction, le développement, l'évolution et la transcendance. L'esprit et l'âme sont absolument nécessaires à la vie humaine, mais ils ne sont pas identiques. De nos jours, il semble plus facile d'honorer l'esprit et plus difficile de respecter l'âme.

5. Dans mon ouvrage sur le sadomasochisme, *Dark Eros: The Imagination of Sadism* (Dallas: Spring Publications, 1991), j'examine en détail la relation entre le lien et la servitude. Le terme «sadomasochisme» n'est pas employé pour désigner un trouble clinique, mais s'applique plutôt aux forces qui sont à l'œuvre dans chaque rencontre humaine. Il est très rare, j'irais jusqu'à dire

impossible, que nos interactions trouvent l'équilibre parfait entre la vulnérabilité et la puissance. On peut presque toujours déceler des signes de reddition, voire de blessure, chez l'un et la volonté de remporter la victoire, chez l'autre.

J'ai recueilli l'idée que certains symptômes signalent un besoin de l'âme dans les théories générales de James Hillman et dans un article sur ce thème, de Patricia Berry, «Defense and Telos in Dreams», *Spring: An Annual of Archetypal Psychology and Jungian Thought* (1975), pp. 115-127.

6. Norman O. Brown, «Daphne, or Metamorphosis», dans *Mythes, Dreams and Religion*, sous la dir. de Joseph Campbell (New York: E.P. Durton & Co. Inc., 1970), pp. 91-110.

7. Thérèse d'Avila, *Le chemin de la perfection*, traduit de l'espagnol par J. Poitrey, Éditions Cerf, 1981.

8. W. B. Yeats, «Per Amica Silentia Luna», dans *Mythologies* (New York: Collier Books, 1959), p. 335.

CHAPITRE DEUX

1. C.G. Jung, «Marriage as a Psychological Relationship», traduit de l'allemand en anglais par R.F.C. Hull, *Collected works*, vol. 17, Bollingen Series XX (Princeton: Princeton University Press, 1954), p. 330. L'un des moyens de régler le problème posé par l'hypothèse selon laquelle nous avons tous la même «structure» psychologique consiste à essayer de remarquer davantage l'individualité des personnes en général. Car l'individualité est un signe de la présence de l'âme. Par conséquent, plus nous en apprenons sur l'âme, plus nous serons portés à apprécier le caractère unique de la personne avec laquelle nous entretenons une relation intime.

2. C.G. Jung, *Correspondance*, traduit de l'allemand par Josette Ragal et Françoise Perigault, Albin Michel, 1992.

3. Paul Tillich, «You Are Accepted», dans *The Shaking of the Foundations* (New York: Charles Scribner's Sons, 1948), pp. 158, 159 et 161.

CHAPITRE TROIS

1. *American Indian Myths and Legends*, sous la dir. de Richard Erdoes et Alfondo Ortiz (New York: Pantheon Books, 1984), pp. 308-312.

2. R.B. Onians, *The Origins of European Thought* (Cambridge University Press: 1988). Onians fournit d'abondantes informations sur les anciennes croyances relatives à l'âme, au génie et au daïmon. En ce qui nous concerne, nous pourrions remarquer que bien que ces trois phénomènes soient étroitement liés, chacun s'intéresse à un aspect bien particulier de la personnalité. Le daïmon est une espèce de mentor d'origine mystérieuse, le génie est plutôt un esprit intérieur qui nous donne notre personnalité et notre vitalité... ainsi que les ingrédients importants de la procréation. L'âme, quant à elle, reçoit tous ces présents spirituels.

CHAPITRE QUATRE

1. C.G. Jung, *The Structure and Dynamics of the Psyche*, traduit de l'allemand en anglais par R.F.C. Hull, *Collected works*, vol. 8, 2e éd. Bollingen Series XX (Princeton: Princeton University Press, 1969), p. 336.

2. Black Elk, *The Sacred Pipe*, sous la dir. de Joseph Epes Brown, (New York: Penguin Books, 1953), pp. 102-103.

3. Cité par Raphaël Patai, *Les mythes hébreux*, traduit de l'anglais par J.-P. Landais, Fayard, 1987.

CHAPITRE CINQ

1. Paul Oskar Kristeller, *The Philosophy of Marsilio Ficino*, traduit de l'allemand en anglais par Virginia Conant (Gloucester, Mass.: Peter Smith, 1974). Je tire cette description de l'ouvrage de Kristeller, qui fait autorité en la matière.

2. Emily Dickinson, *Selected Letters* (Cambridge, Mass.: Harvard University Press, Belknap Press, 1986), p. 302.

3. Richard B. Sewall, *The Life of Emily Dickinson* (New York: Farrar, Strauss & Giroux, 1980), p. 617. Ce passage de la biographie est digne d'être lu en entier pour sa perception de la philosophie de l'amitié qu'avait adoptée Emily Dickinson, connue pour sa personnalité casanière et sa sensibilité sociale.

4. Angela Livingstone, *Lou Andreas-Salomé*, traduit de l'anglais par Pierre Dauzat, PUF, 1990.

5. James Hillman, *On Paranoia* (Dallas: Spring Publications, 1988), p. 53.

6. Marsilio Ficino, *The Letters of Marsilio Ficino*, traduit de l'italien en anglais par le département des langues de l'école de sciences économiques de Londres (Londres: Shepheard-Walwyn, 1978), pp. 51-52.

7. Ivan Illich, *La convivialité* (Seuil, 1975). Bien que j'aie recueilli l'idée de la convivialité dans l'œuvre de Ficino, l'analyse de la culture effectuée par Illich dans le contexte de la convivialité est extrêmement utile et commode. Il définit la convivialité comme «une relation autonome et créative entre les personnes, ainsi que la relation des personnes avec leur environnement; et cela est en contraste avec la réaction conditionnée des personnes aux exigences des autres et de l'environnement créé par l'homme».

8. Ralph Waldo Emerson, «Self-Reliance», dans *The Portable Emerson*, nouvelle édition, sous la dir. de Carl Bode et Malcolm Cowley (New York: Penguin Books, 1981), p. 149.

CHAPITRE SIX

1. Richard Ellmann, *Oscar Wilde* (New York: Alfred A. Knopf, 1988), p. 314.

2. *Emily Dickinson: Selected Letters*, sous la dir. de Thomas H. Johnson (Cambridge: Harvard University Press, Belknap Press, 1986), p. 189.

3. J. Hillis Miller, Thomas Hardy, Jacques Derrida and the «Dislocation of Souls» dans *Taking Chances: Derrida, Psychoanalysis and Literature*, Joseph H. Smith et William Kerrigan, sous la dir. de. (Baltimore: John Hopkins University Press, 1984), pp. 135-145. Miller parle notamment de lettres bien écrites et curieusement libellées: «L'écriture est une dislocation, car elle émeut l'âme même de celui qui écrit, ainsi que celle du destinataire, au-delà et au-dehors de lui-même, par-ci, par-là, ailleurs. Loin d'être une forme de communication, la lettre dépossède à la fois l'auteur et le destinataire d'eux-mêmes. L'écriture crée un nouveau fantôme qui écrit et un nouveau fantôme qui reçoit. Il y a une correspondance, certes, mais elle se déroule entre deux personnages fantomatiques ou fantasmagoriques, des spectres conjurés par la main qui tient la plume.» (p. 136).

4. Marsilio Ficino, *Letters*, vol. 2, p. 20.

5. Marsilio Ficino, *Letters*, vol. 1, p. 71.

6. Marcel Proust, *Correspondance*, vol. 1, texte établi par Philip Kolb, Plon, 1970.

7. *Leave the Letters Till We're Dead: The Letters of Virginia Woolf*, vol. 6: 1936-1941, sous la dir. de Nigel Nicholson et Joanne Trautmann (Londres: Hogarth Press, 1980), p. 163.

8. Johnson, *op. cit.*, p. 330.

CHAPITRE SEPT

1. Marsil Ficin, *Théologie platonicienne*, traduit de l'italien par Raymond Marcel, Belles Lettres, 1970. (À noter que l'éditeur a regrettablement francisé le nom de Ficino. N.d.T.)

2. David L. Miller, *Gods and Games: Towards a Theology of Play* (New York: Harper & Row, 1973), p. 168.

3. David L. Miller, *Three Faces of God: Traces of the Trinity in Literature and Life* (Philadelphie: Fortress Press, 1986), p. 44.

4. Arthur Rimbaud, «Illuminations», *Œuvres complètes*, texte établi par L. Forestier, Laffont, 1992.

CHAPITRE HUIT

1. Éminent spécialiste de la religion grecque, Walter Burkert émet une observation qui nous montre comment de petites réactions à la vie de nos jours font écho aux rituels du passé: «Nous avons la parole de Diodore de Sicile que Priape Ithyphallus jouait un rôle dans presque tous les mystères, bien que ce fût "dans les rires et l'espièglerie" qu'il était introduit.» Burkert, *Les cultes à mystères dans l'Antiquité*, traduit par Bernard Deforges et Louis Bardolet, Belles Lettres, 1992.

2. Wallace Stevens, *Opus Posthumous*, édition révisée, sous la dir. de Milton J. Bates (New York: Alfred A. Knopf, 1989), p. 192.

3. Norman O. Brown, *Le corps d'amour*, Denoël, 1968.

4. Anne Carson, *Eros the Bittersweet* (Princeton University Press, 1986), p. 11.

5. Karl Kerényi, *Dionysos: Archetypal Images of Indestructible Life*, traduit de l'allemand en anglais par Ralph Manheim, Bollingen Series LXV.2 (Princeton University Press, 1976), pp. 365-366.

6. James Hillman, *Le mythe de la psychanalyse*, Imago, 1977.

7. Joseph Campbell, *Les héros sont éternels*, Seglers, 1987.

8. Je considère ici la pornographie comme l'imagerie érotique. Elle fait aussi souvent appel à la violence, au sadomasochisme, à la scatologie et à d'autres types d'imagerie habituellement obscènes. Ces aspects plus obscurs font l'objet d'une discussion, à titre d'expressions de l'âme, dans *Dark Eros*.

9. C.G. Jung, *Métamorphose de l'âme et ses symboles*, George, 1983.

10. Mary Mackey, «The KamaSutra of Kindness, Position No. 2», dans *Deep Down: The New Sensual Writing by Women*, sous la dir. de Laura Chester (Boston et Londres: Faber and Faber, 1989), p. 258.

CHAPITRE NEUF

1. Mircea Eliade, *Mythes, rêves et mystères*, traduit du roumain par Alain Paruit, Gallimard, 1989.

2. *Ibid.*

CHAPITRE DIX

1. Mircea Eliade, *Fragments d'un journal*, traduit du roumain par Alain Paruit, Gallimard, 1989.

2. Thomas Moore, *Dark Eros*. Entre autres, je tente de cerner les aspects obscurs et dévastateurs de l'innocence et de la transformation d'une personne en victime.

CHAPITRE ONZE

1. C.G. Jung, *Mysterium Conjunctionis*, Albin Michel, 1982.

2. C.G. Jung, *Psychologie et alchimie*, Buchet-Chastel, 1990.

ÉPILOGUE

1. Rabi'h bent Ka'b, «The Wild Horse», dans *The Drunken Universe*, traduit en anglais par Peter Lamborn Wilson et Nasrollah Pourjavady (Grand Rapids: Phanes Press, 1987), p. 64.

Table des matières